职业院校
汽车类"十二五"规划教材

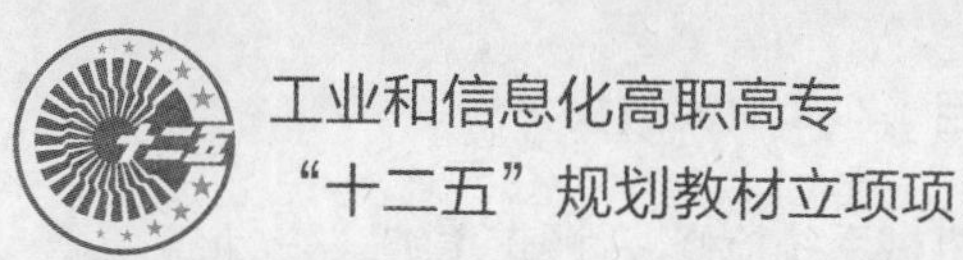

汽车发动机机械系统检修

The Overhaul of Automobile Engine Mechanical System

◎ 顾瑄 主编
◎ 孙广珍 王芳 副主编

人民邮电出版社
北京

图书在版编目（CIP）数据

汽车发动机机械系统检修 / 顾瑄主编. -- 北京 : 人民邮电出版社, 2013.4
职业院校汽车类“十二五”规划教材
ISBN 978-7-115-30933-4

Ⅰ. ①汽… Ⅱ. ①顾… Ⅲ. ①汽车－发动机－机械系统－车辆检修－高等职业教育－教材 Ⅳ. ①U472.43

中国版本图书馆CIP数据核字(2013)第025067号

内 容 提 要

本书以训练学生利用现代诊断和检测设备对汽车发动机机械系统进行维修与更换、零部件检测、故障分析、故障诊断为目标，详细介绍发动机拆装、曲柄连杆机构检修、配气机构检修、发动机冷却系统检修、发动机润滑系统检修、发动机总装配与调整、汽油发动机燃料供给系统检修、柴油发动机燃料供给系统检修等内容。

本书可作为中、高等职业技术院校汽车检测与维修技术、汽车运用技术等相关专业的教学用书，也可供汽车检测与维修技术人员参考和学习。

工业和信息化高职高专“十二五”规划教材立项项目
职业院校汽车类“十二五”规划教材

汽车发动机机械系统检修

◆ 主　　编　顾　瑄
副 主 编　孙广珍　王　芳
责任编辑　赵慧君
执行编辑　王丽美

◆ 人民邮电出版社出版发行　　北京市崇文区夕照寺街14号
邮编　100061　　电子邮件　315@ptpress.com.cn
网址　http://www.ptpress.com.cn
北京昌平百善印刷厂印刷

◆ 开本：787×1092　1/16
印张：11　　2013年4月第1版
字数：259千字　　2013年4月北京第1次印刷

ISBN 978-7-115-30933-4

定价：23.00元

读者服务热线：(010)67170985　印装质量热线：(010)67129223
反盗版热线：(010)67171154

Forward

前 言

汽车发动机机械系统检修是汽车检测与维修技术人员的典型工作任务，是汽车检测与维修技术高技能人才必须掌握的技能，也是职业院校汽车类专业的核心课程。

本书选用的车型以轿车为主，并以桑塔纳轿车AJR型发动机为主线，使读者在深入掌握桑塔纳轿车AJR型发动机结构原理与维修的基础上，能够举一反三、触类旁通，同时也便于各教学单位组织教学。书中对当前汽车的新知识、新技术、新结构、新工艺也有全面深入的阐述，使学生能学到更多的知识与技术。

本书按照项目教学的模式组织内容，每个项目中的工作任务均来源于企业的典型案例。每个项目有项目要求、相关知识、项目实施、小结及习题及思考题组成。通过8个项目的学习和训练，学生不仅能掌握汽车发动机机械系统的相关知识，而且能够掌握汽车发动机机械系统故障诊断与修复的方法，达到高级汽车维修工水平。

本书的参考学时为128学时，各项目的参考学时见下面的学时分配表。

学时分配表

项目	课程内容	学时
项目一	拆装发动机	28
项目二	曲柄连杆机构检修	24
项目三	配气机构检修	24
项目四	发动机冷却系统检修	12
项目五	发动机润滑系统检修	12
项目六	发动机总装配与调整	20
项目七	汽油发动机燃料供给系统检修	4
项目八	柴油发动机燃料供给系统检修	4
合计	128	

本书由顾瑄任主编，孙广珍、王芳任副主编，孙广珍编写了项目一和项目八；顾瑄编写了项目二、项目六和项目七；王芳编写了项目三、项目四和项目五；丁新隆和来自企业的部分技

术人员对本书的编写提供了很大的帮助。

由于编者水平和经验有限，书中难免有错误和疏漏之处，欢迎广大读者批评指正。

编　者

2013 年 1 月

Content 目录

项目一

拆装发动机

一、项目要求

1. 掌握汽车维修中常用工具量具和专用工具量具正确的使用方法。
2. 掌握发动机的整体构造和基本的工作过程。
3. 了解我国现行的汽车维护制度。
4. 掌握汽车维护的各项基本操作。
5. 了解发动机与其他机件的连接关系。
6. 掌握发动机外围附件拆卸的方法和步骤。
7. 掌握发动机机体的分解方法和步骤。

二、相关知识

（一）汽车维修常用工具量具

1. 汽车维修常用工具及使用方法

汽车维修需要的工具甚多。汽车拆装实习所用工具与汽车维修所用工具大体相同。

（1）扳手

各类扳手几乎都是用来拆、装螺纹连接件（螺栓、螺母）的。由于螺纹连接件的具体结构及其所处的位置、受力大小等不同，故扳手的种类很多。常用的呆扳手、梅花扳手、两用扳手、套筒扳手、活动扳手、起子等。

① 呆扳手。呆扳手如图 1-1（a）、（b）所示。呆扳手规格用开口宽度（单位 mm）表示。一支呆扳手的两端开口尺寸不等。汽车维修中常用 8 件一套的呆扳手，其开口尺寸为 7～24mm。

呆扳手都是用来拆装扭力不很大的螺纹连接件的，不可将其当锤子或冲杆使用。使用时应选择合适开口尺寸的呆扳手插套在螺母或螺栓的棱头上，使宽面受拉力，窄面受压力，均匀用力向操作者身体方向拉扳，尽量不要向外推扳。不可选用开口尺寸稍大的扳手；不可猛然用力推、拉、扳转，以免滑脱碰伤或损坏机件。

② 梅花扳手。梅花扳手如图 1-1（c）、（d）所示。梅花扳手用于拆装扭力较大的螺纹连接件。杆身多为直的（也有特殊场合作业用的弯杆身的），两端为正 12 角形圆环。均以正 12 角形两平行边的距离（mm）表示其规格型号。汽车维修中多用 8 件一套的梅花扳手，其规格尺寸为 5.5～27mm。

使用时一定要选择圆环尺寸合适的梅花扳手套住螺母或螺栓的棱头，均匀用力向操作者身体方向扳转。不可因圆环尺寸小而用锤头砸套，以免损坏工具或工件，也不可选择圆环尺寸稍大，以免滑转碰伤或损坏方棱。

图 1-1（e）所示的两用扳手具有呆扳手和梅花扳手的优点，使用起来较为方便。

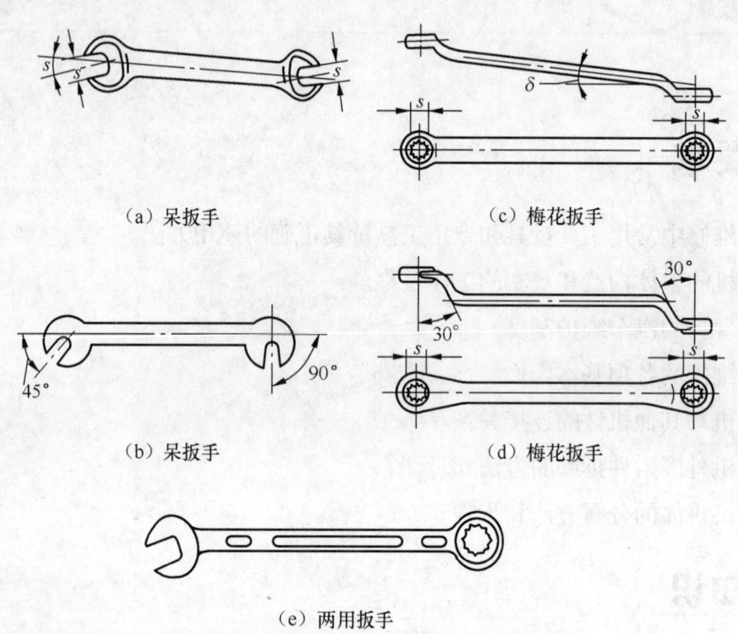

（a）呆扳手　（c）梅花扳手

（b）呆扳手　（d）梅花扳手

（e）两用扳手

图1-1　呆扳手、梅花扳手、两用扳手

③ 活动扳手和管扳手。活动扳手和管扳手如图 1-2 所示。活动扳手的开口可在一定范围内调节，多用于不规则螺纹连接件的拆装作业。使用时应使固定开口面受拉力，活动开口面受压力，不可反用。它比呆扳手体厚笨重，更易滑脱，尤应注意调整开口宽度切实符合螺纹连接件的棱头。不可用其作锤子使用。在能使用开口扳手或梅花扳手的情况下，一般不要用活动扳手。活动扳手主要用于应急，活动扳手的规格型号用柄长和开口最大宽度（mm）表示。汽车维修行业常用 200mm × 24mm、375mm × 46mm 和 150mm × 19mm 3 种活动扳手。

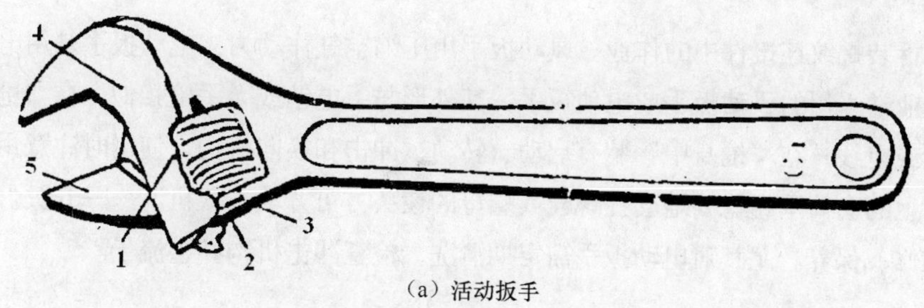

（a）活动扳手

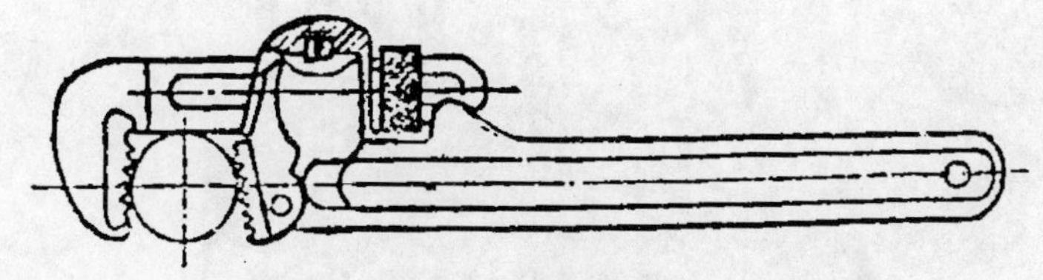
（b）管扳手

图1-2 活动扳手和管扳手

1—齿 2—蜗杆 3—蜗杆轴 4—扳手体 5—活动扳口

管扳手一般用来拆装无方棱的螺纹连接件，其活动的开口处制有斜向相对的棱齿并经热处理。开口的形状及开口棱齿可将零件钳住且有自锁作用，故也称为管子钳。使用时调整开口宽度钳住零件并有自锁作用时，再向有自锁作用的方向拉扳手柄。管扳手拆装过的零件表面几乎都有损伤，故应少用。不可将其作锤子、撬棍使用。管扳手的规格型号用扳手全长和开口最大有效开度（mm）表示。汽车维修行业常用 350mm × 5mm 这种规格的管扳手。

④ 套筒扳手。套筒扳手及配件，如图 1-3 所示。它是一种组合型工具，由套筒和扳具两部分组成，使用时由几件组成一把扳手。其套筒部分与梅花扳手的端头相似。套筒制成单件，可以拆下。可根据需要，选用不同规格的套筒和各种手柄进行组合。具有功能多、使用方便、安全可靠的特点，尤其在拆装部位空间狭小、凹下很深或不易接近等部位的螺栓、螺母更为方便、实用。常用的套筒扳手有 13 件、17 件和 24 件一套等多种规格。

⑤ 扭力扳手。扭力扳手（扭矩扳手）分为定值式（见图 1-4（a））、预置式（见图 1-4（b））两种。预置可调式扭力扳手是指转矩的预紧值是可调的，使用者根据需要进行调整。使用扳手前，先将需要的实际拧紧转矩值预置到扳手上，当拧紧螺纹紧固件时，若实际转矩与预紧转矩值相等时，扳手发出"咔嗒"报警响声，此时立即停止扳动，释放后扳手自动设定下一次预紧转矩值。扭矩扳手手柄上有窗口，窗口内有标尺，标尺显示转矩值的大小，窗口边上有标准线。当标尺上的线与标准线对齐时，该点的转矩值代表当前的转矩预紧值。设定预紧转矩值的方法是，先松开扭矩扳手尾部的尾盖，然后旋转扳手尾部手轮，管内标尺随之移动，将标尺的刻线与管壳窗口上的标准线对齐。头部形状可随用户需求而配置，如内六角头、开口头、一字头、十字头、梅花头、标准头等，如图 1-4（c）所示。

⑥ 风动扳手和电动扳手。这两种扳手如图 1-5 所示。为了减轻工人的劳动强度和提高工作效率，我国汽车维修行业在 20 世纪六七十年代开始使用风动扳手和电动扳手。这两种工具必须与相应套筒

合用方能完成拆装螺纹连接件中的作业。风动扳手用压缩空气作动力，电动扳手是用电作动力。一般汽车维修企业常采用的风动扳手或电动扳手，其外形与手电钻或大手枪相似。在“枪柄的端头”接压缩空气管或电线；在“枪身中”装有启动、转动、冲击和换向机构。使用时注意用手握牢“枪柄”，“枪头”上的套筒垂直稳妥地套住螺栓或螺母的棱头方可开动“扳机”——开关。这种工具需按规定及时维修、保养。尤其对电动扳手需定期清洗，检查冲击机构和整流子。

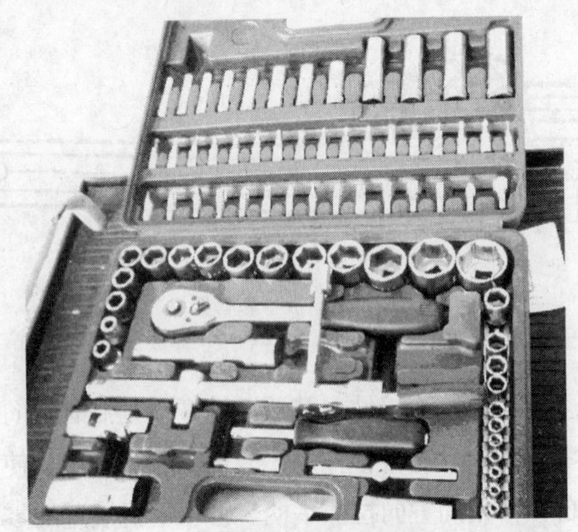

图1-3 套筒扳手及配件

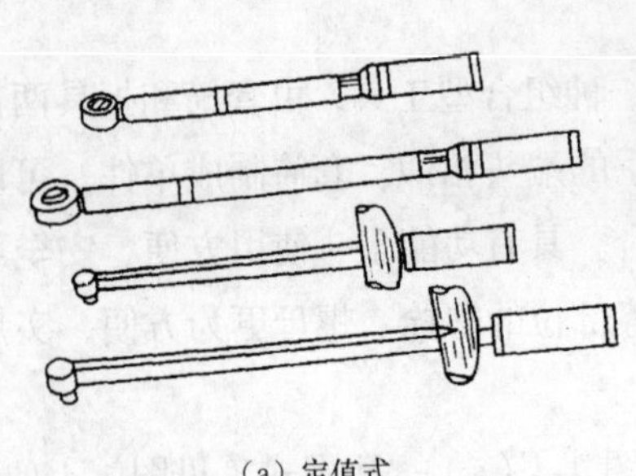

（a）定值式

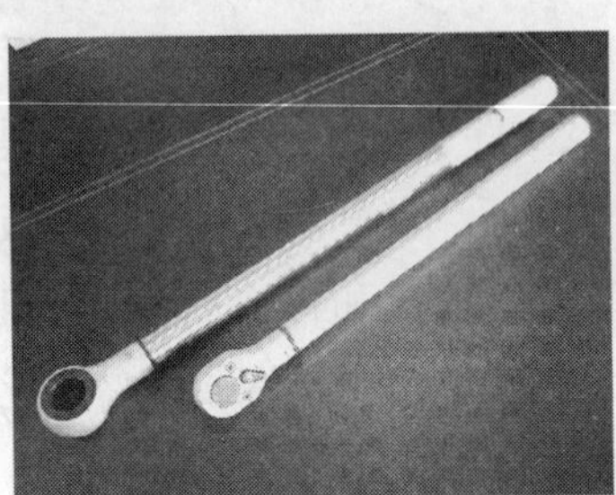

（b）预置式

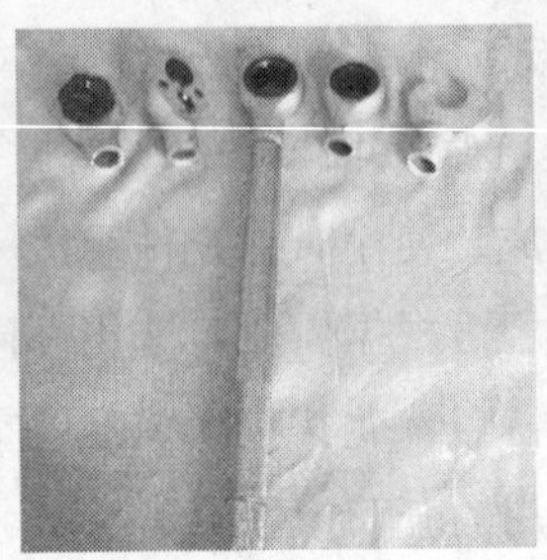

（c）头部形状

图1-4 扭力扳手

（a）手动两级变速风动力矩扳手

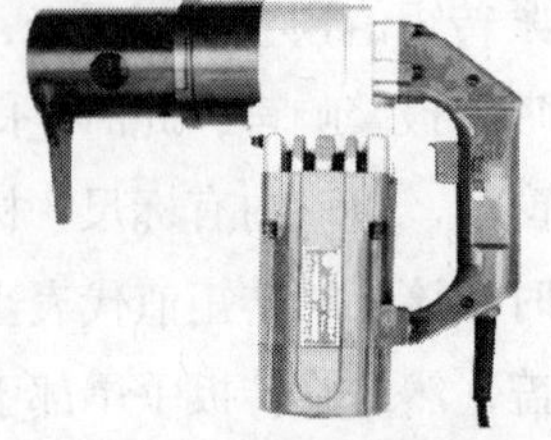

（b）定扭矩电动扳手

图1-5 风动扳手和电动扳手

（2）起子

起子又称螺钉旋具，如图 1-6 所示。其功用是拆装端头带有凹槽的螺钉和小型螺栓。起子的种类很多，除偏置起子通体是钢的以外，其他各类起子均由旋杆和手柄两部分构成。旋杆由45特种钢材制成，手柄由木材或塑料制成。锋口平直者为一字形起子，锋口垂直交叉者为十字形起子。旋杆穿通手柄的称穿心起子，可承受较大的扭力；旋杆不穿通手柄的为普通起子，承受扭力较小，但绝缘；旋杆粗壮的称夹心起子，该起子可承受扭力大，且允许用锤子适度击打柄端。

使用起子时应选用锋口与工件凹槽适应，并擦净锋口与凹槽的油污以防滑脱；不要将工件拿在手上用起子拆装，以免滑脱戳伤。操作时用手掌心抵住柄端，用手指握住柄身，使起子旋杆与工件凹槽底面垂直。拆卸操作初始抵力和扭力都大，工件扭转后两力均减。装合操作过程中扭力渐增，以便使工件牢固连接。不允许将起子做撬棍或泥刀使用；除夹心起子以外，不允许用锤子击打起子柄端头；不允许用钳子、活动扳手等夹住起子的旋杆加扭力。

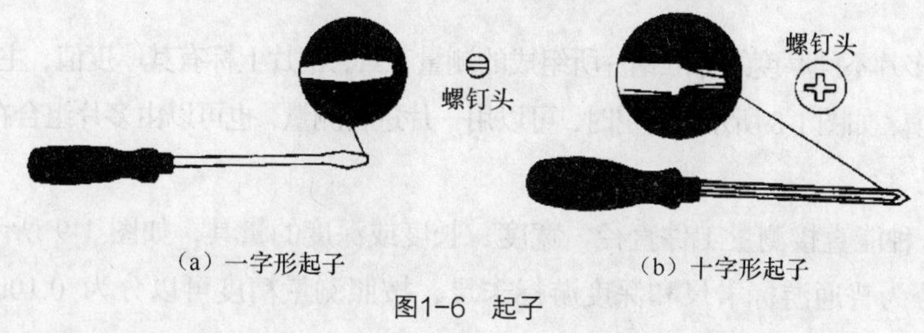

图1-6 起子

（3）钳子

① 鲤鱼钳子。鲤鱼钳子是汽车维修行业应用最广泛的钳子。多用50钢锻造，钳口处经热处理，钳柄外面滚花，通体镀锌或铬而成。细齿的平开口处夹持小工件；粗齿的凹开口处夹持较大的工件，也可用其拆、装扭力较小的螺纹连接件；开口的根部制有剪刀刃口，用以剪切较细金属丝。一片钳体中间制有两个销孔，另一片钳体中间装一特制的销子，因而可使钳口张开角度变大，使用起来较为方便。鲤鱼钳子的规格以钳子长度（mm）表示，只有165mm和200mm两种，汽车维修中常用165mm的。操作中不许将钳子做撬棍、锤子使用。

② 尖嘴钳子和弯嘴钳子。这两种钳子头部细而长，能在较窄的空间中使用。汽车电气设备的维修作业常用这两种钳子。还有一种尖嘴钳子和弯嘴钳子，其头部两片张口都为圆锥形，是用来拆装各式挡圈的。

（4）锤子

锤子亦称榔头，由锤头和锤柄两部分构成。锤头多用钢材锻造而成，用以敲击工件；也有锤头用铜、硬木或橡胶制成的所谓“软锤”，用以敲击不宜用钢质锤敲击的工件或薄板等。锤子的种类繁多，规格用锤头的质量（kg）表示。汽车修理中常用0.5kg、0.75kg的小型圆顶锤子以及4kg的大锤（也称八角锤）和0.25kg的木锤。常用锤子如图1-7所示。

小型锤子用一只手使用。使锤子的手法有3种：腕抖、肘挥、臂抡。腕抖是只用手腕的力量运锤，敲击力小，速度快，击点准确。肘挥是用小臂和腕的力量运锤，敲击力较大，击点不很准确。臂抡是用大臂、小臂和腕的力运锤，敲击力大，但使用不熟练往往击点不准。大锤用双手使用，用以击打需要重击的部位。使用之前应将锤子和工件上的油污等擦净，确保锤头与手柄接合牢固。击打时使锤头平面与工件表面贴合，不准用锤头棱边击打工件，严防锤子或锤头脱出造成损伤。

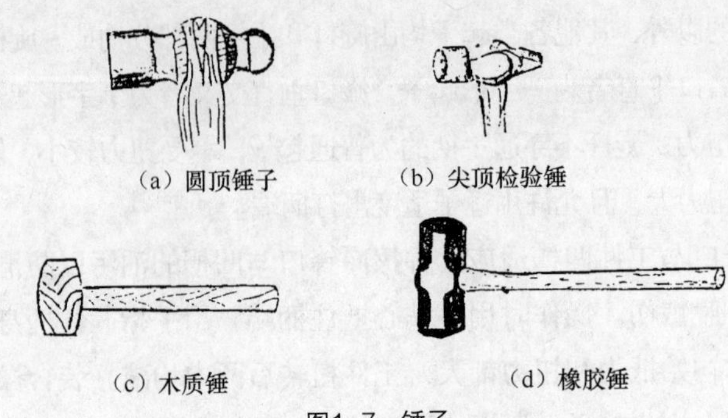

图1-7 锤子

2. 汽车维修常用量具及使用方法

(1) 塞尺

塞尺是一种由多片不同厚度的标准钢片所组成的测量工具，钢片上标有其厚度值，主要用于测量两个接合面之间的间隙值，如图 1-8 所示。使用时，可以用一片进行测量，也可以由多片组合在一起进行测量。

(2) 游标卡尺

游标卡尺是一种能直接测量工件直径、宽度、长度或深度的量具，如图 1-9 所示。游标卡尺按照测量功能可以分为普通游标卡尺和深度游标卡尺，按照测量精度可以分为 0.10mm、0.20mm、0.05mm、0.02mm 等。目前常用的游标卡尺，其测量精度为 0.02mm。

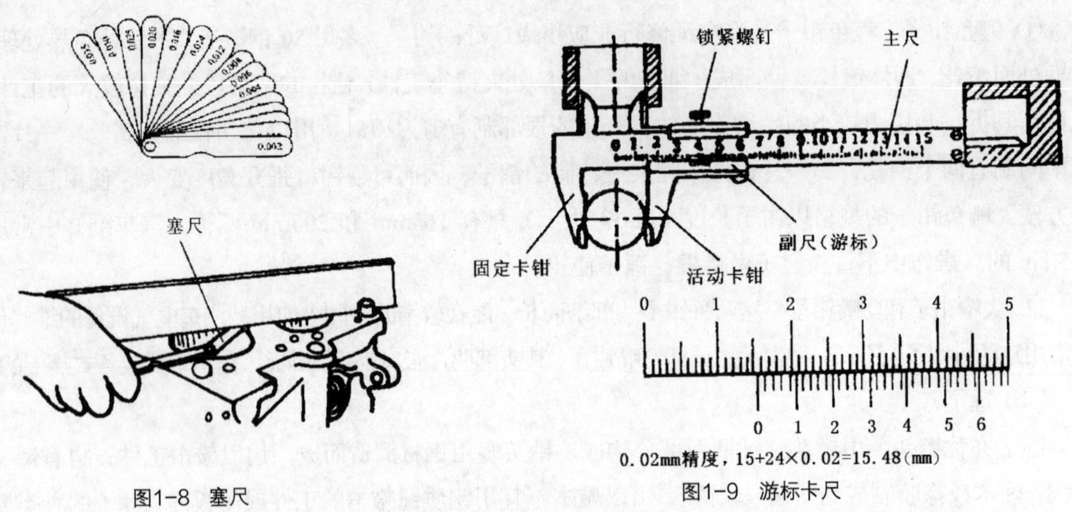

图1-8 塞尺

图1-9 游标卡尺

(3) 千分尺

千分尺又称为分厘卡尺，是一种用于测量加工精度要求较高的精密量具，其测量精度可达到 0.01mm。按照测量范围可分为 0～25mm，25～50mm，50～75mm，75～100mm 和 100～125mm 等多种不同规格，但每种千分尺的测量范围均为 25mm，其结构如图 1-10 所示。

(4) 百分表

百分表是一种比较性测量仪器，主要用于测量工件的尺寸误差和形位误差以及配合间隙等，如图 1-11 所示，其测量精度为 0.01mm。

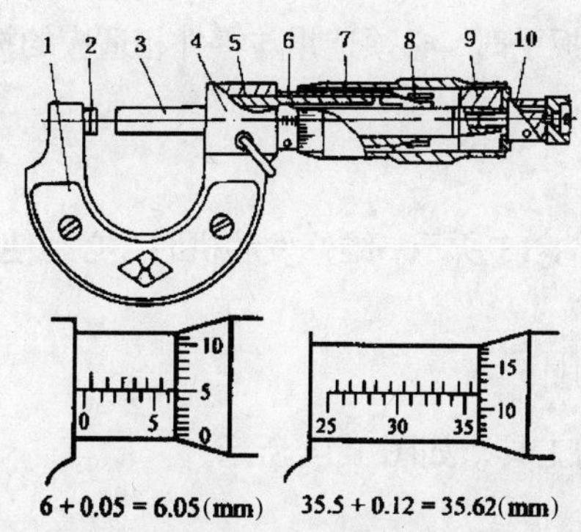

图1-10　千分尺及其读数方式

1—尺架　2—固定砧座　3—活动砧座　4—锁紧装置　5—螺纹轴套　6—固定套管　7—活动套管　8—螺母　9—接头　10—棘轮

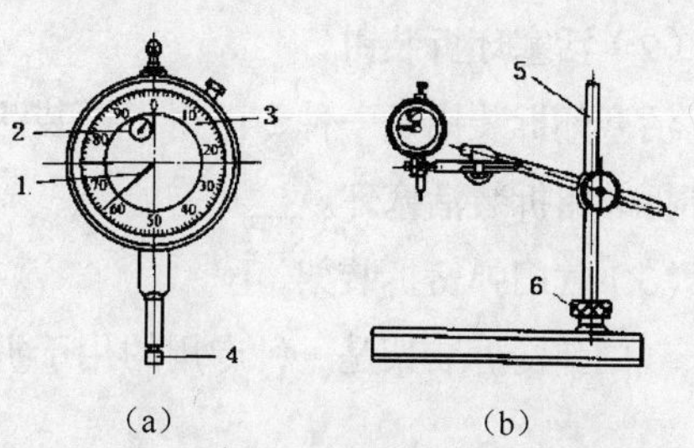

图1-11　百分表及其应用

1—大指针　2—小指针　3—刻度盘　4—测头　5—支架　6—磁力表座

（5）内径百分表

内径百分表又称为量缸表或内径量表，是一种用于测量孔径的比较性量具，在汽车维修中，内径百分表主要用于测量发动机气缸和轴承座孔的圆度误差、圆柱度误差或零件磨损情况，其测量精度为 0.01mm。

内径百分表由百分表、表杆、表杆座、活动测杆（量头）、支撑架和一套长度不等的接杆等组成，如图 1-12 所示。

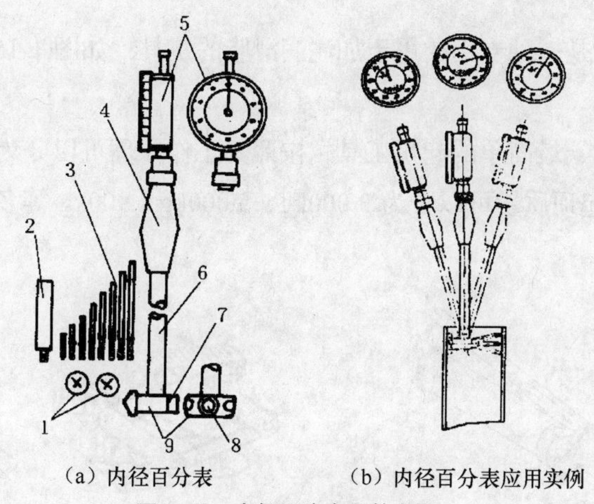

（a）内径百分表　　（b）内径百分表应用实例

图1-12　内径百分表及其应用

1—螺母　2—长接杆　3—接杆　4—绝热套　5—百分表　6—表杆　7—表杆座　8—活动测杆（量头）　9—支撑架

（二）汽车维修专用工具量具

汽车维修时，需要使用各种工具量具，除了应用一些常见的普通工、量具外，还必须使用一些维修专用工具量具。在此将对汽车维修过程中专用工具量具逐一进行介绍，以便维修人员能正确、合理地使用专用工具量具，进一步提高维修质量。

1. 汽车维修专用工具及使用方法

（1）专用扳手

专用扳手是一种用途较为单一的特殊扳手的通称，通常以其用途或结构特点来命名。每一种专

用扳手，又可以按照不同规格和尺寸进行分类。在使用专用扳手时，必须选用与零件相适应的扳手，以免扳手滑脱伤手或损坏零件。

（2）活塞环拆装钳

活塞环拆装钳是一种专门用于拆装活塞环的工具，如图 1-13 所示。维修发动机时，必须使用活塞环拆装钳拆装活塞环。

（3）气门弹簧拆装架

气门弹簧拆装架是一种专用的用于拆装顶置气门弹簧的工具，如图 1-14 所示。

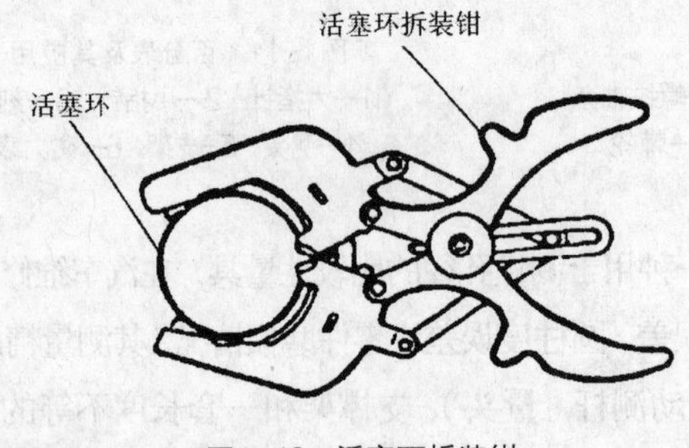

图1-13 活塞环拆装钳

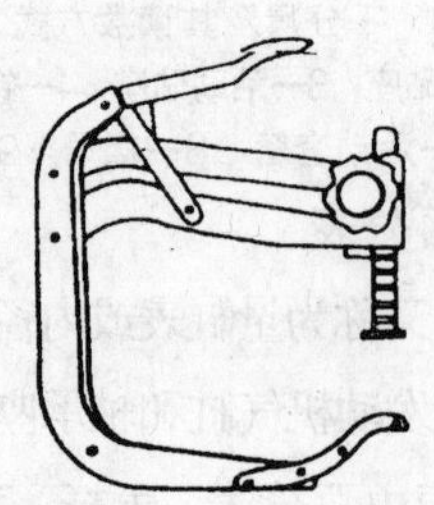

图1-14 气门弹簧拆装架

（4）滑脂枪

滑脂枪又称黄油枪，是一种专用的用于加注润滑脂的工具，如图 1-15 所示。

（5）千斤顶

千斤顶是一种最常用、最简单的起重工具，按照其工作原理可以分为机械丝杆式和液压式，如图 1-16 所示。按照所能起顶质量可以分为 3 000kg、5 000kg、900kg 等多种不同规格，目前广泛使用的是液压式千斤顶。

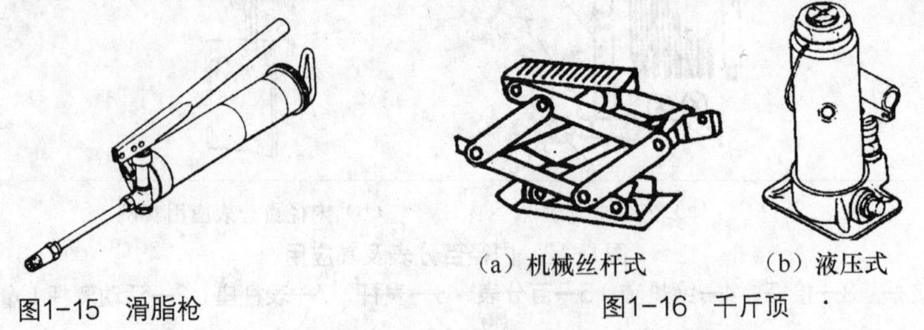

图1-15 滑脂枪

（a）机械丝杆式　（b）液压式

图1-16 千斤顶

（6）工作灯

工作灯是一种随车的照明灯具，主要用于维护作业中的局部照明。

工作灯使用的电源是汽车的电源，使用时将工作灯插头插入汽车工作灯插座内即可。这时可将工作灯悬于需照明的作业部位或用手持工作灯灯柄直接照射需照明的作业部位。

（7）其他扳手

其他扳手如图 1-17、图 1-18、图 1-19 所示。

① 沉头扳手也称为内六方扳手，如图 1-17（a）所示，它是用来拆装沉头螺栓的。这种扳手可

用气门杆自制。

② 螺柱扳手是专门用来拆装双头螺栓的，其形状多样如图 1-17（b）、（c）所示。多用带自锁作用的偏心轮、圆柱等在扳扭的过程中挤紧双头螺栓的光杆部分。这种扳手各修理单位多根据车型不同自制。

③ 锁紧扳手用来拆装圆周或端头带有凹槽的螺母如图 1-17（d）所示。这种扳手可以自制。

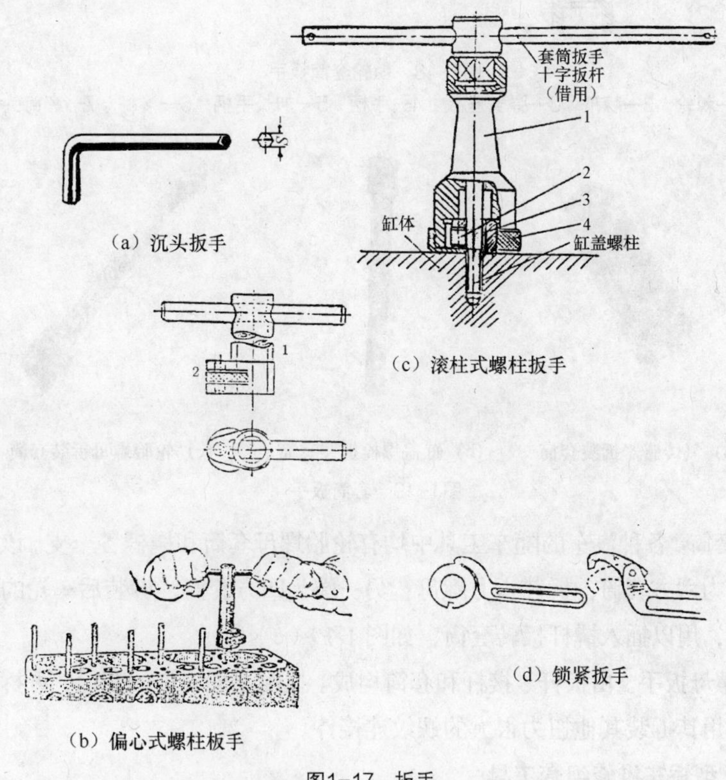

图1-17 扳手

1—扳手体 2—滚柱 3—内套 4—盖

④ 棘轮套筒扳手是一种手动螺丝松紧工具，单头、双头多规格活动柄棘轮梅花扳手（固定孔的）。如图 1-18 所示，棘轮套筒是由不同规格尺寸的主梅花套和从梅花套，通过铰接键的阴键和阳键咬合的方式连接的。由于一个梅花套具有两个规格的梅花形通孔，使它可以用于两种规格的螺丝，从而扩大了使用范围，节省了原材料和工时费用；活动扳柄可以方便地调整扳手使用角度。这种扳手用于螺丝的松紧操作，具有适用性强，使用方便和造价低的特点。

⑤ 套筒扳手由多个带六角孔或十二角孔的套筒并配有手柄、接杆等多种附件组成，特别适用于拧转地位十分狭小或凹陷很深处的螺栓或螺母，如图 1-19（a）、（b）所示。

（8）大型扳手

汽车的轮胎螺母、U 形螺栓螺母等拆装作业十分费力，汽车维修企业多用专门的机动工具予以拆装。在缺乏专用机动工具时，可利用大型扳手并配以特制套筒予以拆装。

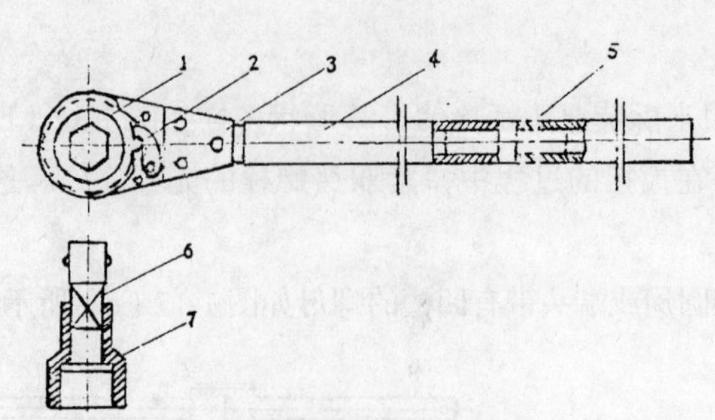

图1-18 棘轮套筒扳手

1—棘轮 2—棘爪 3—弹簧座板 4—手柄 5—加长手柄 6—接杆 7—套筒头

(a) 氧传感器拆装套筒 (b) 缸盖螺栓拆装套筒 (c) 轮胎螺母拆装套筒

图1-19 套筒扳手

① 轮胎螺母套筒。各种汽车的随车工具中均有轮胎螺母套筒和撬杆各一支。该套筒为一杆两端的整体结构，一端为六方套筒，拆装六方螺母；另一端为四方套筒，拆装后车轮的中间螺母；中间的杆身有两个圆孔，用以插入撬杆扳转套筒，如图 1-19（c）所示。

② U 形螺栓螺母扳手。由扳杆、接杆和套筒构成。换配不同规格的套筒，可拆装不同车型的 U 形螺栓螺母。也可用其拆装其他扭力很大的螺纹连接件。

2. 桑塔纳 LX 型轿车维修组套工具

为了顺利进行维修作业，许多车型都配有相应的维修组套工具，在组套工具中既有常用工具，又有专用工具。维修过程中应尽可能采用相应的车型的组套工具。桑塔纳 LX 型轿车 32 件组套工具的组成如下。

（1）梅花套筒

如图 1-20 所示，在该组套工具中有 8 个梅花套筒（11～18mm），属于常用工具。

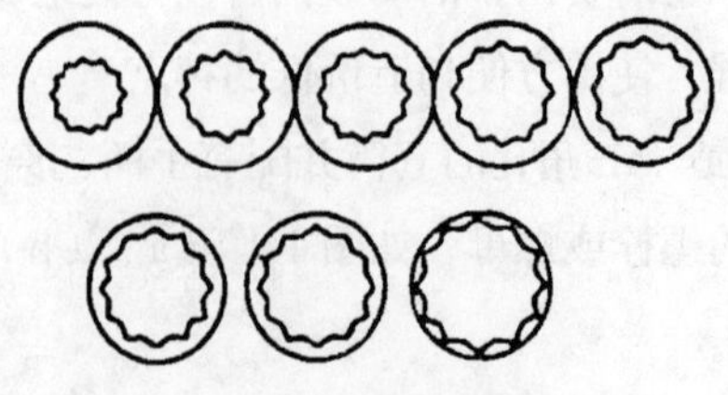

图1-20 梅花套筒

（2）六角扳杆

如图 1-21 所示，这些工具都属于专用工具。小梅花扳杆（HK990-8）用于拆装传动轴，六角扳杆（HK986-7）用于拆装前减振器，六角扳杆（HK2584-6）用于拆装前制动片等，长六角扳杆（HK2584-1）用于拆装进、排气歧管总成，长六角扳杆（HK986-5）用于拆装后制动蹄，大梅花扳杆（HK990-12）用于拆装气缸盖紧固螺栓。

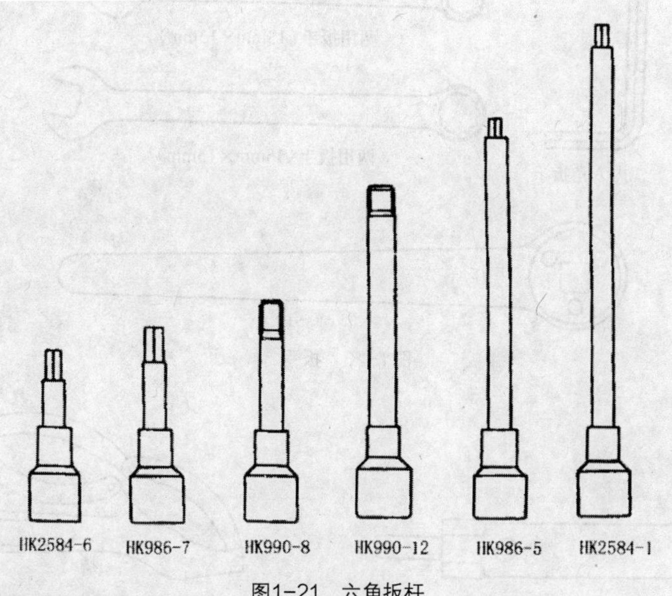

图1-21　六角扳杆

（3）接杆、接头

如图 1-22 示，在桑塔纳 LX 型轿车的 32 件组套工具中，六方扳头（HK985-17）用于拆装变速器放油螺塞，M14 螺母扳手接头（HK90-3）用于拆装前减振器，直接头（HK-T-19）用于棘轮扳手筒的连接，HK-T-01 是一只长接杆。

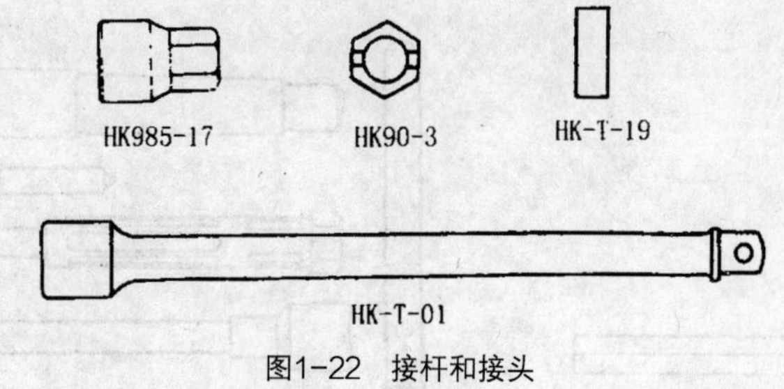

图1-22　接杆和接头

（4）扳手

如图 1-23 所示，在该组工具中有一件 7mm 的内六角扳手、一件 10mm × 13mm 的呆扳手、两件两用扳手（13mm × 13mm 和 15mm × 15mm）和一件棘轮扳手，这些都是常用工具。

（5）其他专用工具

① 如图 1-24 所示的是火花塞套筒，用于拆装火花塞。

② 图 1-25 所示为机油滤清器专用扳手，用于拆装机油滤清器。

③ 图 1-26 所示为用于拆卸轮毂盖的轮帽扳手。

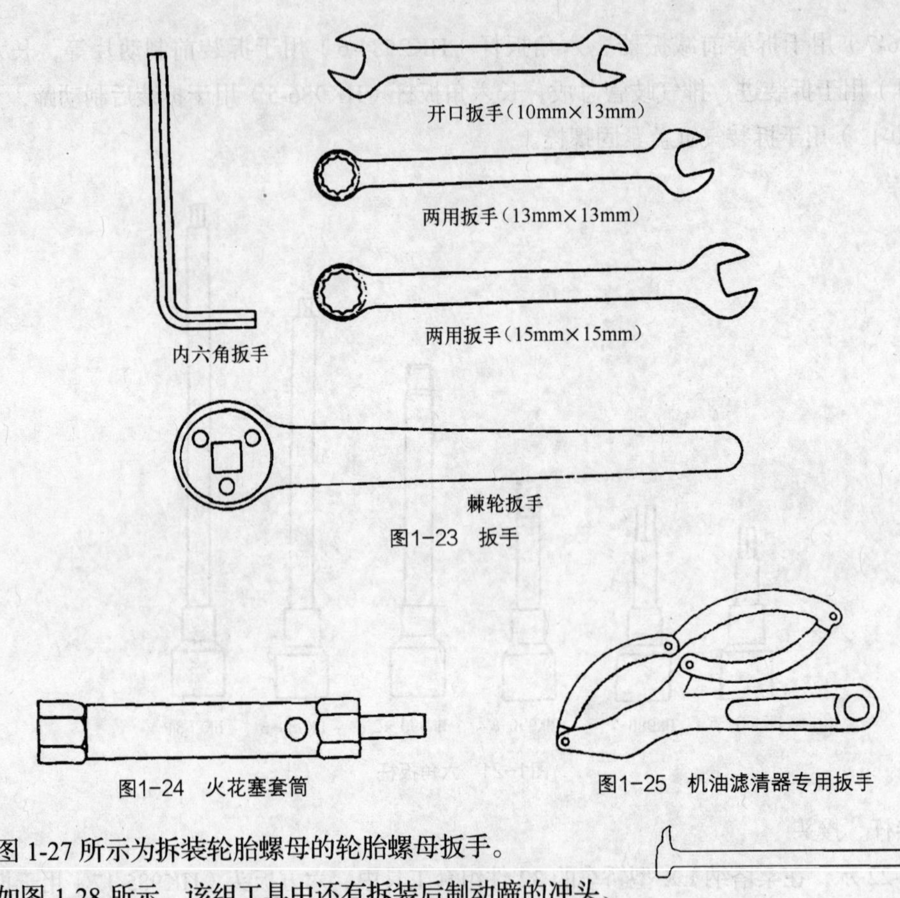

图1-23 扳手

图1-24 火花塞套筒

图1-25 机油滤清器专用扳手

④ 图 1-27 所示为拆装轮胎螺母的轮胎螺母扳手。

⑤ 如图 1-28 所示，该组工具中还有拆装后制动蹄的冲头、拆装油底壳固定螺栓的长接杆套筒、拆装离合器的心轴、两用螺钉旋具和拆装后减振器的专用工具等。

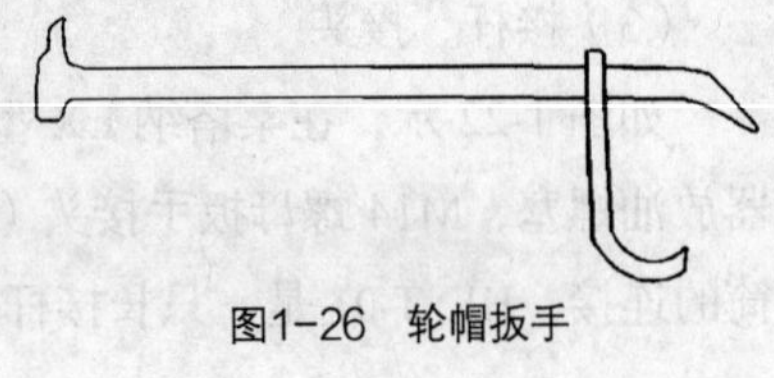
图1-26 轮帽扳手

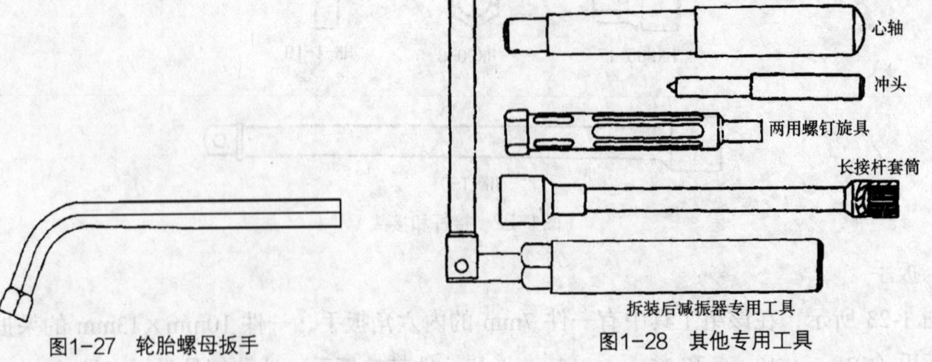

图1-27 轮胎螺母扳手

图1-28 其他专用工具

3. 专用量具

（1）气缸压力表

气缸压力表是一种专门用于检查气缸内气体压力大小的量具。

根据气缸压力表的测量范围不同，可分为 0～1.4MPa（汽油机）和 0～4.9MPa（柴油机）两种。

按其连接形式不同，可分为推入式和螺纹接口式两种，如图 1-29 所示。

（2）轮胎气压表

轮胎气压表是专门用于测定轮胎气压的量具，常用的形式有标杆式和指针式两种，如图 1-30 所示。

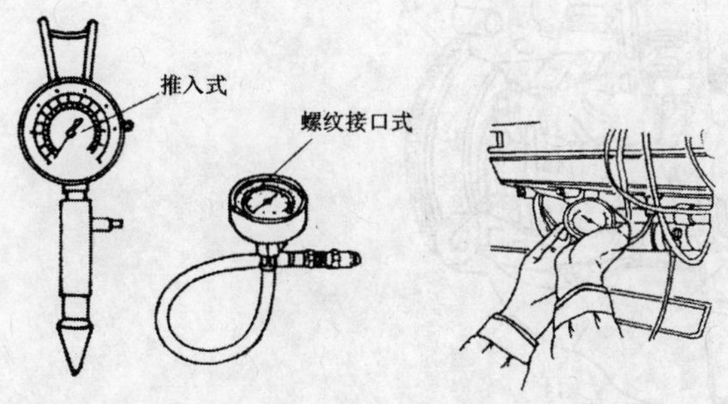

图1-29　气缸压力表

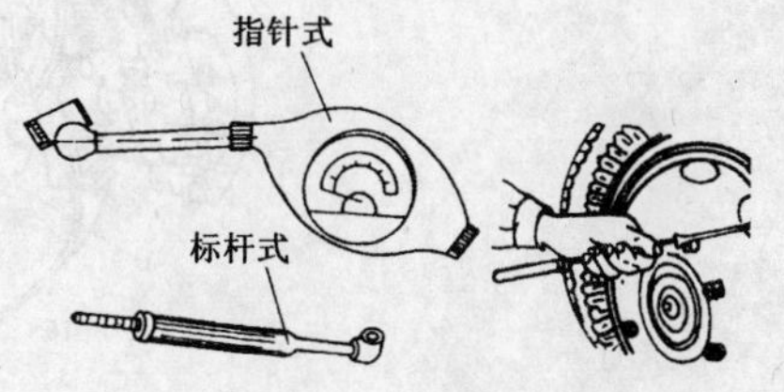

图1-30　轮胎气压表

（3）进气歧管真空表

进气歧管真空表是一种用于测量发动机进气歧管内真空度的工具。真空表刻度盘一般分为 100 格，测量范围为 0～100kPa，如图 1-31 所示。

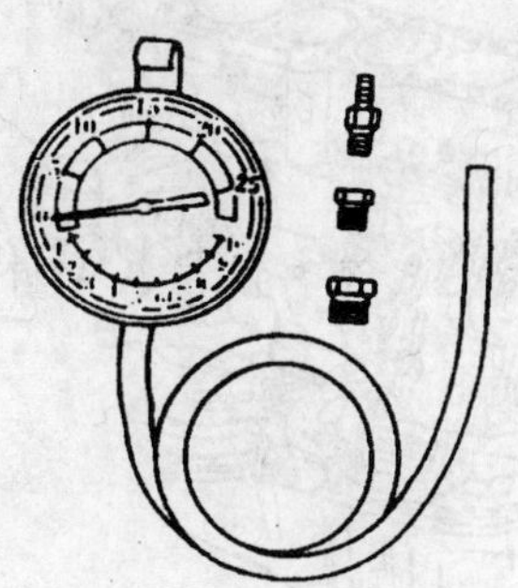

图1-31　进气歧管真空表

（三）发动机总体结构

发动机是汽车的心脏，是由多个机构和系统组成的复杂机器。现代汽车发动机的结构形式很多，即使是同一类型的发动机，其具体结构也不尽相同，但不论哪种类型的发动机，其基本结构都是相似的。

1. 汽油机的总体构造

汽油发动机简称汽油机，主要由“两大机构、五大系统”组成，如图 1-32 和图 1-33 所示。“两大机构”指曲柄连杆机构和配气机构；“五大系统”指燃料供给系统、冷却系统、润滑系统、点火系统和启动系统。

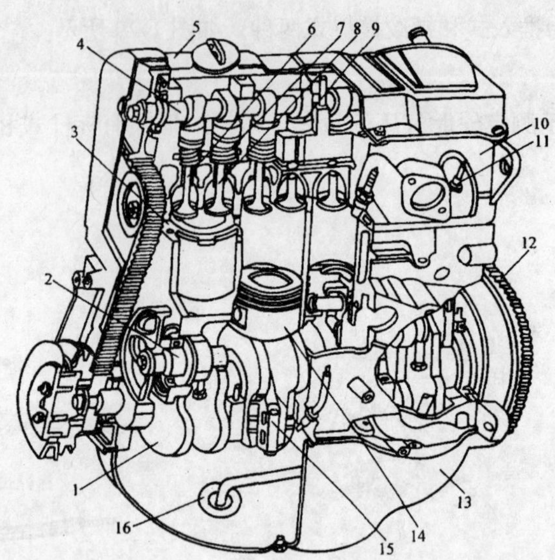

图1-32 汽油机剖面图

1—曲轴 2—中间轴 3—气缸体 4—凸轮轴 5—凸轮轴罩盖 6—排气门 7—气门弹簧 8—进气门 9—气门挺杆 10—气缸 11—火花塞 12—飞轮 13—油底壳 14—活塞 15—连杆总成 16—集滤器

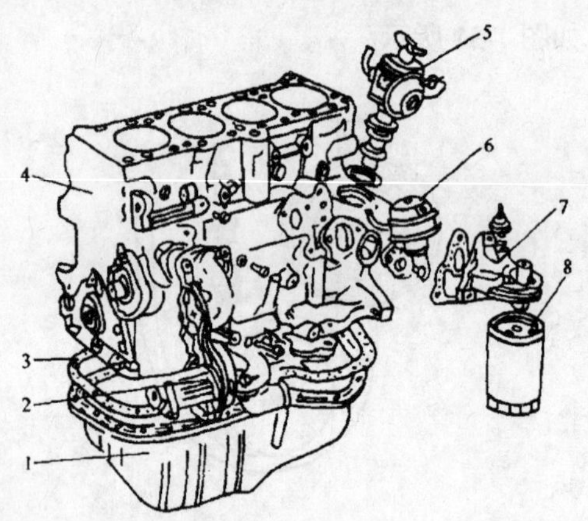

图1-33 汽油机附件

1—油底壳 2—水泵 3—密封垫 4—气缸体 5—分电器 6—汽油泵 7—机油滤清器安装座 8—机油滤清器

（1）曲柄连杆机构

曲柄连杆机构主要由气缸体、气缸盖、活塞、连杆、曲轴和飞轮等机件组成，它是发动机实现热能与机械能相互转换的核心机构。其功用是将燃料燃烧所放出的热能通过活塞、连杆、曲轴等零部件，转变成机械能，进而驱动汽车行驶。

（2）配气机构

配气机构主要由气门、气门弹簧、凸轮轴、挺杆、凸轮轴传动机构等零部件组成。其功用是根据发动机的工作需要，适时地打开进气通道或排气通道，以便使可燃混合气（燃料与空气的混合物）及时地进入气缸，或使废气及时地从气缸内排出；而在发动机不需要进气或排气时，则利用气门将进气通道或排气通道关闭，以便保持气缸密封。

（3）燃料供给系统

电控燃油喷射式燃料供给系统由空气供给系统、燃油供给系统和电子控制系统组成。其功用是根据发动机的工况（工作状况）的需要，配制出适应的数量和浓度的可燃混合气并送入气缸。

（4）点火系统

点火系统的功用是根据发动机的工作需要，及时地点燃气缸内的混合气。其中包括供给低压电流的蓄电池和发电动机、分电器、点火线圈、火花塞等。

（5）冷却系统

发动机的冷却系统可分水冷式和风冷式两种。水冷式冷却系统通常由水套、水泵、散热器、风扇、节温器等组成。风冷式冷却系统主要由风扇、散热片组成。其功用是帮助发动机散热，以保证发动机在最合适的温度下工作。

（6）润滑系统

润滑系统一般由机油泵、集滤器、限压阀、油道、机油滤清器等组成。其功用是向做相对运动的零件表面输送清洁的润滑油，以减小摩擦和磨损，并对摩擦表面进行清洗和冷却，起到润滑、冷却、洗涤、密封、防锈防腐和消除冲击负荷的作用。

（7）启动系统

启动系统包括启动机及其附属装置，其功用是使发动机由静止状态进入到正常工作状态。

2. 单缸四冲程汽油机工作原理

四冲程汽油机每一个工作循环都有 4 个活塞行程，按其作用分别称为进气行程、压缩行程、做功行程和排气行程，如图 1-34 所示。

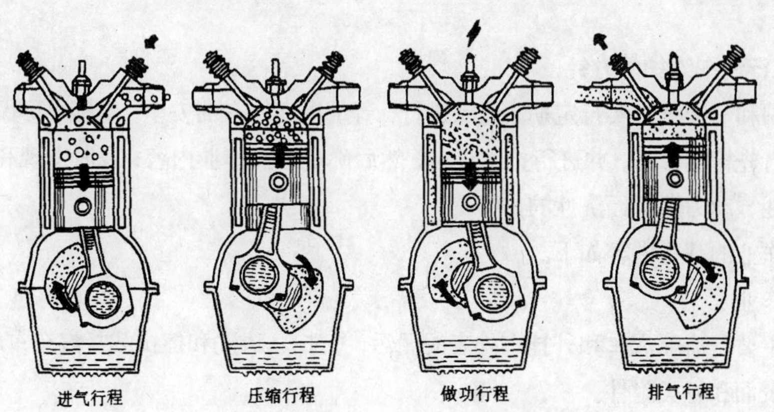

图1-34　单缸四冲程汽油机工作原理

（1）进气行程

在进气行程中，活塞由曲轴带动由上止点向下止点运行，此时排气门关闭，进气门开启。活塞由上止点向下止点运动过程中，气缸内的容积逐渐增大，形成一定的真空度，可燃混合气通过进气门被吸入气缸。当活塞到达下止点时，整个气缸内充满了可燃混合气。

（2）压缩行程

进气行程结束时，活塞在曲轴的带动下开始由下止点向上止点运动，此时排气门仍处于关闭状态，而进气门开始逐渐关闭。随着活塞的向上运动，气缸内的容积逐渐减小，由于进气门和排气门均处于关闭状态，进入气缸内的混合气被压缩，其温度和压力升高，直到活塞到达上止点时压缩行程结束。

（3）做功行程

当活塞运动接近压缩行程上止点时，火花塞跳火点燃气缸内的混合气，此时进气门和排气门均处于关闭状态，气缸内气体的温度和压力同时升高，从而推动活塞从上止点向下止点运动，并通过连杆推动曲轴旋转输出机械能。

（4）排气行程

做功行程结束时，气缸内的气体将活塞推至下止点，气缸内的混合气也因燃烧变为废气。此时排气门打开，进气门仍处于关闭状态，活塞在曲轴的带动下从下止点向上止点运动，气缸内的废气经排气门排出，直到活塞到达上止点时排气行程结束。

发动机工作时，需要连续不断地进行循环，在每个循环中都是依次完成进气、压缩、做功、排气 4 个行程。

（四）发动机维护基本知识

1. 我国现行的汽车维护制度

根据交通部 1990 年颁发的《汽车运输业车辆技术管理规定》，我国汽车计划预防维护制度分为定期维护和非定期维护两大类。其中又按其作业范围和作业深度的不同，分为不同等级。

定期维护分为日常维护、一级维护、二级维护 3 个等级；非定期维护分为走合维护和季节维护两个等级。

2. 我国现行汽车维护的方针

对日常维护和一级维护实行定期、强制执行，着重提高汽车的安全、节能、环保等性能的方针；对二级维护实行先检测诊断，并进行技术评定，然后确定维护作业内容，及时发现和消除故障隐患，提高汽车安全性、动力性、经济性的方针。

汽车维护作业的基本内容如下。

（1）清洁作业

清洁作业主要是清除汽车和外挂车外表的泥污，打扫、清洗和擦拭载货汽车车厢、驾驶室、客车车身的内外表面和各类附件。

（2）检查与紧固作业

检查与紧固作业主要是检查汽车外露的各零部件连接或安装情况，必要时紧固已松动的部位，并更换个别损坏或丢失的螺栓、螺母、螺钉、锁止销等。

（3）检查与调整作业

检查与调整作业主要是检查汽车各机构、仪表和总成的技术状况，必要时按技术要求或使用条件进行调整。

（4）电器作业

电器作业主要是清洁、检查和调整电器和仪表，润滑其运动机构，配换个别已损坏或不适用的零件及导线，检查和维护蓄电池。

（5）润滑作业

润滑作业主要是清洗发动机润滑系统，更换机油滤清器或机油滤芯，更换或加注机油，加注润滑脂，更换或加注制动液。

（6）轮胎作业

轮胎作业主要是检查轮胎气压并根据需要充气，检查外胎状况并清除轮胎花纹中的嵌入物，进行轮胎换位，根据需要修补或更换内、外胎。

（7）加注作业

加注作业主要是检查油箱状况和存油量，按需加注燃料；检查水箱状况及冷却液数量，必要时加注冷却液。

三、项目实施

（一）实施要求

常用工具：套筒扳手、梅花扳手、鲤鱼钳、呆扳手、起子、锤子等。

量具：塞尺、游标卡尺、千分尺、百分表、内径百分表。

汽车维修专用工具：活塞环拆装钳、气门弹簧拆装架、滑脂枪、千斤顶、专用套筒、专用扳手等。

汽车维修专用量具：气缸压力表、轮胎气压表、真空表等。

设备：桑塔纳轿车整车、AJR 发动机整体总成、解体后的发动机各个总成、举升设备、发动机翻转架、发动机吊机。

（二）实施步骤

1. 汽车维修常用量具

（1）塞尺

用干净布将塞尺片擦拭干净，不能在塞尺片沾有油污的情况下进行测量，否则，会直接影响测量结果的准确性。将塞尺片插入被测间隙中，来回拉动塞尺片，感到稍有阻力时，表明该间隙值接近塞尺片上所标出的数值。如果拉动时阻力过大或过小，则该间隙值小于或大于塞尺片上所标出的数值，如图 1-8 所示。

使用注意事项：不允许在测量过程中，剧烈弯折塞尺片，或用较大的力硬将塞尺片插入被检测间隙中，否则，将损坏塞尺片。测量后，应将塞尺片擦拭干净，并涂上一薄层润滑油或工业凡士林，然后将塞尺片收回夹框内，以防锈蚀、弯曲或变形。

（2）游标卡尺

1）使用方法

① 使用前，先将工件被测表面和卡钳接触表面擦干净。

② 测量工件外径时，将活动卡钳向外移动，使两卡钳间距大于工件外径，然后再慢慢地移动副尺，使两卡钳与工件接触，如图 1-9 所示。使用中，切忌硬卡硬拉，以免影响游标卡尺的精度和读数的准确性。

③ 测量工件内径时，将活动卡钳向内移动，使两卡钳间距小于工件内径，然后再缓慢地向外移动副尺，使两卡钳与工件接触，如图 1-35（a）所示。

④ 测量工件的内径和外径时，应使游标卡尺与工件垂直。测外径时，记下最小尺寸；测内径时，记下最大尺寸。

⑤ 用深度游标卡尺测量工件深度时，如图 1-35（b）所示。将固定卡钳与工件被测表面平整接触，然后缓慢地移动副尺，使卡钳与工件接触。测量时用力不宜过大，以免硬压游标而影响测量精度和读数的准确性。

⑥ 用后，应将游标卡尺擦拭干净，并涂一薄层工业凡士林，放入卡尺盒内存放，切忌弯折、重压。

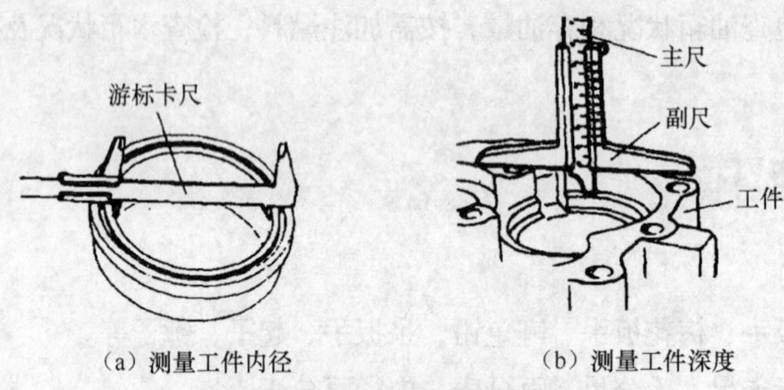

（a）测量工件内径　（b）测量工件深度

图1-35　游标卡尺的测量位置

2）读数方法

① 读出副尺零刻线所指示主尺上左边刻线的毫米整数。

② 观察副尺上零刻线右边第几条刻线与主尺某一刻线对准，将游标精度乘以副尺上的格数，即为毫米小数值。

③ 将主尺上整数和副尺上的小数值相加即得被测工件的尺寸，如图 1-9 所示。

工件尺寸 = 主尺整数 + 游标卡尺精度 × 副尺格数

（3）千分尺

① 千分尺误差检查。先把千分尺砧端表面擦拭干净。旋转棘轮盘，使两个砧端夹住标准量规，直到棘轮发出“咔咔”的声响，这时检查指示值。活动套筒前端应与固定套筒的“零”线对齐，活动套筒的“零”线与固定套筒的基线应对齐。若两者中有一个“零”线不能对齐，则该千分尺有误差，应检查调整后才能用于测量。

② 使用方法。将工件被测表面擦拭干净，并置于千分尺两砧端之间，使千分尺螺杆轴线与工件中心线垂直或平行。若歪斜着测量，则直接影响测量的准确性。旋转旋钮，使砧端与工件测量表面接近，这时改用旋转棘轮盘，直到棘轮发出“咔咔”声响时为止，这时的指示数值就是所测量到的工件尺寸。用后应将千分尺擦拭干净，保持清洁，并涂抹一薄层工业凡士林，然后放入盒内保存。禁止重压、弯曲千分尺，且两砧端不得接触，以免影响千分尺精度。

③ 读数方法。从固定套筒上露出的刻线读出工件的毫米整数和半毫米整数。从活动套筒上由固

定套筒纵向线所对准的刻线读出工件的小数部分（百分之几毫米），不足一格数（千分之几毫米），可用估算读法确定。将两次读数相加就是工件的测量尺寸，如图 1-10 所示。

（4）百分表

① 读数方法。百分表的表盘刻度一般分为 100 格，当量头每移动 0.0lmm 时，大指针就偏转 1 格（表示 0.01mm）；当大指针旋转 1 圈时，小指针偏转 1 格（表示 lmm）。指针的偏转量就是被测零件（工件）的实际偏差或间隙值。

② 使用方法。先将百分表固定在表架（支架）上，以测杆端量头抵住被测工件表面，如图 1-11（b）所示，并使量头产生一定的位移（即指针存在一个预偏转值）。移动被测工件或百分表支架座，观察百分表表盘上指针的偏转量，该偏转量即是被测物体的偏差尺寸或间隙值。

③ 使用注意事项。测杆轴线应与被测工件表面垂直，否则会影响测量精度。百分表用后，应卸除所有的负荷，用干净软布将表面擦拭干净，并在金属表面涂抹一薄层工业凡士林，将百分表水平地放置盒内，严禁重压。

（5）内径百分表

① 使用方法。一只手拿住绝热套，另一只手尽量托住表杆下部，轻轻摆动表杆，使内径百分表测杆与气缸轴线垂直（可通过观察百分表指针摆动情况来判断，当表针指示到最小数值时，即表示测杆已垂直于气缸轴线）。

② 读数方法。内径百分表读数方法与百分表相同，读出百分表头指示数值。

③ 确定工件尺寸。如果百分表头的大指针正好指在“0”处，说明被测工件的孔径（缸径）与其校表尺寸相等，若以标准尺寸进行校表，则表示工件尺寸与标准尺寸相同；如果百分表头大指针顺时针方向转离“0”位，则表示工件尺寸小于标准尺寸。反之则表示大于标准尺寸。通过对不同测量点的测量结果计算出圆度误差、圆柱度误差或工件的磨损情况。

2. 汽车维修专用工量具

（1）活塞环拆装钳

使用活塞环拆装钳时，将拆装钳上的环卡卡住活塞环开口，握住手把稍稍均匀地用力，使得拆装钳手把慢慢地收缩，环卡将活塞环徐徐地张开，使活塞环能从活塞环槽中取出或装入。

（2）气门弹簧拆装架

使用时，用拆装架托架抵住气门，压环对正气门弹簧座，然后压下手柄，使得气门弹簧被压缩，这时可取下气门弹簧锁销或锁片，慢慢地松抬手柄，即可取出气门弹簧座、气门弹簧和气门等。

（3）滑脂枪

1）使用方法

① 拉出拉杆使柱塞后移，拧下滑脂枪压力缸筒前盖。

② 将干净黄油分成团状，徐徐装入缸筒内，且使黄油团之间尽量相互贴紧，便于缸筒内空气排出。

③装回前盖，推回拉杆，柱塞在弹簧作用下前移，使黄油处于压缩状态。

2）使用注意事项

① 滑脂枪接头对正被润滑的黄油嘴（滑脂嘴），直进直出，不能偏斜，以免影响黄油加注和减

少润滑脂的浪费。

② 注油时，如注不进油，应立即停止，并查明堵塞的原因，排除后再进行注油。

③ 注润滑脂时不进油的主要原因。

a. 滑脂枪缸筒内无黄油或压力缸筒内的黄油间有空气。

b. 滑脂枪压油阀堵塞或注油接头堵塞。

c. 滑脂枪弹簧疲劳过软而造成弹力不足或弹簧折断而失效。

d. 柱塞磨损过甚而导致漏油。

e. 滑脂枪嘴被泥污堵塞而不能注入黄油。

（4）千斤顶

以液压式千斤顶为例介绍其使用方法。

① 起顶汽车前，应把千斤顶顶面擦拭干净，拧紧液压开关，把千斤顶放置在被顶部位的下部，并使千斤顶与被顶部位间相互垂直，以防千斤顶滑出而造成事故。

② 旋转顶面螺杆，改变千斤顶顶面与被顶部位的原始距离，使起顶高度符合汽车需要的顶置高度。

③ 用三角形垫木将汽车着地车轮前后塞住，防止汽车在起顶过程中发生滑溜事故。

④ 用手上下压动千斤顶手柄，被顶汽车逐渐升到一定高度，在车架下放入搁车凳。禁止用砖头等易碎物支垫汽车。落车时，应先检查车下是否有障碍物，并确保操作人员的安全。

⑤ 缓慢拧松液压开关，使汽车缓慢平稳地下降，架稳在搁车凳上。

（5）气缸压力表

气缸压力表的使用方法如下。

① 启动发动机并运转到正常工作温度，旋下汽油机火花塞或柴油机喷油器。

② 汽油发动机必须将节气门和阻风门完全打开，把气缸压力表的锥形橡胶圈压紧在火花塞座孔上。

③ 柴油发动机必须采用螺纹接口式气缸压力表，将气缸压力表螺纹接口旋入喷油器座孔内。

④ 用启动机带动曲轴旋转 3～5s，使发动机转速保持在 150～180r/min（汽油机）或 500t/min（柴油机），这时气缸压力表所指示的压力值就是该气缸的气缸压力。

⑤ 按下气缸压力表上的放气阀，则压力表指针回零。

⑥ 在实际测量气缸压力时，每个气缸应重复测量 2～3 次，取最大压力值。

（6）轮胎气压表

轮胎气压表的使用方法如下。

① 将轮胎气压表测量端槽口与轮胎气门嘴对正压紧。

② 这时轮胎气压表指针发生偏转，其指示值即为该轮胎的充气压力；或者轮胎气压表标杆在气压作用下被推出，这时标杆上所显示的数值即为该轮胎的充气压力。

③ 测量完毕，应仔细检查轮胎气门芯是否有漏气，若有漏气，应予以排除。

（7）进气歧管真空表

进气歧管真空表的使用方法如下。

① 将发动机运转到正常工作温度，并使发动机保持稳定怠速运转。

② 将真空表用一根胶管连接到进气歧管的真空连接管上。

③ 观察真空表指针的指示值，并改变发动机的转速，观察真空度的变化情况，根据真空度的数值变化，分析和判断发动机不同工况下的技术状况。

3. 认识发动机总体结构

首次实习，应先熟悉场地，进行安全教育，学习安全注意事项。

（1）认识发动机零件及机构

结合两台不同型号的发动机认识下列零件及机构。

① 曲柄连杆机构：机体组、活塞连杆组、曲轴飞轮组。

② 配气机构：气门组、气门传动组。

③ 燃料供给系统：空气供给系统、燃油供给系统和电子控制系统组成。

④ 润滑系统：机油泵、集滤器、限压阀、润滑油道、机油过滤器、机油冷却器。

⑤ 冷却系统：冷却水道、水泵、风扇、水箱、节温器。

⑥ 点火系统：蓄电池、发电机、点火线圈、分电器（有些无分电器）、火花塞和电子控制系统等。

⑦ 起动系统：起动机、起动继电器、蓄电池、点火开关。

（2）发动机的工作过程

在认识上述机构的基础上，简单讲解发动机的工作过程。

① 进气过程。

② 压缩过程。

③ 做功过程。

④ 排气过程。

4. 发动机维护操作

汽车一、二级维护周期的确定，应以汽车行驶里程为基本依据。对于不便用行驶里程统计、考核的汽车，可用行驶时间间隔确定汽车一、二级维护周期。其间隔时间（天）应依据本地区汽车使用强度和条件的不同，参照汽车一、二级维护里程周期，由各地自行规定。

下面以上海桑塔纳轿车为例，其维护分以下几种。

（1）7500km 维护

① 目测发动机有无渗漏（润滑油、防冻液、燃油及空调系统）。

② 检查防冻液液面高度及防冻能力，必要时应更换，并测试冰点。

③ 更换发动机润滑油。润滑油牌号为 API-SF 或 SE，也可用 VW500。

④ 润滑发动机盖上下部（包括搭钩）。

⑤ 润滑门铰链及门拉带。

⑥ 目测变速器、主传动轴护套有无渗漏及损坏。

⑦ 检查制动蹄摩擦片厚度。

⑧ 检查侧滑，使之符合 GB 7258—2012 标准规定。

（2）15000km 维护

① 检查照明装置、警告闪光装置和喇叭的性能。

② 检查刮水器和清洗装置的性能，必要时注入清洗液。

③ 检查蓄电池电解液相对密度和液面高度，必要时加入蒸馏水。

④ 检查前大灯灯光，必要时调整。

⑤ 检查 V 带的松紧度，必要时调整或更换。

⑥ 清洗空气滤清器外壳，更换滤芯。

⑦ 检查或更换火花塞。

⑧ 检查冷却系统液面高度及其防冻能力，并测试冰点。

⑨ 检查排气装置有无损坏。

⑩ 更换发动机润滑油及机油滤清器。

⑪ 检查离合器踏板自由行程，必要时调整。

⑫ 检查轮胎磨损程度，调整气压。

⑬ 按规定力矩拧紧轮胎螺母。

⑭ 检查制动液液面高度，缺少应补足，检查制动蹄摩擦片磨损状况，必要时更换。

⑮ 检查驻车制动器功能，必要时调整。

⑯ 检查传动轴防尘罩有无损坏，若损坏应更换。

⑰ 检查转向助力器液面高度，必要时加入助力器液，更换滤网。

⑱ 更换断电器触点，检查发动机点火正时。

⑲ 检查发动机怠速转速，必要时调整。

⑳ 检查汽车的侧滑情况和制动力，使其性能符合 GB 7258—2012 标准的规定。

（3）30000km 维护

30000km 维护内容，除了完成 15000km 维护内容外，还应该完成以下内容。

① 更换燃油滤清器。

② 目测制动系统有无损坏及渗漏。

③ 检查转向横拉杆球头间隙、固定程度及防尘罩的安装情况。

④ 检查传动轴防尘罩有无损坏。

5. 从车上拆下发动机总成

（1）实训操作注意事项

1）从车上拆下发动机总成时，要先把车停在通风、宽敞、明亮的场地。停车的左右位置相等，且重心也应在中心的位置。

2）停好后应把挡位挂到空挡（安装自动变速器的轿车应把挡位挂到停车挡 P 挡）。

3）由于燃油管路中仍有残余压力，在操作时为防止燃油飞溅，应先进行燃油泄压，步骤如下。

① 在中央配电盒里拆下燃油泵继电器。

② 启动发动机，一段时间后，发动机自已停止运转。

③ 关闭点火开关。

④ 重新多次启动发动机，直至不能起动为止。

4）应在发动机室继电器盒里拆下 EFI 开路继电器。

5）应从蓄电池上断开负极接线柱。

6）拆卸工作必须在发动机完全冷下来之后进行。

（2）实训操作步骤

由于轿车结构的种种差别，因此从轿车上拆下发动机总成以及发动机分解的步骤和方法不尽相同。操作时应按照轿车制造厂使用维修手册中规定的程序和操作规则进行。

现以上海桑塔纳轿车为例，说明桑塔纳轿车 AJR 型发动机总成从汽车上拆下的步骤和方法。

一般在拆卸发动机前，应断开或松开所有的电缆插头，并将发动机与变速器脱离，然后从前面将发动机拆卸下来，拆卸步骤如下。

① 在点火开关切断的情况下拔下蓄电池接线。

② 拆下蓄电池，注意先向外拉出后再取下。

③ 旋松蓄电池支架紧固螺栓，拆下蓄电池支架，如图 1-36 所示。

④ 在发动机下放置一个收集盘。

⑤ 旋开冷却液储液罐盖。

⑥ 松开散热器下水管夹箍，拔下散热器的下水管（见图 1-37），放出冷却液。所抽取的冷却液必须用干净的容器收集，用于处理或再使用。

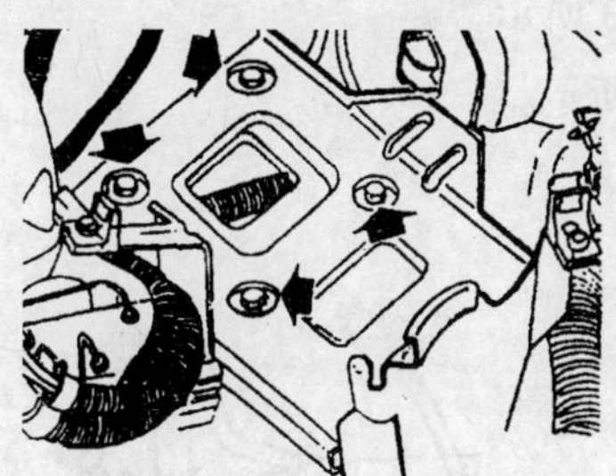

图1-36　蓄电池支架的拆卸

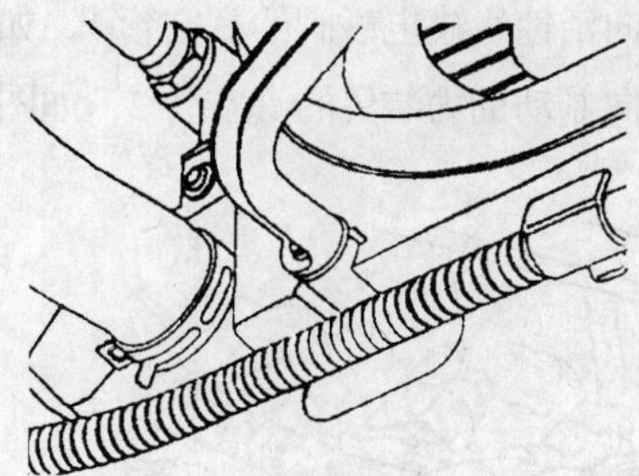

图1-37　拔下散热器的下水管

⑦ 拔下电动冷却风扇的电线接头，如图 1-38 所示。

⑧ 拔下散热器左侧的热敏开关接头，如图 1-39 所示。

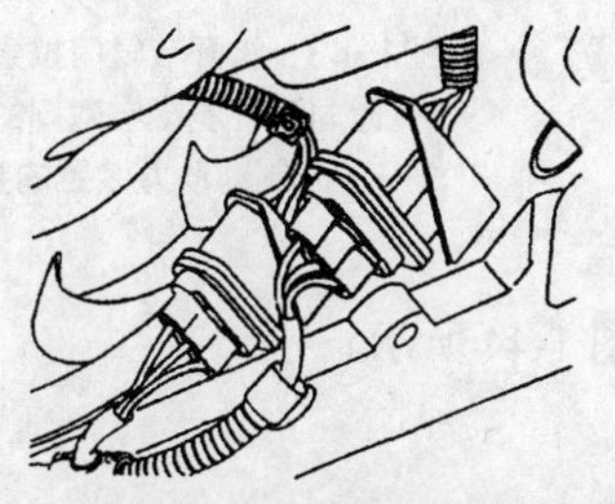

图1-38　拔下电动冷却风扇的电线接头

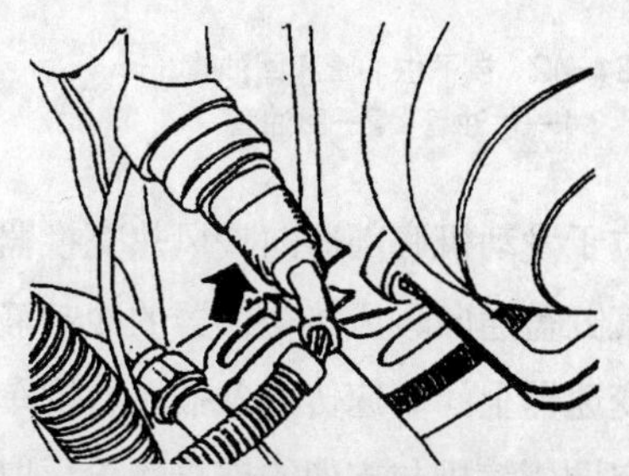

图1-39　拔下散热器左侧的热敏开关接头

⑨ 松开散热器的上水管的夹箍，拔下散热器的上水管。

⑩ 旋松电动冷却风扇的 4 个紧固螺栓，拆下电动冷却风扇和散热器。

⑪ 拔下空气流量计的电线接头（见图 1-40），拔下各传感器及组件电线接头，拔下中央及各缸高压线。

⑫ 拔下活性炭罐电磁阀（ACF 阀）的电线接头，如图 1-41 所示。

⑬ 从空气滤清器上取下活性炭罐电磁阀。

⑭ 拆下空气滤清器至节气门控制器之间的空气管路。

⑮ 拆下空气滤清器罩壳。

⑯ 拔下汽油分配管上的供油管 1 和回油管 2，如图 1-42 所示。

⑰ 拔下所有喷油器的电线接头。

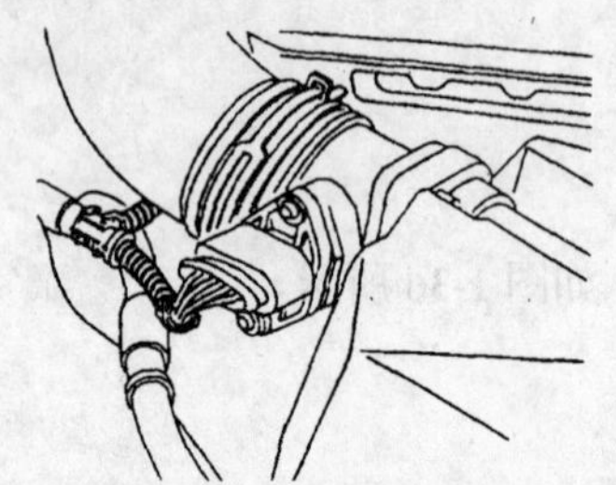

图1-40 拔下空气流量计的电线接头

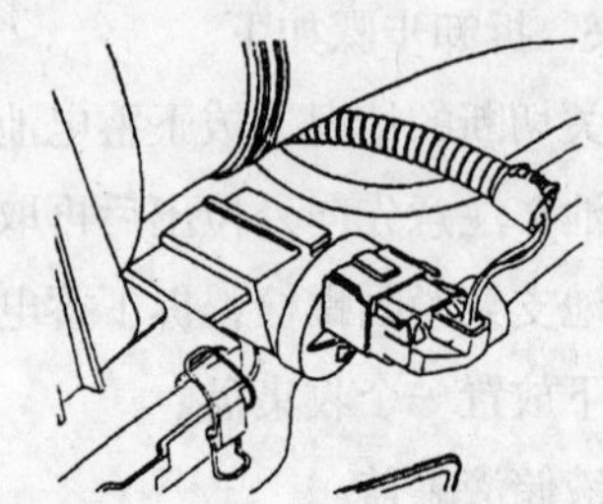

图1-41 拔下活性炭罐电磁阀的电线接头

⑱ 松开节气门拉索，如图 1-43 箭头所示。

⑲ 拔下通向活性炭罐电磁阀的真空管 1，如图 1-43 所示。

⑳ 拔下通向制动助力装置的真空管 2，如图 1-43 所示。

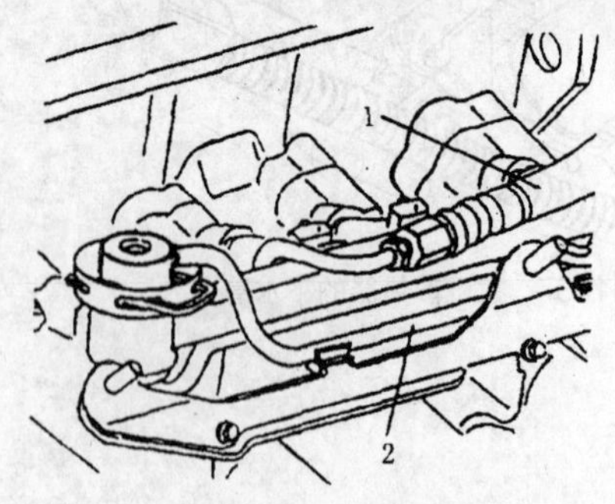

图1-42 拔下供油管和回油管

1—供油管 2—回油管

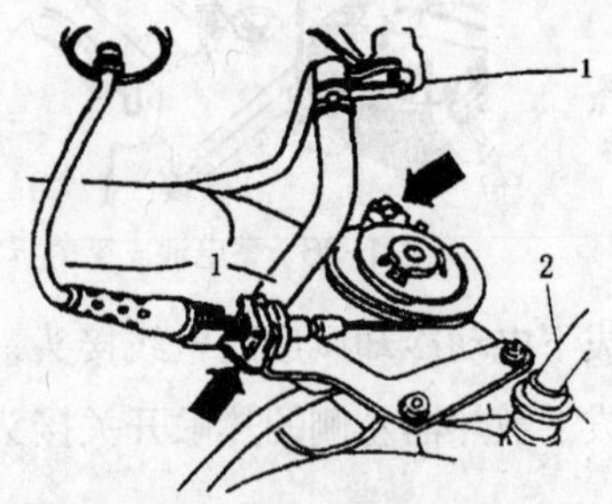

图1-43 松开节气门拉索

1—通向活性炭罐电磁阀的真空管

2—通向制动助力装置的真空管

㉑ 拔下位于发动机底部通向暖风热交换器的冷却液管子。

㉒ 拔下气缸盖通向暖风热交换器的冷却液管 2，如图 1-44 所示。

㉓ 拔下变速器上的车速传感器插头、倒车灯开关。

㉔ 松开空调压缩机与支架的连接螺栓，取下 V 形带。

㉕ 移开空调压缩机并将其悬挂在副梁上（使用电线），不要悬挂在制冷剂管道上。此时不要打

开空调管路。

㉖ 使用专用工具，按图 1-45 所示的方向扳动张紧轮，使传动带松开。

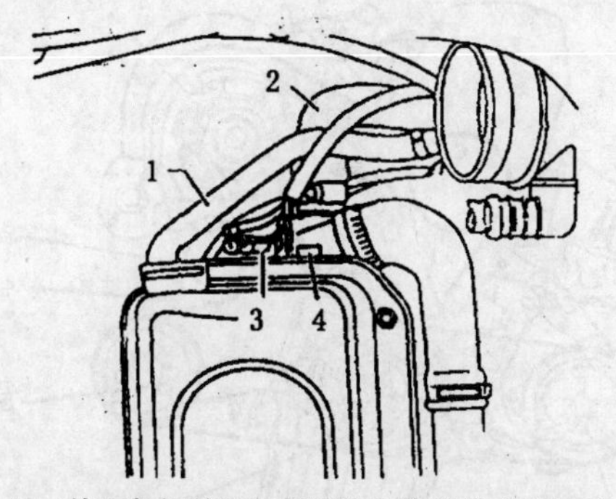

图1-44 拔下气缸盖通向暖风热交换器的冷却液管
1—通向膨胀水箱软管 2—通向暖风热交换器软管
3—冷却液水温传感器 4—空调控制开关

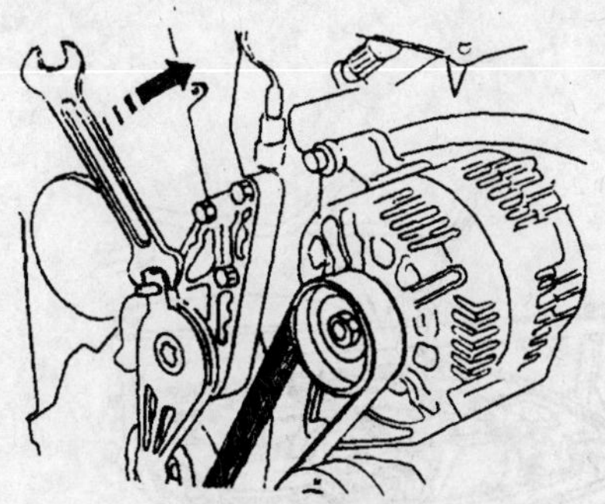

图1-45 用专用工具扳动张紧轮

㉗ 使用销钉固定住张紧轮。

㉘ 从发电机上取下 V 形带。

㉙ 取下销钉。

㉚ 松开动力转向油泵的 V 形带轮的螺栓，拆下 V 形带轮。

㉛ 从支架上拆下动力转向油泵，并将其固定在发动机舱内的一侧。

㉜ 旋下排气歧管和前排气管的连接螺栓。

㉝ 拔下启动机电线，并从变速器壳体上拆下启动机。

㉞ 松开车身上的搭铁线。

㉟ 旋下所有发动机与车身的连接螺栓。

㊱ 使用变速器托架托住变速器的底部，或者将支承工具 10-222A 固定在车身两侧（见图 1-46），使用变速器吊装工具 3147 吊住变速器。

㊲ 旋下发动机与变速器的紧固螺栓，留下一个螺栓定位。

㊳ 使用小吊车 V.A.G1202 和发动机吊架 2024A 吊住发动机的吊耳。

㊴ 松开最后 1 个紧固螺栓。

㊵ 小心地将发动机吊离发动机舱。

6. 发动机附件拆卸

（1）发电机、动力转向油泵及空调压缩机 V 形带的拆卸

发电机、动力转向油泵及空调压缩机 V 形带的布置图如图 1-47 所示。

1）发电机的拆卸

① 断开蓄电池搭铁线。

② 抽取冷却液，拔下通向散热器的上冷却液管。

③ 松开发电机的上、下连接螺栓。轻轻转动发电机，拔下下部连接螺栓。

④拆下发电机。

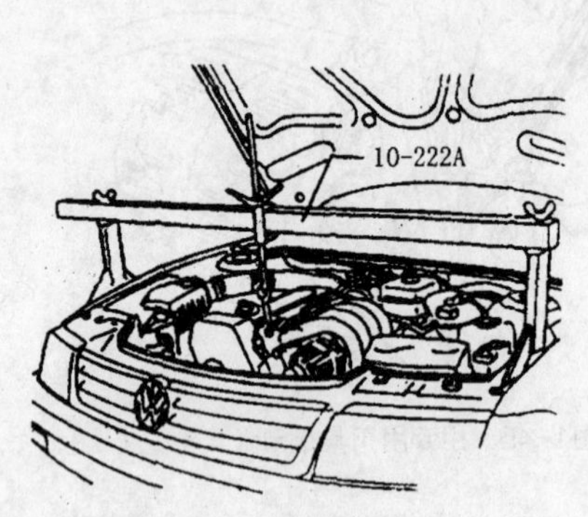

图1-46　支承工具10-222A

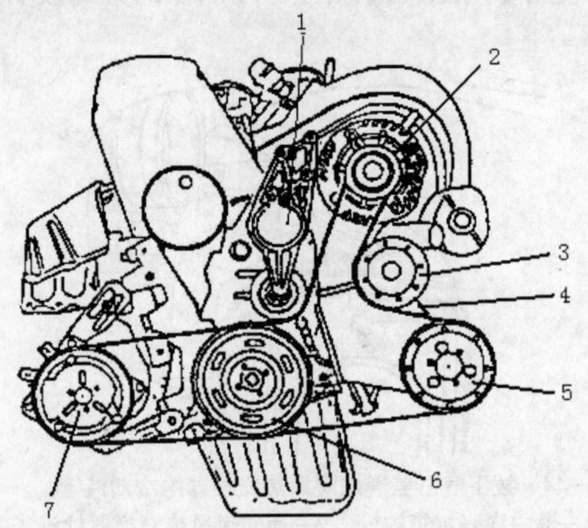

图1-47　带空调压缩机的V形带布置图
1—张紧装置　2—交流发电机　3—导向轮　4—V形带
5—动力转向油泵　6—曲轴V形带轮　7—空调压缩机

2）动力转向油泵及空调压缩机 V 形带的拆卸

拆卸动力转向油泵及空调压缩机的传动带时，不要打开空调制冷回路。在拆卸 V 形带之前要先做好方向记号（如果按相反方向使用 V 形带有可能损坏 V 形带。）。

① 松开空调压缩机，拆下空调压缩机 V 形带。

② 用呆扳手按如图 1-45 所示箭头方向扳动 V 形带张紧轮，使 V 形带松弛。

③ 用销针 3204 固定住张紧轮。

④ 拆下固定住的 V 形带张紧轮。

⑤ 拆下 V 形带，如图 1-48 所示。检查磨损情况，不得有扭曲现象。

（2）同步带的拆卸

① 将发动机安装在维修工作台上。

② 拆卸 V 形带。

③ 将曲轴转到第一缸的上止点位置，如图 1-49 中箭头所示。

④ 拆卸同步带上防护罩。

⑤ 将凸轮轴同步带轮上的标记（见图 1-50 中箭头）对准同步带防护罩上的标记。

⑥ 拆卸曲轴同步带轮。

⑦ 拆卸同步带中间及下防护罩。

⑧ 用粉笔等在同步带上作好记号，检查磨损情况，不得有扭曲现象。

⑨ 松开半自动张紧轮并拆下同步带。

同步带及附件的分解图如图 1-51 所示。

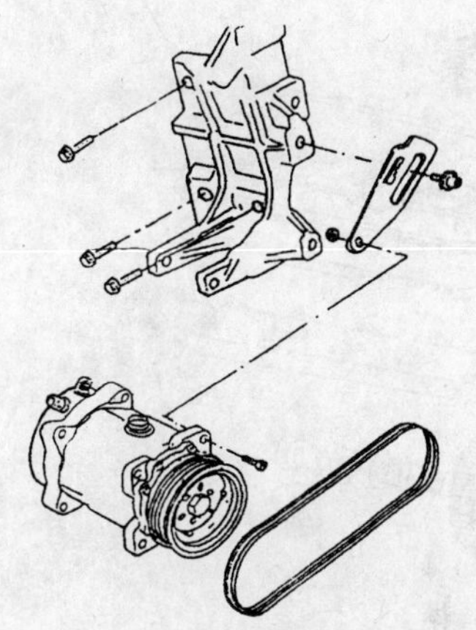
图1-48 动力转向油泵及空调压缩机的V形带

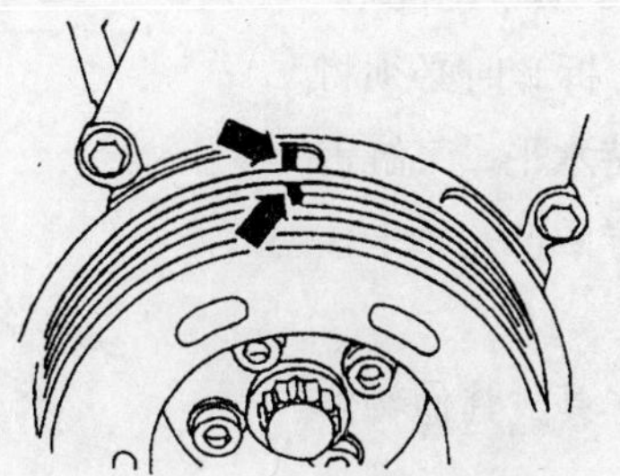
图1-49 一缸上止点记号

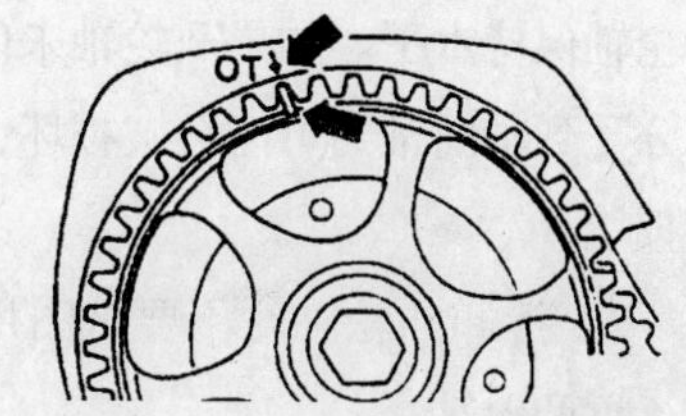

图1-50 凸轮轴同步带轮与同步带防护罩上的标记

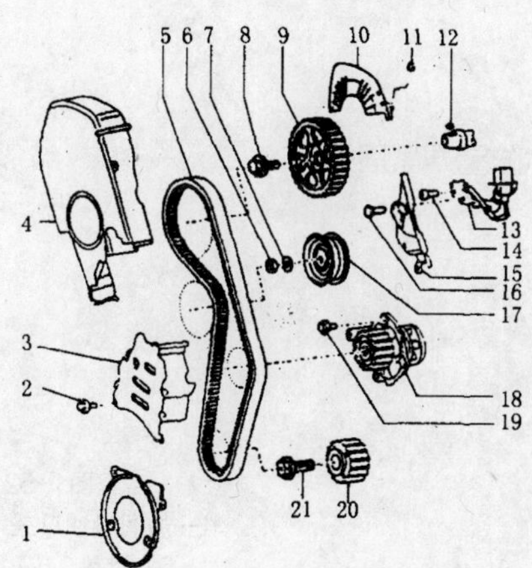

图1-51 同步带及附件的分解图

1—同步带下防护罩 2—中间防护罩螺栓（拧紧力矩10N·m） 3—同步带中间防护罩 4—同步带上防护罩 5—同步带 6—张紧轮固定螺栓（拧紧力矩 15 N·m） 7—波纹垫圈 8—凸轮轴同步带轮固定螺栓（拧紧力矩100N·m） 9—凸轮轴同步带轮 10—同步带后上防护罩 11—防护固定螺栓（拧紧力矩10N·m） 12—半圆键 13—霍尔传感器 14—螺栓（拧紧力矩 10N·m） 15—同步带后防护罩 16—螺栓（拧紧力矩20N·m） 17—半自动张紧轮 18—水泵 19—螺栓（拧紧力矩15 N·m） 20—曲轴同步带轮 21—曲轴同步带轮螺栓（拧紧力矩90N·m+1/4圈）

（3）发动机外围附件的拆卸

① 拆下水泵。

② 拆下张紧轮。

③ 拆卸启动机。

④ 拆卸机油滤清器支座。

⑤ 拆卸进、排气管及衬垫。

⑥ 拆卸燃油分配管及喷油器。

⑦ 拆卸各传感器（曲轴位置传感器、冷却液温度传感器、爆燃传感器等）。

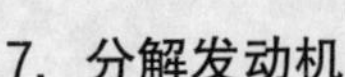

7. 分解发动机

实训操作注意事项如下。

① 不要跌落任何东西到正时皮带盖中；不要让皮带接触到油、水或脏污；不要用扳手损坏气缸头。

② 由于凸轮轴轴向间隙很小，拆卸时必须将凸轮轴保持水平。如果凸轮轴未保持水平，气缸盖部分受到轴向推力可能会被损坏，导致凸轮轴卡住或损坏。

③ 拆卸凸轮轴时不要试图用工具或其他物体强行拆凸轮轴。

（1）气缸盖及配气机构的分解

图 1-52 所示为气缸盖及配气机构分解图，其中图注号同时表示拆卸的顺序。

① 拆卸加润滑油口盖。

② 分批逐渐旋松并最后拆下气缸盖罩紧固螺母。

③ 取下气缸盖罩压条。

④ 取下气缸盖罩。

⑤ 取下气缸盖罩密封条。

⑥ 取下气缸盖罩衬垫。

⑦ 拆卸挡油板。

⑧ 取下半圆塞。

⑨ 拆下凸轮轴前端同步带轮的紧固螺栓。

⑩ 用拉器取下凸轮轴同步带轮及键。

⑪ 拆下凸轮轴轴承盖的紧固螺母，先拆第 1、3、5 轴承盖，再拆第 2、4 轴承盖。

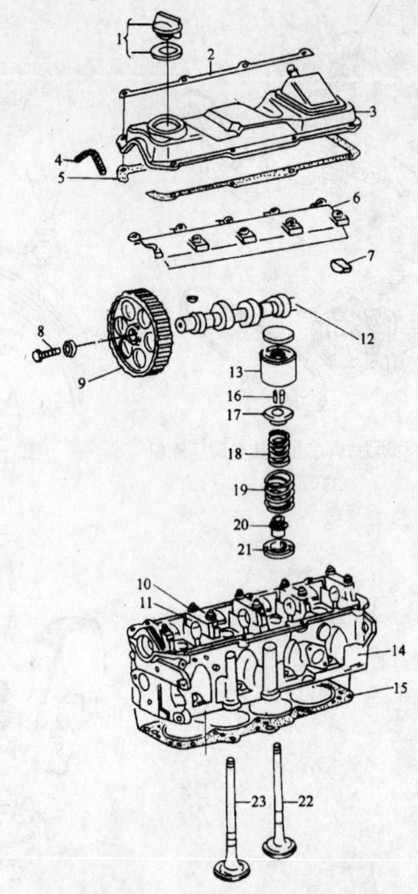

图1-52 气缸盖及配气机构分解图

1—加润滑油口盖 2—压条 3—气缸盖罩 4—密封条 5—衬垫 6—挡油板 7—半圆塞 8—紧固螺栓 9—凸轮轴同步带轮 10—螺母 11—凸轮轴轴承盖 12—凸轮轴 13—挺柱 14—气缸盖 5—气缸盖衬垫 16—锁夹 17、21—上、下弹簧座 18、19—内、外气门弹簧 20—气门油封 22、23—进、排气门

⑫ 取下凸轮轴。

⑬ 取下液压挺柱组件，因为挺柱不能互换，拆卸时应做上标记。

⑭ 拆卸气缸盖，按图 1-53 所示的顺序，用扭力扳手从两端向中间分 2～3 次交叉旋松气缸盖螺栓，并逐一将螺栓取出。

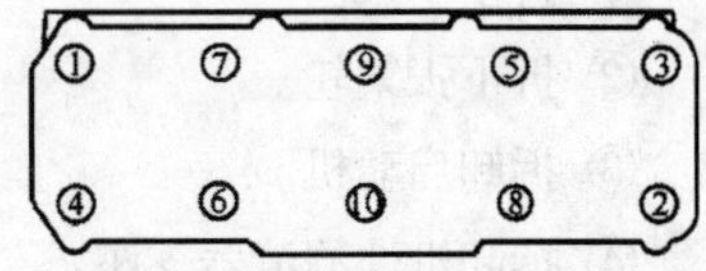

图1-53 气缸盖螺栓拆卸顺序

⑮ 取下气缸盖螺栓垫片。

⑯ 取出气缸盖衬垫。

⑰ 用 VW2037 专用工具压下气门弹簧座，取下气门锁夹，拆下内、外气门弹簧。

⑱ 拆卸进、排气门及气门油封。

⑲ 压出气门导管。

⑳ 拆下火花塞。

（2）机体的分解

图 1-54 所示为机体分解图，其中的图注号同时表示分解的顺序。

① 拆下离合器压盘和离合器片，在拆卸之前先作上分解记号。

② 拆下飞轮。在拆卸时使用专用插销（10-201），以防止飞轮转动。

③ 拆卸曲轴后油封座及后油封。

④ 用专用工具（10-202）拆卸曲轴后端的滚针轴承。

⑤ 将机体倒置，拆下油底壳及集滤器组件。

⑥ 测量连杆大头的轴向间隙，检查其是否超过极限值（见图 1-55），并在连杆和连杆盖上打上所属气缸号（见图 1-56）。

⑦ 拆下连杆螺母后，用木锤或塑料锤轻轻敲打连杆螺栓，取下连杆盖。

⑧ 用缸口刮刀清除气缸口积炭，并在连杆螺栓上套上塑料管（见图 1-57），防止碰伤气缸和曲轴销，再从气缸口取出活塞连杆组件。

⑨ 将机体倒置，测量曲轴轴向间隙，检查其是否超过极限值（见图 1-58）。

⑩ 拆下曲轴前油封支座及前油封。

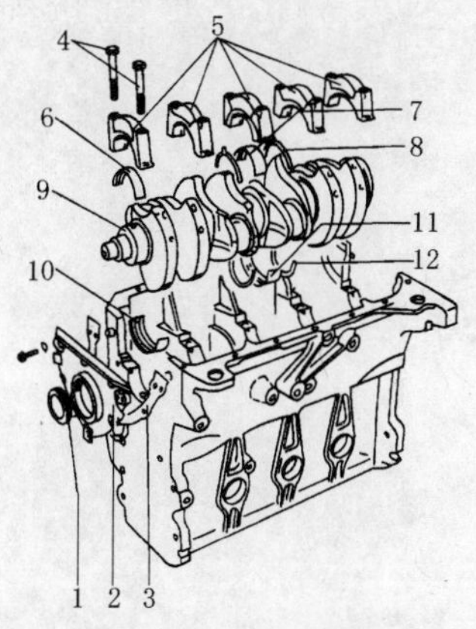

图1-54 机体分解图

1—曲轴前油封 2—曲轴前油封支座 3—衬垫 4—主轴承盖螺栓 5—主轴承盖
6—Ⅰ、2、4和5道下主轴瓦 7—3道下主轴瓦 8—下半圆止推片 9—曲轴
10—Ⅰ、2、4和5道上主轴瓦 11—3道上主轴瓦 12—上半圆止推片

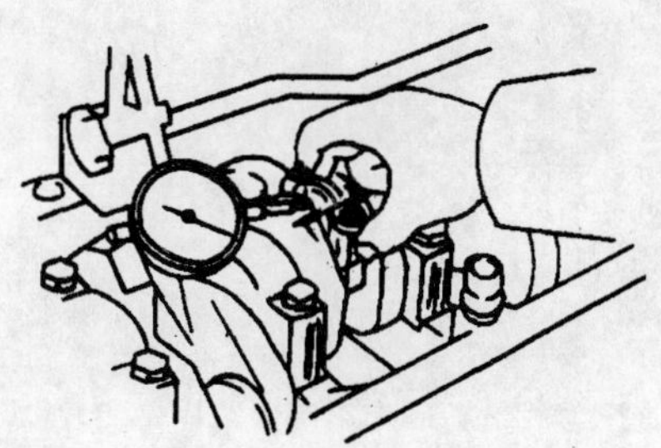

图1-55 测量连杆轴向间隙

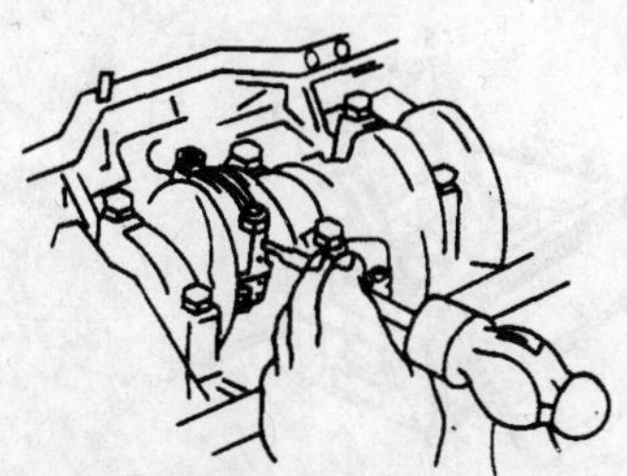

图1-56 在连杆体及连杆盖上作标记

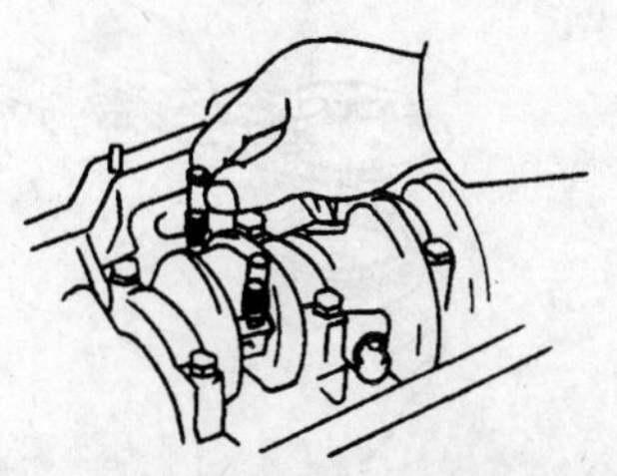

图1-57 在连杆螺栓上套上塑料管

⑪ 在主轴承盖上作出安装方向的记号和主轴承编号。

⑫ 分 2～3 次从两端向中间拧松主轴承盖紧固螺栓，然后取下螺栓、主轴承盖和下轴瓦。

⑬ 取下曲轴。

⑭ 取下主轴承的上轴瓦和止推片，连同主轴承盖和下轴瓦按顺序排列好。

图1-58 测量曲轴轴向间隙

（3）活塞连杆组的分解

图 1-59 所示为活塞连杆组零件的分解图。其中图注号同时表示拆卸的先后顺序。拆卸前先验看活塞、连杆和连杆盖上的朝前标记（即朝向曲轴带轮端），若不清晰可辨，则应重作标记。

① 在活塞上标记气缸号。

② 用活塞环装卸钳拆卸活塞环（见图 1-60）。

③ 用尖嘴钳拆下活塞销挡圈。

④ 将活塞加热到 60℃，拆卸活塞销（见图 1-61）。拆卸ϕ22mm 活塞销时用工具 VW207C 拆卸 120mm 活塞销用工具 VW222a。

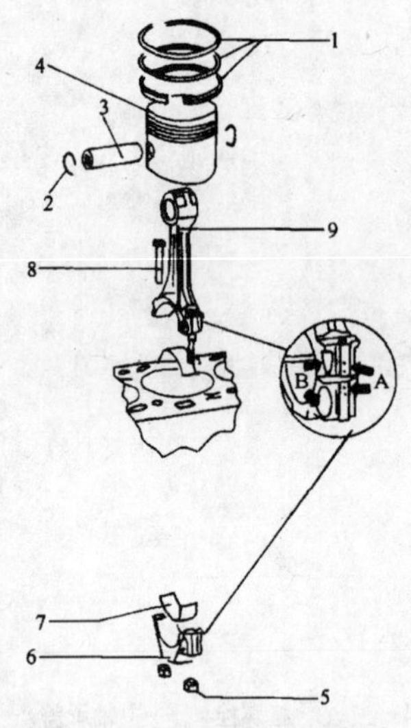

图1-59 活塞连杆组分解图

1—活塞环 2—挡圈 3—活塞销 4—活塞 5—连杆螺母 6—连杆盖 7—连杆轴瓦 8—连杆螺栓 9—连杆体

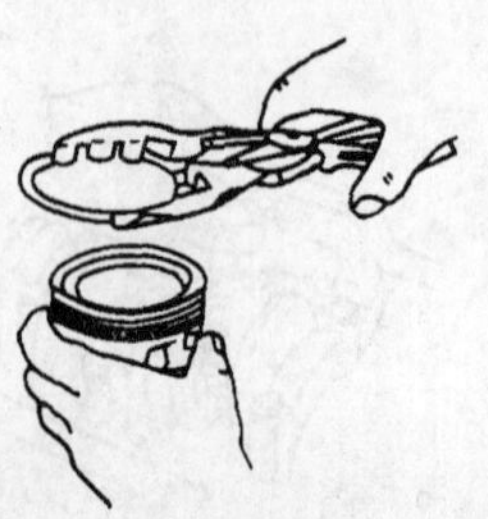

图1-60 拆卸活塞环

图1-61 将活塞加热到60℃，拆卸活塞销

四、考核要点与评分标准

汽车维修常用工量具考核要点及评分标准见表 1-1。

表 1-1 汽车维修常用工量具考核要点及评分标准

序号	考核内容	配分	评分标准	考核记录	得分
1	正确说出该工具的用途	10	表述不当，一项扣 5 分		
2	正确使用工具	40	操作不熟练，一次扣 2 分 操作错误，扣 10 分		
3	正确说出该工具使用中应注意的事项	40	不熟练，一次扣 3 分 错误，扣 5 分		
4	整理工具、清理现场	10	违章每项扣 2 分		
	安全操作方面		因操作不当发生事故，记 0 分		
5	分数合计	100			

汽车维修专用工量具考核要点及评分标准见表 1-2。

表 1-2 汽车维修专用工量具考核要点及评分标准

序号	考核内容	配分	评分标准	考核记录	得分
1	正确说出该工具的用途	10	叙述不当，一项扣 5 分		
2	正确使用工具	40	操作不熟练，一次扣 2 分 操作错误，扣 10 分		
3	正确说出该工具使用中应注意的事项	40	不熟练，一次扣 3 分 错误，扣 5 分		
4	整理工具、清理现场	10	违章每项扣 2 分		
	安全操作方面		因操作不当发生事故，记 0 分		
5	分数合计	100			

认知发动机总体结构考核内容和评分标准见表 1-3。

表 1-3 认知发动机总体结构考核内容和评分标准

序号	考核内容	配分	评分标准	考核记录	得分
1	正确使用工具、量具	10	工具、量具使用不当，一次扣 2 分		
2	叙述发动机的整体构造和基本的工作原理	30	错一处扣 5 分		
3	叙述发动机机体组各零部件的结构原理	30	错一处扣 5 分		
	指认各个零部件（问答）	20	错一处扣 5 分		
4	整理工具、清理现场	10	违章每项扣 2 分		
	安全操作方面		因操作不当发生事故，记 0 分		
5	分数合计	100			

发动机维护基本知识考核要点及评分标准见表 1-4。

表 1-4　发动机维护基本知识考核要点及评分标准

序号	考核内容	配分	评分标准	考核记录	得分
1	正确使用工具、仪表	10	使用不当，一项扣 5 分		
2	正确进行桑塔纳轿车 7500km 维护	30	操作不熟练，一次扣 2 分 操作错误，扣 10 分		
3	正确进行桑塔纳轿车 15000km 维护	30	操作不熟练，一次扣 3 分 操作错误，扣 5 分		
4	正确进行桑塔纳轿车 30000km 维护	20	操作不熟练，一次扣 3 分 操作错误，扣 5 分		
5	整理工具、清理现场	10	违章每项扣 2 分		
	安全操作方面		因操作不当发生事故，记 0 分		
6	分数合计	100			

从车上拆下发动机总成考核要点及评分标准见表 1-5。

表 1-5　从车上拆下发动机总成考核要点及评分标准

序号	考核内容	配分	评分标准	考核记录	得分
1	正确使用工具、设备	10	使用不当，一项扣 5 分		
2	正确停车、做好准备工作	20	操作不熟练，一次扣 2 分 操作错误，一次扣 5 分		
3	正确进行发动机从车上拆下的部分过程	60	操作不熟练，一次扣 3 分 操作错误，一次扣 10 分		
4	整理工具、清理现场	10	违章每项扣 2 分		
	安全操作方面		因操作不当发生事故，记 0 分		
5	分数合计	100			

拆卸发动机附件考核要点及评分标准见表 1-6。

表 1-6　拆卸发动机附件考核要点及评分标准

序号	考核内容	配分	评分标准	考核记录	得分
1	正确使用工具、仪表	10	使用不当，一项扣 5 分		
2	正确对发电机、动力转向油泵及空调压缩机 V 形带进行拆卸	30	操作不熟练，一次扣 3 分 操作错误，一次扣 5 分		
3	正确对同步带进行拆卸	30	操作不熟练，一次扣 3 分 操作错误，一次扣 5 分		
4	正确对发动机外围附件进行拆卸	20	操作不熟练，一次扣 3 分 操作错误，一次扣 5 分		

续表

序号	考核内容	配分	评分标准	考核记录	得分
5	整理工具、清理现场	10	违章每项扣2分		
	安全操作方面		因操作不当发生事故，记0分		
6	分数合计	100			

发动机的分解考核要点及评分标准见表1-7。

表1-7　发动机的分解考核要点及评分标准

序号	考核内容	配分	评分标准	考核记录	得分
1	正确使用工具、仪表	10	使用不当，一项扣5分		
2	正确进行发动机气缸盖及配气机构的拆卸	30	操作不熟练，一次扣3分 操作错误，扣5分		
3	正确进行发动机机体的分解	30	操作不熟练，一次扣3分 操作错误，扣5分		
4	正确进行活塞连杆组的分解	20	操作不熟练，一次扣3分 操作错误，扣5分		
5	整理工具、清理现场	10	违章每项扣2分		
	安全操作方面		因操作不当发生事故，记0分		
6	分数合计	100			

五、小结

本项目详细介绍了发动机总体结构及发动机工作过程，汽车维修作业中常用工具、量具的使用方法及注意事项，汽车维修作业中专用工具、量具的使用方法及注意事项，发动机维护基本知识，从车上拆下发动机总成的方法及步骤，发动机附件拆卸方法及步骤，发动机的分解方法、步骤及注意事项。

六、习题及思考题

1. 汽车维修常用工具有哪些？如何正确使用？
2. 汽车维修常用量具有哪些？如何正确使用？
3. 汽车维修专用工具有哪些？如何正确使用？
4. 汽车维修专用量具有哪些？如何正确使用？
5. 发动机组成部分有哪些？各部分的功用是什么？
6. 发动机工作原理是怎样的？
7. 对照发动机实体，叙述发动机工作过程。
8. 我国现行的汽车维护制度是什么？

9. 30000km 维护的具体内容是什么?
10. 简单叙述拆卸发动机的步骤。
11. 拆卸发动机注意事项有什么?
12. 对照发动机实体进行发电机、动力转向油泵及空调压缩机 V 形带的拆卸。
13. 对照发动机实体拆卸同步带。拆卸时应注意哪些事项?
14. 对照发动机实体拆卸发动机附件。
15. 分解发动机的顺序是怎样的?分解时应注意什么事项?
16. 简述发动机各组成的分解要求。

项目二

曲柄连杆机构检修

一、项目要求

1. 熟悉发动机曲柄连杆机构各零部件的结构及工作原理。
2. 掌握机体组各零部件的检修和主要技术要求。
3. 掌握活塞连杆组各零部件的检测方法和修理要求。
4. 掌握曲轴飞轮组各零部件的检测方法和选配要求。

二、相关知识

（一）概述

曲柄连杆机构是发动机实现热能与机械能相互转换的主要机构。其主要功用是将气缸内气体作用在活塞上的力转变为曲轴的旋转力矩，从而输出动力。

曲柄连杆机构可分为机体组、活塞连杆组和曲轴飞轮组 3 部分。在有些发动机上，为平衡曲柄连杆机构的惯性力，还装有平衡装置。

机体组主要由气缸体、气缸盖、气缸垫等组成；活塞连杆组主要由活塞、活塞环、活塞销、连杆及连杆轴承等组成；曲轴飞轮组主要由曲轴、曲轴主轴承和飞轮等组成。

（二）主要零部件介绍

1. 气缸体、气缸盖

（1）气缸体、气缸盖的结构和类型

气缸体是发动机的基础部件，气缸盖是发动机的主要部件，它们是燃料燃烧做功的基件。通常气缸体和气缸盖都由灰铸铁或铝合金铸成，如图 2-1 所示。其结构复杂，工作条件恶劣，使用或修理不当易产生损伤。

根据气缸的排列形式，气缸体有直列式、对置式和 V 形 3 种形式，如图 2-2 所示。直列式气缸体的各个气缸排成一列，一般是垂直布置；对置式气缸体的气缸通常排成两列，两列之间的夹角为 180°；V 形气缸体的气缸也排成两列，但两列之间的夹角 $\gamma < 180°$（一般为 60°或 90°）。对置式和 V 形气缸体与气缸数相同的直列气缸体相比，高度降低，长度缩短，但宽度增大。

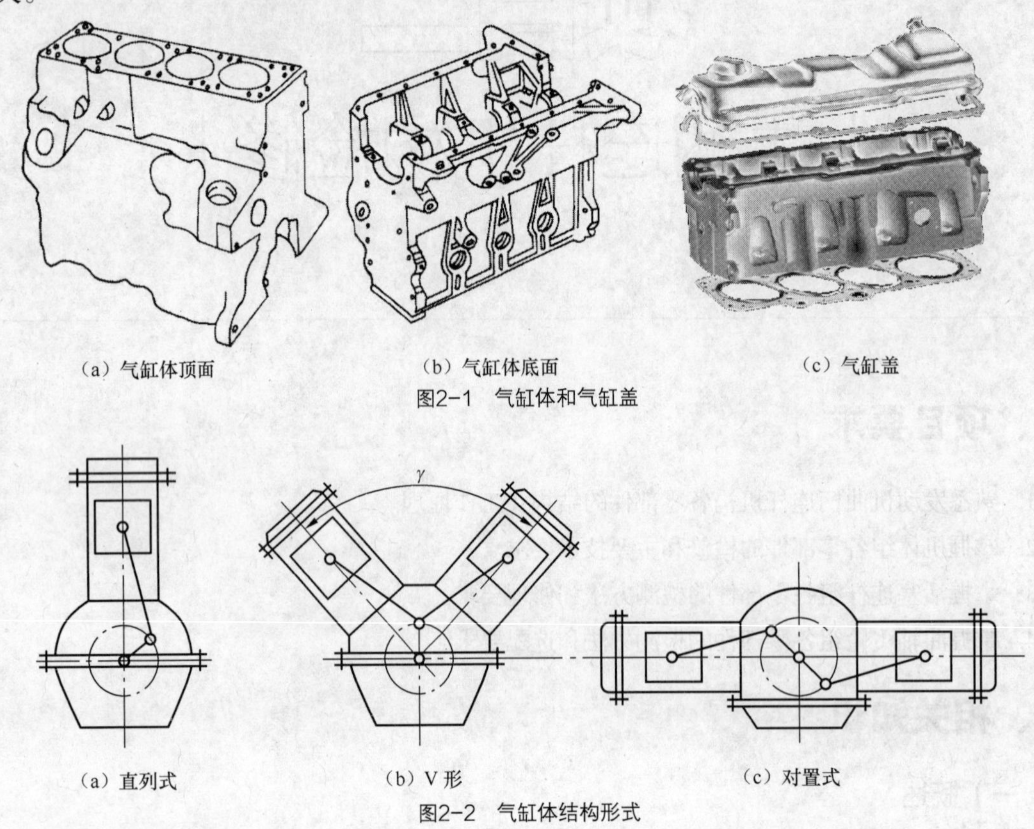

（a）气缸体顶面　（b）气缸体底面　（c）气缸盖

图2-1　气缸体和气缸盖

（a）直列式　（b）V 形　（c）对置式

图2-2　气缸体结构形式

气缸体下部包围着曲轴的部分称曲轴箱。为安装曲轴，在曲轴箱内加工有若干个同心的主轴承座孔。曲轴箱的主要功用是保护和安装曲轴，也可用于安装发动机附件。曲轴箱有 3 种结构形式，如图 2-3 所示。气缸体下平面与曲轴中心线平齐的为平分式曲轴箱，此结构形式便于加工，多用于中小型发动机上。气缸体下平面位于曲轴中心线以下的为龙门式曲轴箱，此结构形式强度和刚度均比平分式大，但工艺性较差，多用于大中型发动机上。隧道式曲轴箱的主轴承座孔为整体式，其强度和刚度最高，但工艺性差，只用于少数机械负荷较大、采用组合式曲轴的发动机。

气缸盖与气缸体接合平面上的凹坑是燃烧室的组成部分。

在气缸盖上加工有气门座、气门导管孔、气道、摇臂轴安装座或凸轮轴安装座孔等。在缸心距较大、缸数较多的发动机上，为制造和维修方便，减小缸盖变形对气缸密封性的影响，有些采用分开式气缸盖，即一缸一盖、两缸一盖或三缸一盖。

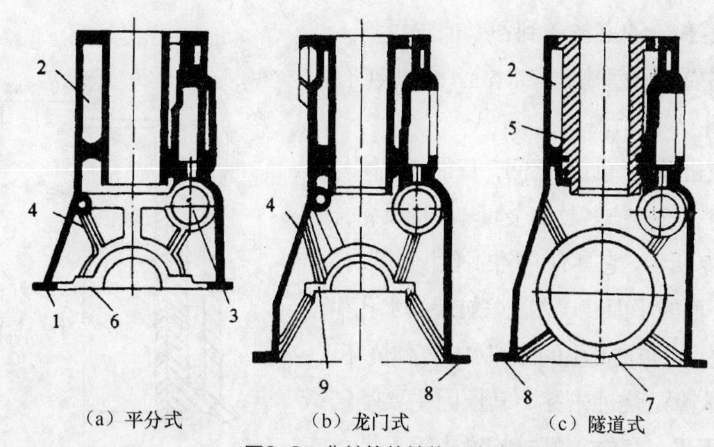

(a) 平分式 (b) 龙门式 (c) 隧道式

图2-3 曲轴箱的结构形式

1—气缸体 2—水套 3—凸轮轴座孔 4—加强筋 5—湿式气缸套 6—主轴承座
7—主轴承座孔 8—气缸体安装平面 9—主轴承盖安装平面

为了保证发动机正常工作温度，在水冷式发动机的气缸体和气缸盖内设有充水空腔，称为水套，如图 2-4 所示。气缸体与气缸盖内的水套是连通的。而风冷式发动机，在气缸体与气缸盖外面有散热片，以帮助散热，如图 2-5 所示。

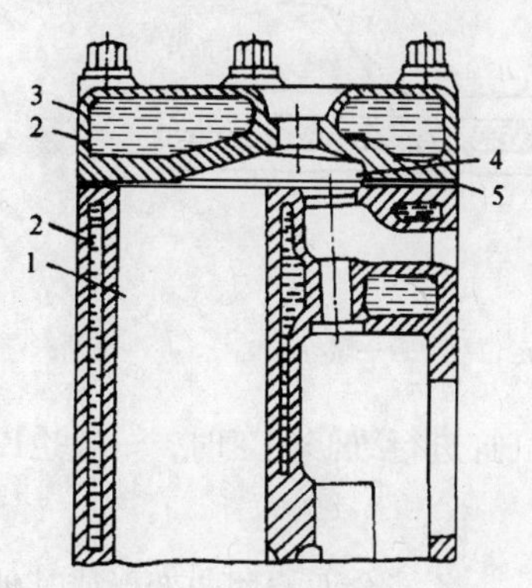

图2-4 水冷式发动机水套

1—气缸 2—水套 3—气缸盖 4—燃烧室 5—气缸垫

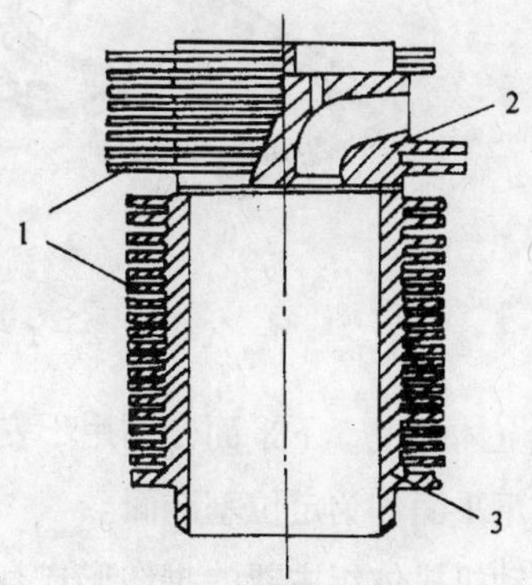

图2-5 风冷式发动机散热片

1—散热片 2—气缸盖 3—气缸体

活塞在气缸内运动，气缸表面必须耐磨，如果气缸体全部用优质耐磨材料制造，其成本较高。为此，除了一些小型发动机外，在大、中型的发动机内一般镶有气缸套。气缸套有干式和湿式两种，如图 2-6 所示。干式气缸套不与冷却水接触，冷却效果较差，但加工和安装都比较方便，其壁厚一般为 1～3mm。湿式气缸套外表面直接与冷却水接触，所以冷却效果好，但加工和安装工艺复杂，壁厚一般为 5～9mm。湿式气缸套靠上支承定位带和下支承定位带保证径向定位，而轴向定位则是利用定位凸缘来保证。为了保证水套的密封，湿式气缸套下端的密封带与座孔之间一般装有 1～3 道橡胶密封圈，有的在定位凸缘下面还装有铜垫片。湿式气缸套安装后，一般其顶端高出气缸体上平面 0.05～0.15mm，以便气缸盖将气缸垫压得更紧，从而提高气缸的密封性。

在气缸体的侧壁上加工有主油道，在主油道与需要润滑的部位之间有分油道连通。发动机工作时，润滑油经主油道和分油道输送到各摩擦表面。

凸轮轴下置或中置的发动机气缸体上，还加工有安装凸轮轴的轴承孔。

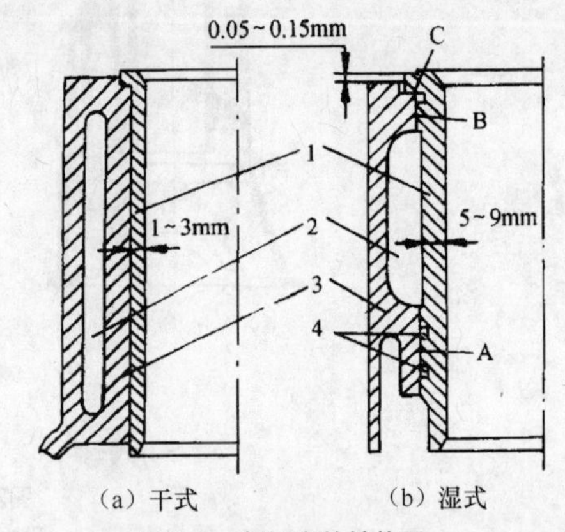

（a）干式　（b）湿式

图2-6　气缸套的结构图

1—气缸套　2—水套　3—气缸体　4—橡胶密封圈　A—下支承定位带　B—上支承定位带　C—定位凸缘

气缸垫安装在气缸盖与气缸体之间，保证气缸体与气缸盖的接合面密封。气缸垫多数由金属与石棉及黏合剂压制而成，如图 2-7 所示。它具有一定的弹性，用以补偿气缸体和气缸盖平面的平面度误差。气缸垫的水孔和燃烧室孔周围有镶边，以防被高温的冷却水或气体烧坏。

气缸垫的常见故障是烧蚀击穿，其原因主要是气缸盖和气缸体平面不平、气缸盖螺栓拧紧力矩不足、气缸垫质量不好等。气缸垫烧蚀击穿部位一般在水孔或燃烧室孔周围，会导致发动机漏气或冷却水进入润滑油中，损坏的气缸垫只能更换，不需修理。

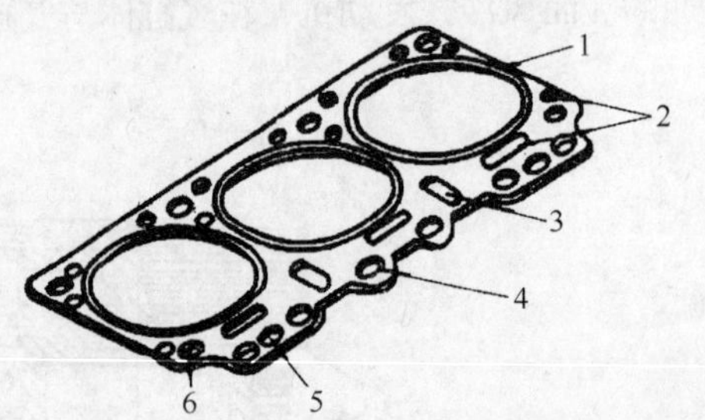

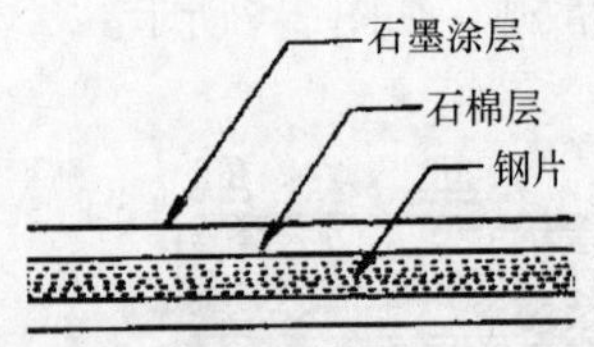

图2-7　气缸垫

1—气缸口　2—水孔　3—油道口　4—推杆孔　5—定位孔　6—螺栓孔

气缸体的上、下平面分别用于安装气缸盖和油底壳。在对气缸进行维修加工时，一般也以其上平面或下平面作为定位基准面。

发动机机体组主要的损伤形式有气缸体及气缸盖的破裂损伤、各接合面的翘曲变形或其他部件的变形、气缸磨损损伤等。所有这些损伤都会影响发动机的技术性能指标、工作可靠性和耐久性。因此在修理过程中应认真检验，发现问题及时解决。

（2）气缸磨损类型

发动机工作中，由于活塞在气缸内作往复直线运动，所以会造成气缸的磨损。磨损严重时，会导致漏气、窜油，使发动机动力性和经济性下降。导致气缸磨损的原因很多，主要体现在以下方面。

1）腐蚀磨损

气缸内可燃混合气燃烧后会生成碳、硫、氮的氧化物，这些氧化物直接与缸壁作用，使气缸壁产生腐蚀，即化学腐蚀。

当发动机气缸壁温度较低时，混合气燃烧后生成的水蒸气会在气缸壁上凝聚成水珠，水珠溶解废气中的腐蚀性气体而生成碳酸、硫酸、蚁酸等腐蚀性物质，这些腐蚀性物质附在气缸壁上，使气缸壁产生腐蚀，即微电池化学腐蚀，使其组织结构松散，当活塞在气缸内运动时，在活塞环的作用下金属腐蚀产物被刮下来，从而造成腐蚀磨损。腐蚀越严重，磨损越厉害。

腐蚀磨损的强度取决于气缸壁的温度，如图 2-8 所示。如一缸前壁与六缸后壁冷却效率较强，所以这些部位的腐蚀磨损就严重。

进气道对面的气缸壁经常受到混合气的冲刷，既破坏油膜的形成，又使该部位冷却效率较高，因此该部位的腐蚀磨损就严重。

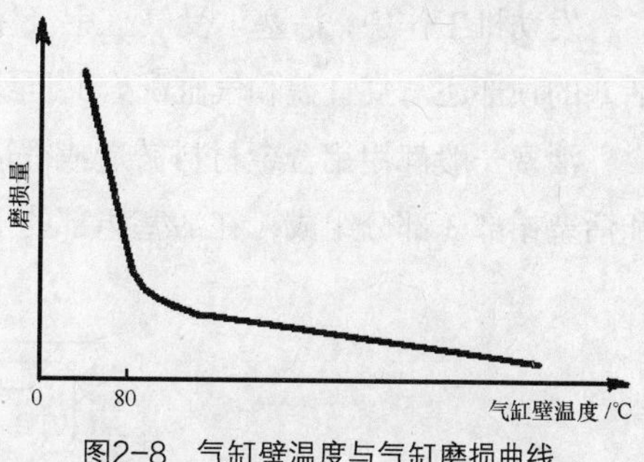

图2-8 气缸壁温度与气缸磨损曲线

发动机冷启动时，气缸的磨损很大，其磨损量约占气缸总磨损的 45%～60%。但在温度过高时，由于润滑油黏度低，油膜难于形成，不仅机械磨损加剧，高温氧化腐蚀磨损也会剧增,所以温度过高也会造成气缸壁的严重磨损。

2）机械磨损

机械磨损属于正常磨损，它主要是由于润滑不良和气体压力等原因造成的。机械磨损的最大部位发生在活塞位于上止点时，第一道环的顶边上。

① 润滑不良的影响

气缸是靠润滑油的飞溅润滑的。气缸上部供油条件较差，又邻近燃烧室，受到高温的作用，润滑油变稀，甚至有可能被烧掉。同时可燃混合气进入气缸时，混合气中所含的小油滴对气缸上部（尤其是进气道对面）的冲刷严重。所有这些因素都造成了气缸上部润滑不良，难以形成润滑油膜，容易产生边界摩擦或干摩擦，使磨损加剧。

② 气体压力造成的影响

发动机工作时，活塞环在自身弹力和气体压力作用下，压紧在气缸壁上，如图 2-9 所示。当活塞在气缸中往复运动时，活塞环与气缸壁发生相对摩擦而磨损。活塞环作用在气缸壁上的压力越大，润滑油膜的形成越困难，气缸与活塞环的磨损就越严重。

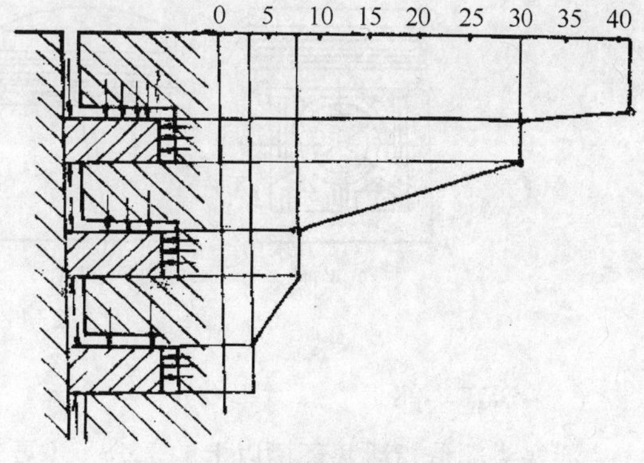

图2-9 活塞环的磨缸现象

3）磨料磨损

润滑油中含有未滤清的金属屑微粒，它来自发动机本身的磨损产物，燃烧产物的固态颗粒和来自外部空气的尘土，这些磨料随润滑油飞溅到气缸表面，并与气缸和活塞（环）摩擦而产生磨损。

磨料对气缸磨损的影响与磨料粒子的大小、数量和硬度有极大的关系。润滑油越脏，含有的磨料越多，引起的磨损就越严重。

硬度高的磨料在气缸内表面产生平行于气缸轴线的拉痕，个别粗大的磨料附在活塞表面并随活塞不断地上下运动，会对缸壁产生明显的拉伤，俗称“拉缸”。

4）黏着磨损

在发动机冷却不良、润滑不足及长时间大负荷工作的情况下，气缸摩擦副有极微小凸起的金属面直接接触，形成局部高温，使其熔融黏着、脱落，逐渐扩展为黏着磨损。这种磨损一旦发生，气缸的工作面会遭到严重的破坏，甚至报废。

2. 活塞

发动机工作中，活塞承受气缸中气体的压力，并将此压力传给连杆，以便推动曲轴旋转；此外，活塞的顶部还与气缸盖和气缸配合共同组成燃烧室。

活塞一般都用铝合金材料铸造或锻造而成，其构造如图 2-10 所示，主要由活塞顶部、活塞头部和活塞裙部 3 部分组成，在活塞裙部的上部有活塞销座。

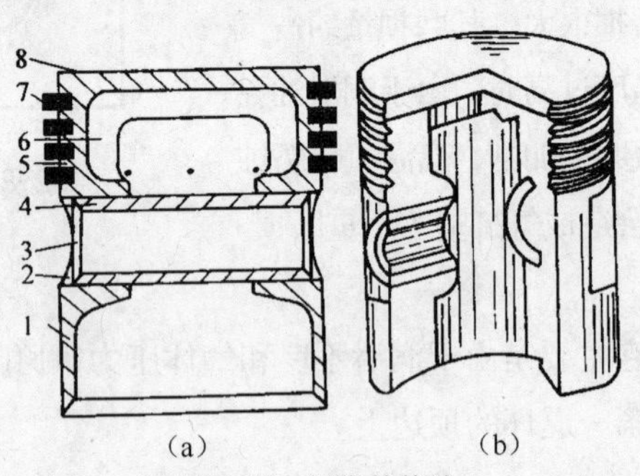

图2-10 活塞的构造

1—活塞裙部 2—活塞销卡环 3—活塞销 4—活塞销座 5—活塞头部
6—加强筋 7—活塞环 8—活塞顶部

(1) 活塞顶部

活塞顶部是燃烧室的组成部分，承受高温气体的压力。

为适合各种发动机的不同要求，活塞的顶部有各种不同的形状，如图 2-11 所示。有些活塞顶部在与气门对应的位置上有凹坑，是为防止活塞在上止点与气门相碰而设的。活塞缸位序号、加大尺寸、安装向前标记等一般也刻在活塞顶部。

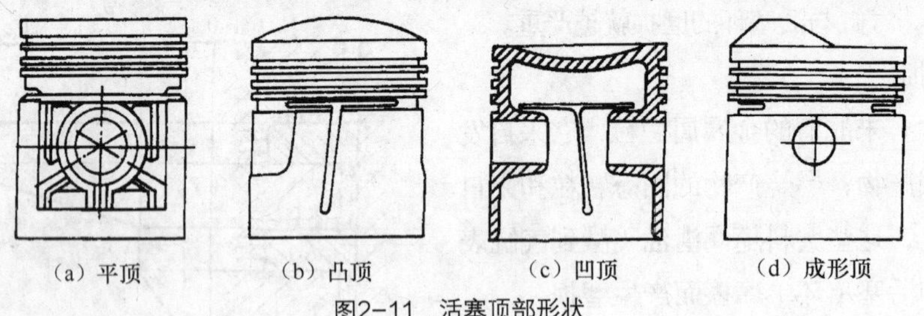

图2-11 活塞顶部形状

(2) 活塞头部

活塞头部是指活塞环槽以上的部分，主要用来安装活塞环，以实现气缸的密封。

活塞头部加工有安装活塞环的环槽，一般有 3～4 道环槽，最下面一道环槽安装油环，其他环槽安装气环。

油环环槽底部一般加工有回油孔，以便使气缸壁上多余的润滑油通过活塞内腔流回曲轴箱。有些油环环槽的底部是一条较窄的槽，除回油作用外，还有减少活塞头部向裙部传递热量的作用，所以称之为隔热槽。有些活塞的隔热槽设在活塞裙部。

（3）活塞裙部

活塞环槽以下的部分称活塞裙部，为活塞的往复运动起导向作用。

发动机工作时，由于气体压力和活塞销座处金属较多的影响，活塞裙部沿活塞销轴线方向膨胀量较大，所以在常温下，活塞裙部截面形状呈椭圆形，如图 2-12 所示，椭圆形长轴垂直于活塞销方向，其目的是保证在热态下活塞与气缸的配合间隙均匀。

此外，发动机工作中，由于活塞的温度从上到下逐渐降低，膨胀量逐渐减小，所以在常温下，活塞裙部直径上小下大，如图 2-13 所示。

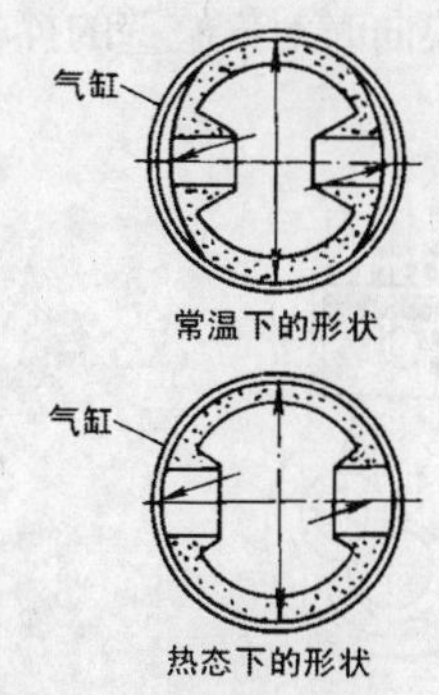

图2-12 活塞裙部截面形状图

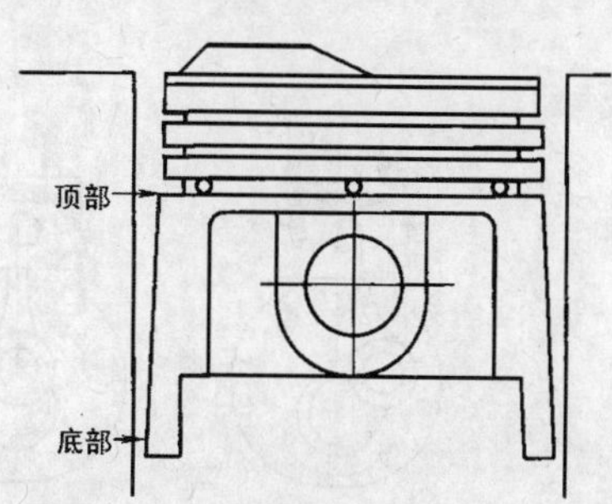

图2-13 常温下活塞裙部直径上小下大

有些活塞裙部除设有隔热槽外，还有膨胀槽，如图 2-14 所示。膨胀槽可使活塞裙部具有一定的弹性，在低温时与气缸的配合间隙较小，且高温时又不致在气缸中卡死。膨胀槽必须斜切，不能与活塞轴线平行，以防导致气缸磨损不均匀。为防止切槽处裂损，在隔热槽和膨胀槽的端部都必须加工止裂孔。活塞裙部开槽会降低其强度和刚度，一般只适用于负荷较小的发动机。

为限制活塞裙部的膨胀量，有些活塞在销座中镶铸有膨胀系数较低的恒范钢片，如图 2-15 所示。

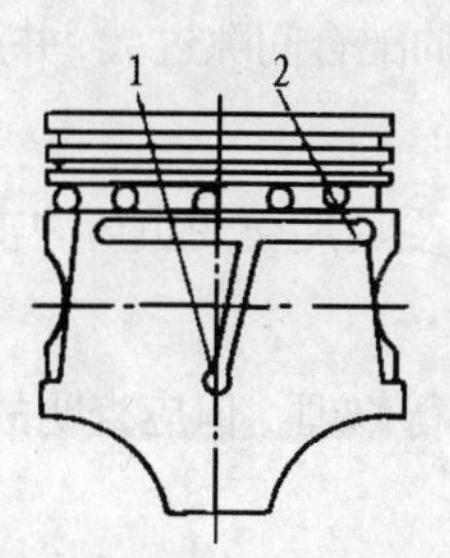

图2-14 活塞膨胀槽和隔热槽

1—膨胀槽 2—隔热槽

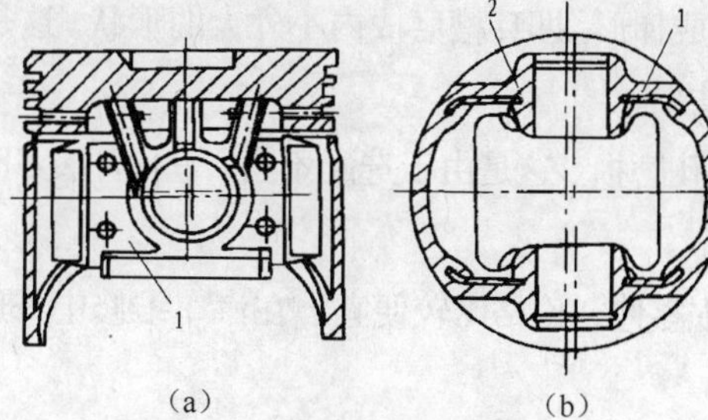

图2-15 活塞销座中镶铸的恒范钢片

1—恒范钢片 2—活塞销座

按裙部结构形式活塞可分为拖板式和筒式。拖板式活塞的裙部下端沿销座轴线方向去掉一部分（见图 2-14），这种结构是在行程较小的发动机上为防止活塞与曲轴上的平衡重相碰而设计的。行程较大的发动机则一般采用全裙式活塞（见图 2-10），也称筒式活塞。

（4）活塞销座

活塞销座位于活塞裙部的上部，加工有座孔，用以安装活塞销。有些活塞销座孔内加工有卡环槽，以便安装活塞销卡环，防止活塞销工作时轴向窜动。为减小活塞销座处受热后的变形量，有些活塞的销座外表面是凹陷的。

在活塞内腔的活塞销座与活塞顶部之间一般铸有加强肋，以提高活塞的刚度。

活塞销座孔轴线通常向活塞中心线左侧（由发动机前方看）偏移 1～2mm，称为活塞销偏置，目的是防止活塞在受气体压力较大的压缩上止点换向时，撞击气缸壁而产生“敲缸”。活塞销偏置作用原理如图 2-16 所示，活塞在压缩上止点，由右侧与气缸壁接触向左侧与气缸壁接触过渡时，由于活塞销偏置使活塞倾斜，左侧下端先与气缸壁接触，随着做功行程活塞向下止点移动，活塞承受向左的侧向力增大，活塞左侧上端逐渐靠向气缸壁，从而减轻了活塞换向时对气缸壁的撞击。

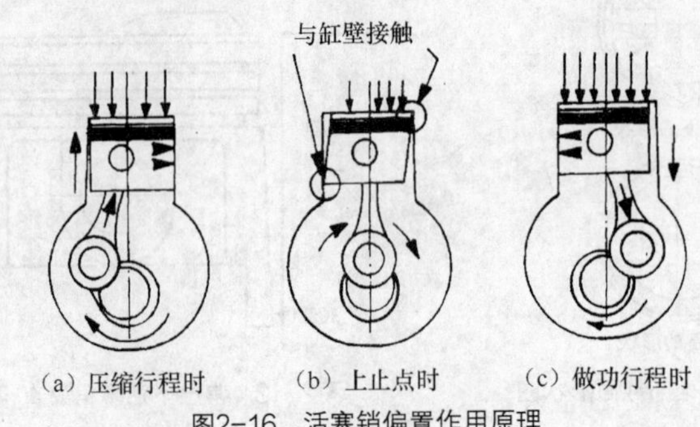

图2-16　活塞销偏置作用原理

（5）活塞损伤形式及原因

活塞处于高压、高温、高速情况下工作会造成磨损、裂纹、断裂和烧蚀等损伤，主要表现如下。

① 活塞磨损。主要在裙部、环槽部位和活塞销孔，这是由于机械磨损、化学腐蚀造成的。

② 活塞损伤。主要有裂纹、顶部脱落、环槽岸边断裂和裙部拉毛、烧蚀等。这是由于材质不佳，活塞与气缸配合间隙过小，工作温度过高，以及高速、超负荷等因素所引起。

③ 环槽磨成梯形。即环槽磨成内小外大的形状。这是由于环与槽的配合间隙过大，并产生振动、漏气、腐蚀的结果。

④ 活塞销孔磨损。这是由于选配不当、润滑不良引起的，工作时受周期交变负荷冲击作用，加速其磨损。

活塞是易损零件，价格比较便宜，在汽车维修中一般不对活塞进行修理，但应查明故障原因，并予以排除。

3. 活塞环

活塞环按其功用可分为气环和油环两类，如图 2-17 所示。气环又称压缩环，其功用是密封活塞和气缸之间的间隙，防止漏气和窜油，并将活塞承受的热量传给气缸。油环的功用是刮去气缸壁上多余的润滑油，并在气缸壁上均匀布油。一般发动机上装有二道气环和一道油环。

活塞环上切有一个开口，称活塞环开口。活塞环开口不仅便于活塞环拆装，而且可以使活塞环直径略大于气缸直径，靠其弹性在缸内压紧气缸壁，以加强密封性。

在各种发动机上装用的气环按其断面形状可分为矩形环、锥形环、梯形环、桶面环、扭曲环、反扭曲锥形环，如图 2-18 所示。其中扭曲环又分为内切口和外切口两种，内切口扭曲环的切口在其内圆上边，而外切口则在其外圆下边。油环可分为整体式和组合式两种。整体式油环（见图 2-17）一般用在负荷较大的发动机上，其外圆中部切有环槽，槽底开有若干回油孔，发动机工作时，利用上下两个板状环形刃口将气缸壁上的多余润滑油刮下，并通过回油孔流回曲轴箱。多数轿车发动机都采用三件组合式油环，它由上下两片刮油钢片和一个衬簧组成，如图 2-19 所示，刮油钢片很薄，刮油作用强，对防止润滑油窜入燃烧室更有利。

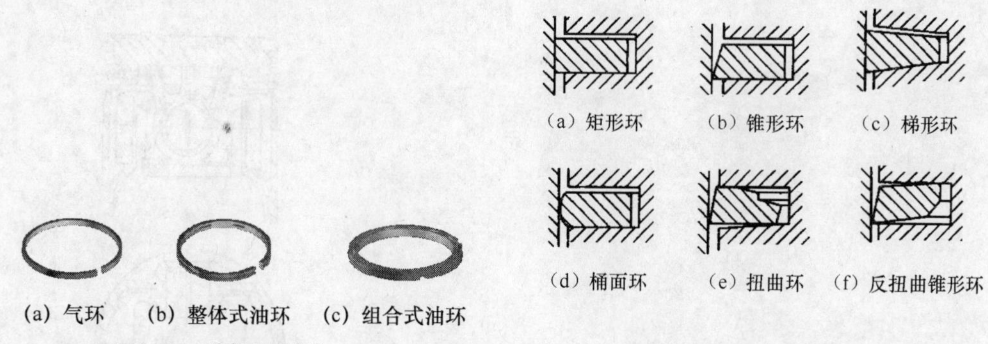

(a) 气环　(b) 整体式油环　(c) 组合式油环

图2-17　活塞环的分类

（a）矩形环　（b）锥形环　（c）梯形环

（d）桶面环　（e）扭曲环　（f）反扭曲锥形环

图2-18　气环断面形状

活塞环装在环槽内应处于浮动状态，以保证与气缸壁密封接合。因此，活塞环的上下侧与环槽留有间隙，环与槽底留有间隙，在环的开口端也留有间隙，否则，活塞环受热膨胀会卡死在环槽内，拉坏气缸。各间隙如图 2-20 所示。各汽车制造厂为维修生产的活塞环，都按标准留有装配间隙，修理时不必再进行加工，但也有必要进行一次检验。各种车型的发动机活塞环装配间隙也不相同，即使是安装在同一台发动机上的活塞环，由于其安装部位和作用不同，其装配间隙也就不同。更换活塞环时，应选用与气缸和活塞同一修理尺寸级别的活塞环，同时还应检查其侧隙、背隙和开口间隙是否符合标准，以保证活塞环与环槽和气缸的良好配合。同时还要检测活塞环在自由状态下的弹力和在工作状态下与气缸壁的贴合情况，确保气缸工作时的密封性。

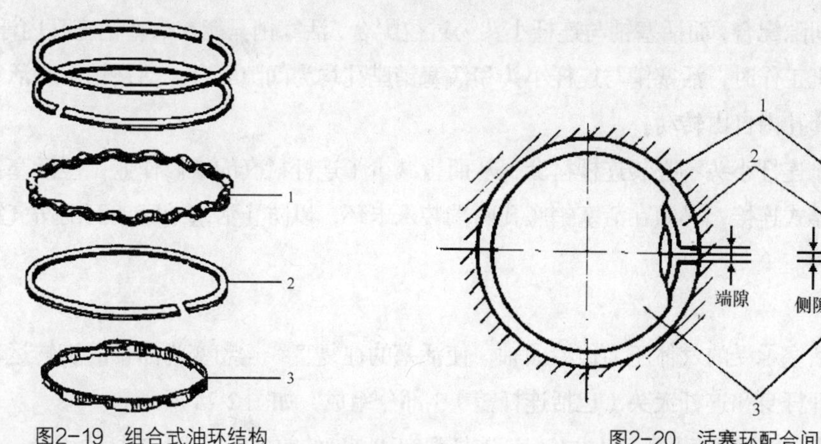

图2-19　组合式油环结构

1—轴向衬环　2—刮油片　3—径向衬环

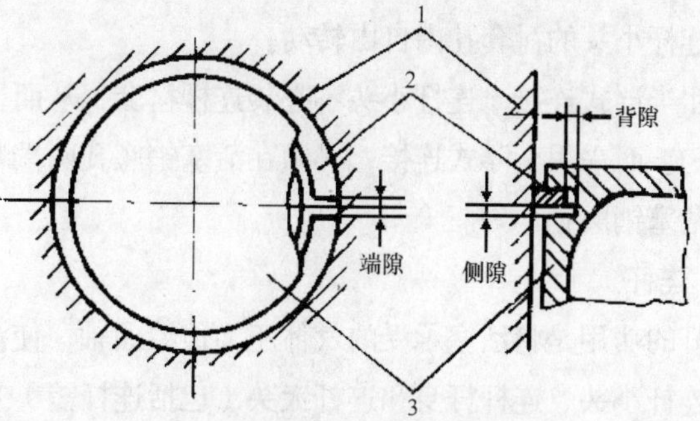

图2-20　活塞环配合间隙

1—气缸　2—活塞环　3—活塞

4. 活塞销

活塞销的功用是将活塞和连杆连接在一起，将活塞承受的气体压力传给连杆。

活塞销为空心管状结构，外表面为圆柱形，内孔形状有圆柱形、截锥形和组合形，如图 2-21 所示。圆柱形孔容易加工，但圆柱形孔的活塞销的质量较大。截锥形孔则加工较复杂，但有利于减小活塞销的质量。组合形孔的活塞销性能介于二者之间。

活塞裙部的上部，加工有活塞销座孔，用以安装活塞销，如图 2-22 所示。有些活塞销座孔内加工有卡环槽，以便安装活塞销卡环，防止活塞销工作时轴向窜动。为减小活塞销座处受热后的变形量，有些活塞的销座外表面是凹陷的。

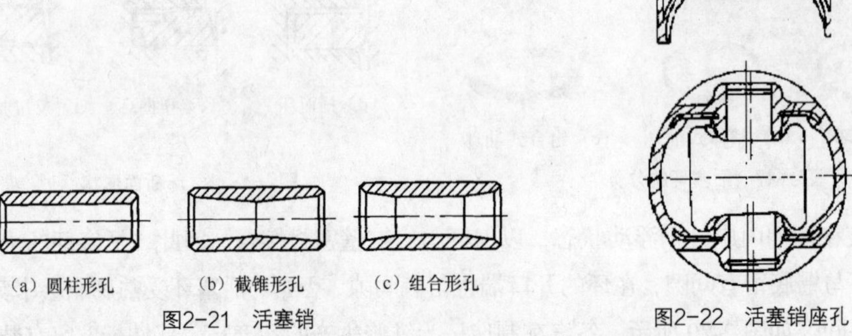

图2-21 活塞销

图2-22 活塞销座孔

在活塞内腔的活塞销座与活塞顶部之间一般铸有加强筋，以提高活塞的刚度。

连杆小头与活塞销相连，采用全浮式连接的活塞销时，在连杆小头孔内装有连杆衬套，以减少活塞销与连杆接触面的磨损。衬套一般为青铜制作，如图 2-23 所示，为润滑连杆衬套和活塞销，在连杆小头和连杆衬套上加工有集油孔或集油槽。更换活塞、活塞销的同时，必须更换连杆衬套。

活塞销的连接方式有半浮式和全浮式两种，如图 2-23 所示。半浮式连接是在发动机工作时，活塞销与活塞销座孔为间隙配合，而活塞销与连杆小头为过盈配合，活塞销只能在活塞销座孔内浮动。全浮式连接是在发动机工作时，活塞销与连杆小头和活塞销座孔均为间隙配合，活塞销可在活塞销座孔和连杆小头的衬套孔内自由转动。

采用半浮式连接，连杆小头不必装连杆衬套，从而也减少了连杆衬套的维修作业，但活塞销磨损不均匀。而采用全浮式连接，必须在活塞销座孔两端装入卡环，以防止活塞销窜动而刮伤气缸，全浮式活塞销磨损均匀。

5. 连杆

连杆的功用是将活塞承受的气体压力传给曲轴，使活塞的往复直线运动变为曲轴的旋转运动。连杆由连杆小头、连杆杆身和连杆大头（包括连杆盖）3 部分组成，如图 2-24 所示。

连杆杆身通常采用“工”字形截面，以求在保证连杆强度和刚度的前提下，减轻连杆的质量。

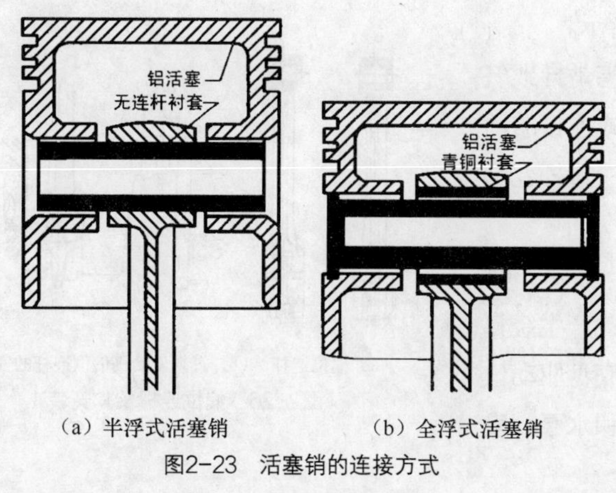

(a) 半浮式活塞销 (b) 全浮式活塞销

图2-23 活塞销的连接方式

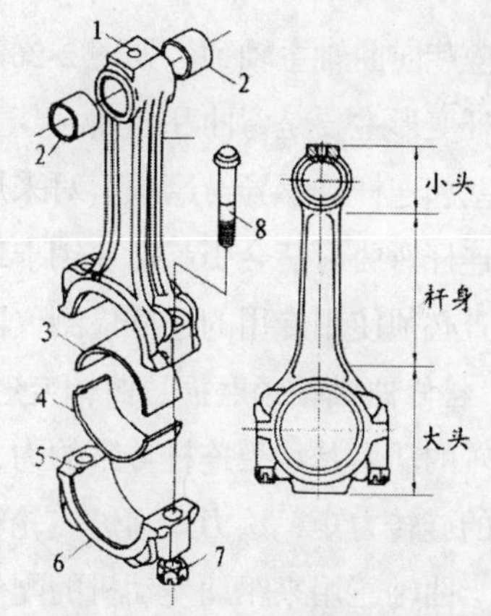

图2-24 连杆的组成

1—连杆杆身 2—连杆衬套 3、4—连杆轴承
5—轴承的定位凹槽 6—连杆盖 7—自锁螺母 8—连杆螺栓

连杆大头是分开的，分开的部分称连杆盖，连杆盖与连杆用连杆螺栓联接。连杆螺栓是特制的，其根部有一段直径较大的部分，它与螺栓孔配合起定位作用，防止装配时连杆盖与连杆错位。为保证连杆螺栓联接更加可靠，一般都采用了自锁螺母，以防工作时松动。

连杆大头连接曲轴上的连杆轴颈，连杆大头内孔装有两半的连杆轴承，轴承有一定的弹性，安装后轴承背面与连杆大头内孔紧密贴合，形成过盈配合。连杆大头的内孔加工有连杆轴承定位凹槽，安装时轴承背面的凸键卡在凹槽中，使连杆轴承正确定位。连杆轴承的内表面加工有油槽，用以储油保证可靠润滑。有些连杆轴承及连杆大头还加工有径向小油孔，从油孔中喷出的油可使气缸壁得到更好的润滑。

连杆大头与连杆盖按切分面方向可分为平切口和斜切口两种，采用最多的是平切口。有些负荷较大的柴油发动机连杆，由于连杆大头直径比气缸直径大，为拆装时能使连杆通过气缸，连杆大头与连杆盖切分面采用斜切口形式。斜切口的连杆盖与连杆大头一般不是靠连杆螺栓与螺栓孔配合定位，有的在连杆盖的螺栓孔内压装一个定位套与连杆大头螺栓孔配合定位，有的则在切分面上采用锯齿定位、定位套定位、定位销定位或止口定位，如图 2-25 所示。

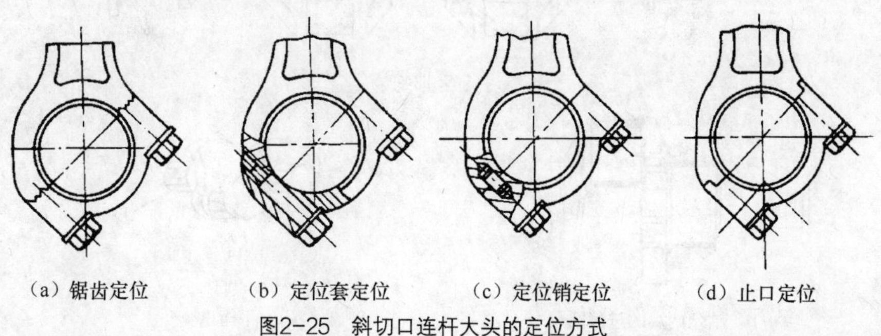
(a) 锯齿定位 (b) 定位套定位 (c) 定位销定位 (d) 止口定位

图2-25 斜切口连杆大头的定位方式

连杆大头一般都是对称的，但也有部分发动机（多数是 V 形发动机）为减小连杆大头的轴向尺寸，采用偏位连杆，如图 2-26（a）所示，即连杆大头两端面与连杆杆身中心平面不对称。偏位连杆安装时方向不能装反，V 形发动机装在同一连杆轴颈上的连杆应短面相对，直列发动机偏位连杆

的短面应朝向曲轴主轴颈，如图 2-26（b）所示。

连杆变形主要是弯曲和扭曲，其主要危害是导致气缸、活塞和连杆轴承异常磨损。对采用全浮式连接的活塞销，连杆弯曲可能会引起活塞销卡环脱出。连杆变形量的检查必须使用专用的连杆检测仪器。

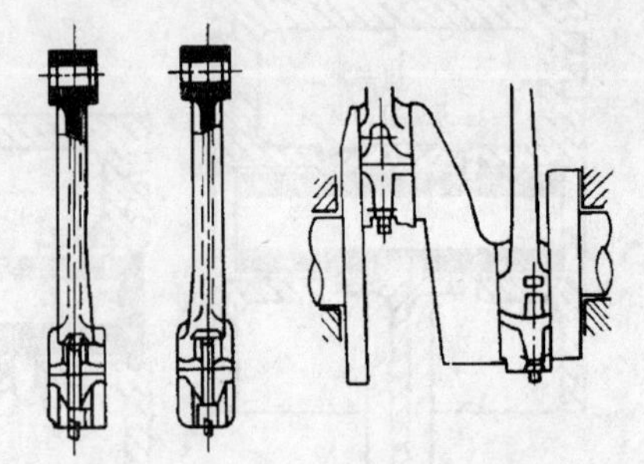
（a）偏位连杆 （b）直列发动机偏位连杆的安装

图2-26 偏位连杆及其安装

6. 检修曲轴轴颈磨损、曲轴变形

曲轴的功用是承受连杆传来的力，并由此产生绕自身轴线的旋转力矩，该力矩通过飞轮输送给底盘驱动汽车行驶。曲轴还用来驱动发动机的配气机构和水泵、发电机、空气压缩机等附件。

曲轴的基本组成包括前端轴、主轴颈、连杆轴颈（曲柄销）、曲柄、平衡重和后端凸缘等，如图 2-27 所示。

曲轴上磨光的表面为轴颈。将曲轴支承在曲轴箱内旋转的轴颈为主轴颈，主轴颈的轴线都在同一直线上。偏离主轴颈轴线用以安装连杆的轴颈为连杆轴颈（或称曲柄销），连杆轴颈之间有一定夹角。连杆轴颈与主轴颈之间还加工有润滑油道。

将连杆轴颈和主轴颈连接到一起的部分称曲柄，连杆轴颈和曲柄共同将连杆传来的力转变成曲轴的旋转力矩。轴颈与曲柄之间有过渡圆角。

前端轴用以安装水泵带轮、曲轴正时带轮（或正时齿轮、正时链轮）、起动爪等。后端凸缘用以安装飞轮。

为使发动机运转平稳，一般在连杆轴颈相对的位置上设有平衡重。不同发动机的曲轴设置的平衡重数量不同，有 4 块、6 块、8 块等。

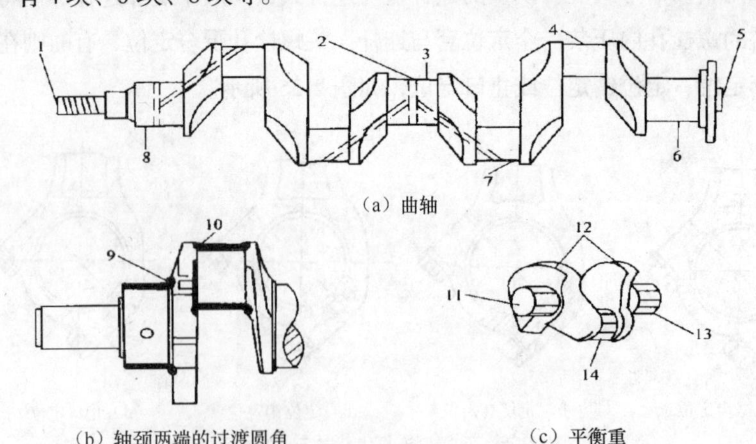

（a）曲轴

（b）轴颈两端的过渡圆角 （c）平衡重

图2-27 曲轴

1—前端轴 2—润滑油道 3、6、8、11、13—主轴颈 4、14—连杆轴颈 5—后端凸缘 7—曲柄 9—主轴颈圆角 10—连杆轴颈圆角 12—平衡重

在少数发动机上采用组合式曲轴，即将曲轴的各部分分段加工，然后组装成整个曲轴，如图 2-28 所示。采用组合式曲轴的发动机，一般连杆大头为整体式，主轴承为滚动轴承，相应曲轴箱为隧道式。

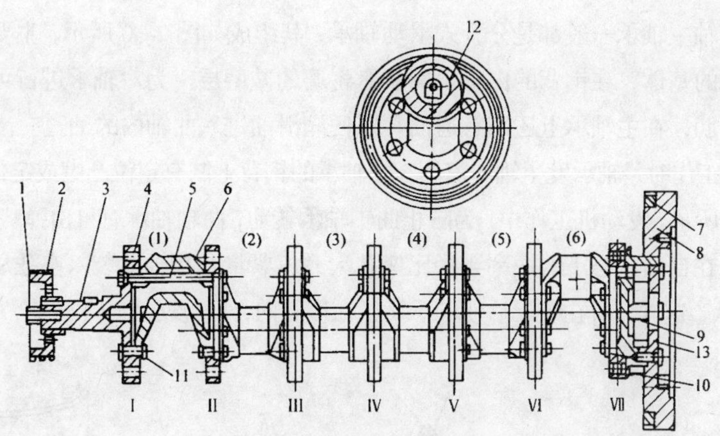

图2-28　组合式曲轴

1—起动爪　2—带轮　3—前端轴　4—滚动轴承　5—连杆螺栓　6—曲柄

7—飞轮齿圈　8—飞轮　9—后端凸缘　10—挡油圈　11—定位螺钉　12—油管　13—锁片

按曲轴的主轴颈数，可将曲轴分为全支承曲轴和非全支承曲轴。在相邻的两个连杆轴颈之间，都设有主轴颈的曲轴称全支承曲轴，否则称为非全支承曲轴。全支承曲轴的主轴颈数比连杆轴颈数多一个，而非全支承曲轴的主轴颈数等于或少于连杆轴颈数。

多缸发动机的连杆轴颈布置因气缸数、气缸排列形式和做功顺序（即点火顺序）而异。多缸发动机连杆轴颈的布置，应尽可能使连续做功的两个气缸距离远，且各缸做功间隔力求均匀。

在汽车使用中，自动变速器的液力变矩器或离合器对曲轴产生轴向推力，或汽车上下坡时，均可能使曲轴发生轴向窜动，而曲轴的轴向窜动会影响曲柄连杆机构各零件之间的相互配合位置，所以必须采用定位装置加以限制。

曲轴的轴向定位装置为安装在某一主轴颈两侧的两个止推垫片，安装在曲轴前端第一道主轴颈两侧的止推垫片一般为整体式，如图 2-29 所示的件 1 和件 2 安装在中间某一道主轴颈两侧的止推垫片一般为分开式，有些发动机上，分开式止推垫片与主轴承制成一体，称为翻边轴承。

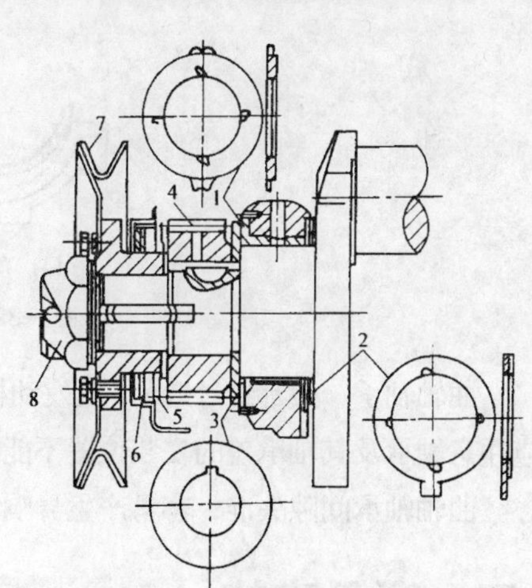

图2-29　曲轴前端

1、2—止推垫片　3—止推环　4—曲轴正时齿轮

5—挡油盘　6—油封　7—带轮　8—起动爪

曲轴前后端都伸出曲轴箱，为防止润滑油流出曲轴箱，在曲轴前后端均设有密封装置。为保证密封可靠，一般都采用两种密封装置，如图 2-29 所示件 5 和件 6 是常用的挡油盘和油封。

曲轴的常见故障是轴颈磨损、弯曲变形，严重时出现裂纹，甚至断裂。

7. 曲轴轴承

曲轴轴承包括连杆轴承（俗称小瓦）和曲轴主轴承（俗称大瓦），其结构基本相同。曲轴轴承的功用主要是减小摩擦和减轻曲轴等零件的磨损。

连杆轴承和曲轴主轴承一般都是分开式滑动轴承，其组成如图 2-30 所示，主要由钢背和减磨层组成，钢背是轴承的基体，在钢背的内圆表面制有耐磨的减磨层。为对轴承进行可靠润滑，在轴承内表面制有油槽储肋，在主轴承上还制有通油孔以便润滑油进入曲轴内的油道。

为防止发动机工作时，轴承发生轴向窜动，在轴承的钢背上制有定位凸键或定位销孔，以便安装后定位，如图 2-31 所示。发动机工作中，为防止曲轴轴承转动，曲轴轴承有自由弹势和一定的压紧量，自由弹势是指轴承在自由状态下的曲率半径比座孔大，压紧量是指轴承装入座孔后略高出座孔分界面，如图 2-32 所示。这样，可在装配后使轴承紧压在座孔内，既能防止轴承转动，又利于轴承散热。

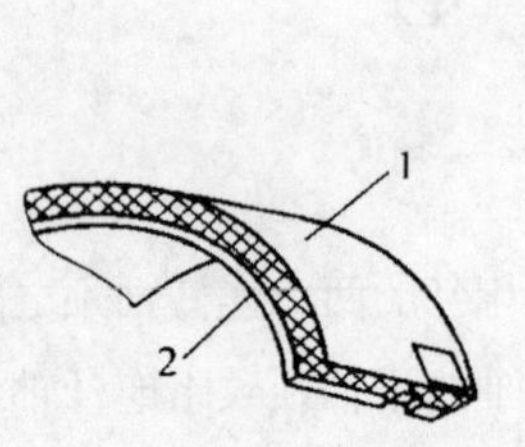

图2-30　曲轴轴承的组成

1—钢背　2—减磨层

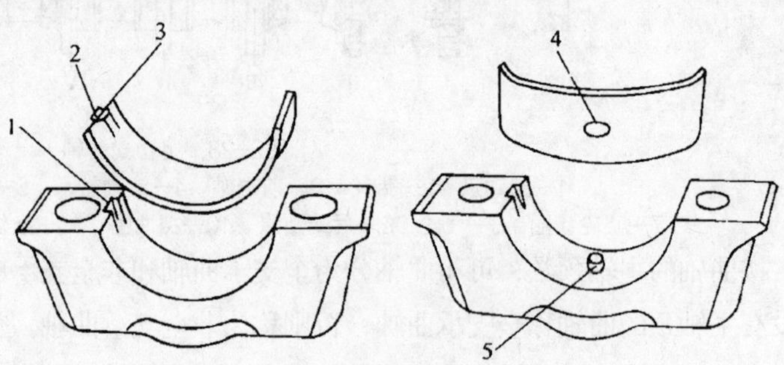

图2-31　曲轴轴承定位

1—定位槽　2—定位凸键　3—轴承分界面　4—定位销孔　5—定位销

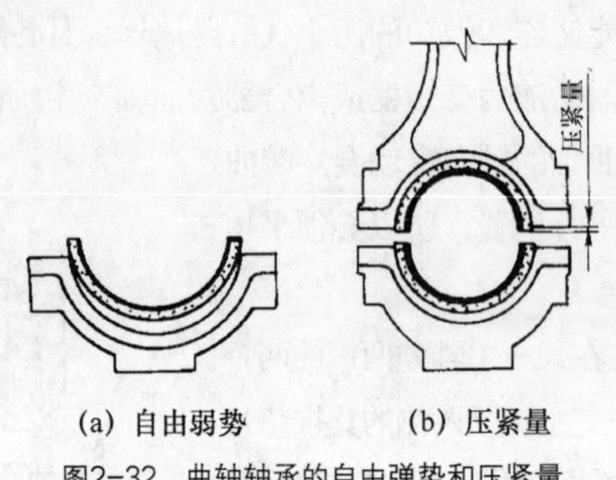

(a) 自由弱势　　(b) 压紧量

图2-32　曲轴轴承的自由弹势和压紧量

曲轴轴承一般都经过选配，且发动机工作中旧的轴承也进行了自然磨合，所以在发动机维修时，应注意轴承及其轴承盖的安装位置不能装错。

曲轴轴承间隙失准，容易产生异响，甚至导致曲轴轴承和轴颈烧蚀。

三、项目实施

（一）实施要求

工具：常用工具若干套、砂布、细平锉、活塞环拆装钳、活络铰刀若干套。

量具：刀口尺、塞尺、水平仪、高度尺、量杯、滴管或注射器气缸压力表、量缸表、外径千分尺、百分表、游标卡尺、磁座百分表、游标高度尺、塑料间隙规。

设备：发动机总成、气缸体及缸套、气缸盖、气缸垫、损伤活塞、活塞、活塞环、活塞销、连杆、连杆衬套、发动机曲轴。

活发动机拆装架、最大压力为 1MPa 的水压机、活塞环弹力试验器、台虎钳、连杆校正器，连杆检验器、压力机、与曲轴相配套的 V 形铁、检测平台。

足量 80%煤油和 20%润滑油的混合液、润滑油。

（二）实施步骤

1. 检修气缸体、气缸盖

（1）气缸体、气缸盖裂纹的检修

1）气缸体、气缸盖裂纹的原因

气缸体与气缸盖常因工作温度不均匀，导致热应力产生，在结构薄弱环节因刚度不足而产生破裂，在交变和脉动应力作用下导致疲劳裂纹的出现，或在冬季未放冷却液，造成冻裂。发动机过热时，突然添加冷却液，或者因冲击、撞击、过度拧紧或对中不好而导致零件变形等不规范操作，使缸体、缸盖产生裂纹甚至断裂。

2）气缸体、气缸盖裂纹的检查

① 水压试验。将气缸盖和气缸垫装合在气缸体上，用一盖板装在水套的进水口位置上，用水管与水压机联通，其他水道口一律封闭，然后将水压入水套内，如图 2-33 所示。在条件许可时，应使用 80～90℃的热水进行试验，也可把具有一定压力的自来水直接通入气缸体进行试验。水压试验的要求是：在 0.3～0.4MPa 水压下，保持 5min，应没有任何渗漏现象。

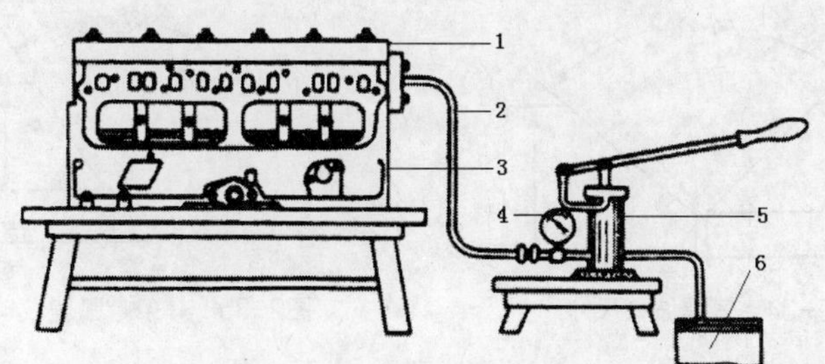

图2-33 气缸体、气缸盖水压试验
1—气缸盖 2—软管 3—气缸体 4—水压表 5—水压机 6—贮水槽

② 气压试验。在没有水压机的情况下，可往水套内加入自来水，用气泵或打气筒向水套内充气，借气体压力检查渗漏部位。为了防止水或气倒流，在使用气压试验时，应在充气软管与气缸体水管接头之间装一单向阀。

3）气缸体、气缸盖裂纹的修理

① 环氧树脂胶黏接。

a. 选用 3～4mm 直径的钻头，用电钻将裂纹两端钻孔，以防止裂纹延伸。然后沿裂纹长度凿出 V 形坡口，并打毛表面。

b. 刮削坡口附近表面氧化层和铁锈，并用丙酮清洗，洗净表面并使其干燥。

c. 胶料调配。将黏接剂 A、B 管物质大致按体积比调匀，就可立即使用。若要增加黏接剂固化后的硬度，可加入适量的铁粉。

d. 涂胶和黏接。胶料调好后，将胶涂在槽内和槽周围的一些地方。

e. 胶料固化。经黏接剂涂胶粘接的物体，在25℃经3h就完全固化，可投入使用。

f. 整形。零件黏接固化后，应根据零件形状进行整形，以使外表整齐美观。

② 焊修。气缸体和气缸盖的裂纹，如发生在受力较大或用其他方法不易操作的部位，则可采用焊补法修复。

灰口铸铁件的焊修，一般是在不预热或预热低于 400℃的情况下焊接。可采用气焊，也可采用电弧焊，在应用上以电弧焊为主。

铝合金气缸体焊修方法很多。由于铝合金材料的可焊性差，给焊修带来了一定的困难。因此，要选用与焊件材料近似的焊条，掌握正确的焊接工艺，才能保证焊修质量。

对铸铁气缸体采用气焊修复前，可用汽油或清洗剂清除焊接表面油污，并用砂布或其他方法清除锈迹和杂质，直至露出金属本色。当焊接厚度在6mm以上时，应开V形坡口，如图2-34所示。若焊接厚度在15mm以上，应开X形坡口。进行焊接修理时，应选用QHT1铸铁焊条，并将气缸体加热至600℃～700℃，保证气焊修复过程中气缸体的温度不低于400℃。

对铸铁气缸体采用焊条电弧焊修复前，应清洁焊接表面，并在裂纹发展走向前方距裂纹终点约3～5mm 处钻止裂孔，以防止裂纹延伸，止裂孔直径一般为 3～5mm。对裂损较深的气缸体，为保证焊条金属与基本金属很好地接合，增加焊接强度，应在裂损处开坡口，坡口形式如图2-35所示。

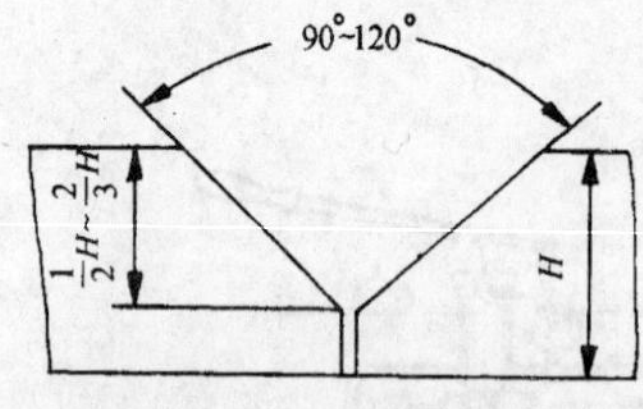

图2-34 气焊坡口尺寸

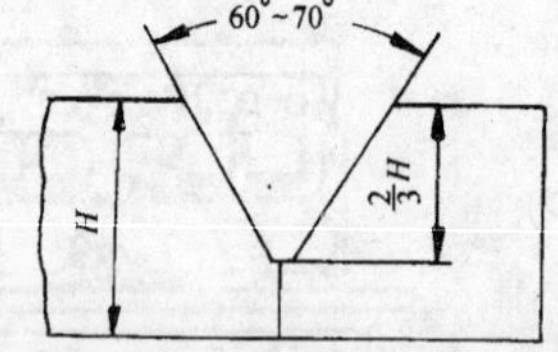

图2-35 焊条电弧焊坡口尺寸

进行焊条电弧焊修复时，气缸体不必预热，使用ϕ3.2mm的T308焊条，直流电80～100A，采用短焊道（焊缝长20mm左右）断续由内向外的焊法，每段尽量一次焊好，每焊完一段应立即趁热锤击焊缝，等冷却3～5min不烫手后再继续施焊，直到补焊完毕。锤击焊缝可消除焊接应力，砸实气孔，提高焊缝致密性。

③ 钳工修理。

a. 螺钉填补。先在裂纹两端各钻一个止裂孔，如图 2-36 中的 1 和 2，以防止裂纹继续延伸。再沿裂纹钻孔3、4、5，孔的直径视螺纹直径而定，并保证孔与孔之间重叠1/3孔径。并在1、2、3、4、5孔中攻出螺纹。

在攻好的螺孔中，拧入预先攻好螺纹的紫铜杆（拧入部分涂以白漆），拧好后切断铜杆，使切断处高出裂纹表面 1～1.5mm。

在已切断的螺杆之间钻孔6、7、8、9，按上述方法攻丝和拧入螺杆，使之填满裂纹。为使填补紧密起见，应用小锤在切断的螺杆之间轻轻敲打，最后用锉刀修平。必要时可涂环氧树脂，以防渗漏。

b. 补板封补。首先在各裂纹端部钻止裂孔。再用2～3mm厚的紫铜板或1.5～2mm厚的铁板，截成与破口轮廓相似，四周大于破口 15～20mm 的补板。如裂纹的表面有凸起部分，须在补板上敲出同样凸起形状，使整个补板能与封补处的表面贴合。

在补板四周每隔 10～15mm，钻直径 4～6mm 的孔，如图 2-37 所示。其位置离补板边沿 10mm 左右。

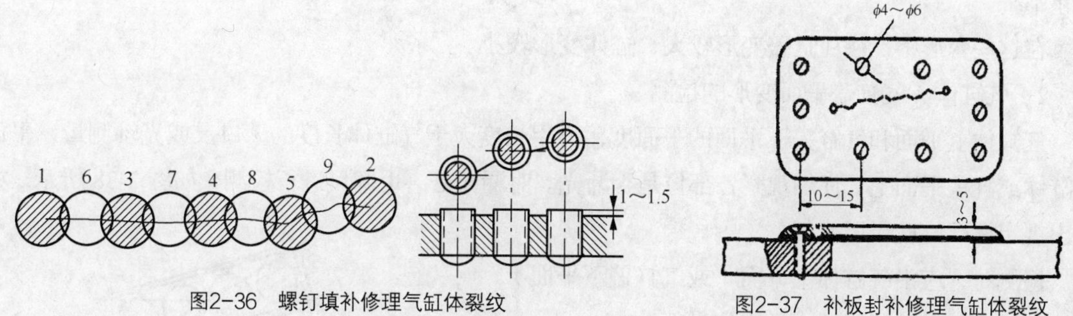

图2-36 螺钉填补修理气缸体裂纹

图2-37 补板封补修理气缸体裂纹

将补板按在破口上，从补板中用划针在气缸体上做出钻孔的记号，移去补板，然后在记号中钻出深度约 10mm 的孔（一般水道都钻通），并攻出所需要直径的螺纹。

在气缸体与补板之间，填入涂有白漆的石棉衬垫，然后用平头螺丝将补板紧固在气缸体上，必要时将补板四周用小锤敲击，并进一步拧紧螺钉，以增加密封性。

④ 堵漏剂堵漏

先用 2%的碱水（碳酸钠）清洗循环水路，清洗时应去掉节温器，将水路和破缝表面清洗干净后，方可进行堵漏。其堵漏方法如下。

a. 在冷却水中加入堵漏剂。

b. 启动发动机，在怠速下升温，控制在 10～15min 内温度升到 80℃左右。在 80℃～85℃下保持 15～20min。

c. 发动机完全冷却后，再次启动发动机怠速升温到 80℃～85℃，并保持 10min。这一步骤最好在第二天进行。

d. 堵漏剂在发动机内至少保留 2～3 天。

（2）气缸体、气缸盖平面翘曲变形检修

1）气缸体、气缸盖平面变形的原因

气缸体与气缸盖在发动机工作过程中，往往产生变形，从而破坏了零件的几何形状，使配合表面的相对位置偏差增加。变形超过允许限度时，将会引起漏水、窜气、冲毁气缸衬垫等故障的产生。气缸体、气缸盖产生变形的原因主要有以下几方面。

① 在制造时进行的时效处理不足，因此零件内应力较大。在高温条件下工作时，内应力重新分配，达到新的平衡，使零件产生过大的翘曲变形，破坏各部位之间的位置精度，因此换装新的零配件，效果也是很不理想的。

② 由于装配、维修过程中，不按工艺规程操作，气缸盖螺栓紧固扭力不均匀，不按规定顺序装卸缸盖螺栓而引起缸盖变形，或装配过程中缸盖螺栓的拧紧力矩过大，使螺孔四周因受螺栓拉力作用而凸起。

③ 在高温下拆卸缸盖，使缸盖发生拱曲，或缸体、缸盖因裂纹损伤而采用热焊补修理法发生受热变形。

④ 由于气缸垫不平引起漏水、漏气，使平面形成腐蚀斑点，或修理工作平面采用环氧树脂浇灌引起不平。

在这些变形中，往往缸盖变形较大，缸体变形较小。

2）气缸体、气缸盖平面变形的检测

气缸体上平面和气缸盖下平面的平面度，可用长度大于气缸体长度的刀口尺或光轴测量，平放在缸体或缸盖平面上，仔细观察各部位是否漏光。对漏光处，用塞尺进行检测，如图2-38所示。如超出规定标准值应予以修复。

检测时，应沿气缸体上平面（或气缸盖下平面）边缘和过中心交叉位置共6个方位进行。

气缸体上下平面的平行度，可用将气缸体向上置于平板上，用高度尺检测气缸体两端的高度的方法来检测。

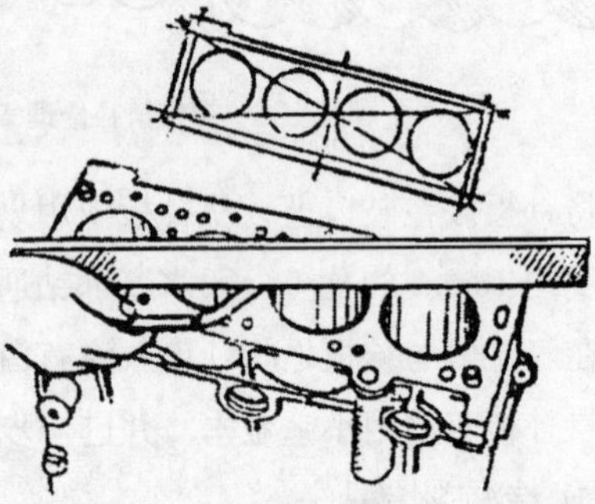

图2-38 气缸体上平面（气缸盖下平面）平面度检测

3）气缸体、气缸盖平面变形的修理

修整的一般方法是：螺栓孔附近的凸起可用油石或锉刀修平，其余可采取铣、磨的加工方法修复。

气缸体的上平面采用铣、磨修理加工过程中，要始终以主轴承孔和气缸孔中心线为加工定位基准。每个缸体顶面最多允许加工修理二次，每次修磨的尺寸限度应小于0.25mm，最多允许修复总量不超过0.50mm。在缸体后端右上角做上记号，第一次修复记号为“X”，第二次修复记号为“XX”。

气缸体的上平面经铣、磨加工后，为保持原来的气缸压缩比，须选用加厚的气缸垫。

气缸盖与进、排气歧管接合平面的变形采用上述方法进行修理。

气缸盖若出现翘曲变形，可用压力加工修复法修复。将气缸盖变形的凸面朝上，放置平板，两端下面垫以 0.5～0.7mm 的垫片，然后用压力机向凸面处逐渐加压，同时用喷灯将变形部位加热到300℃～400℃，当缸盖平面与平板贴合后，保持冷却，经时效处理后，取下复测。

（3）燃烧室容积检测

1）燃烧室容积变化原因

气缸盖平面经磨削后，会使燃烧室容积变小，局部腐蚀后也会影响燃烧室容积的变化，当燃烧室容积偏差超过规定要求时，就会影响发动机怠速运转的稳定性。因此，必须进行测量和调整。

2）燃烧室容积的测量

测量前，彻底清除燃烧室内的积炭、油污，将气缸盖置于水平状态，用火花塞堵住火花塞孔。将80%煤油和20%润滑油的混合液轻轻注入燃烧室，使混合液的平面达到与缸盖平面基本齐平，然后用中间带孔的玻璃板盖在燃烧室平面上。用注射器或滴管从玻璃圆孔中注入混合液直至液面与玻璃板相接触。再用针管或橡皮球将混合液吸入玻璃量杯，观察每只燃烧室的容量。

3）燃烧室容积的调整

若容量偏小，可将燃烧室底部铣去一层金属，或用电蚀法将燃烧室表面蚀去一层。

若容量偏大，可在燃烧室侧壁加焊一层金属。但要注意，燃烧室形状不能变化过大，以免影响缸盖装合时的密封性。

（4）缸体、缸盖螺纹孔损坏的修理

1）镶套修理螺纹孔

在发动机修理作业中，由于拆装不当或螺纹在工作中磨损造成螺纹损坏的，均可采用镶套法修理。若螺纹孔周围及螺栓紧固部位附近龟裂现象严重时，应更换缸体。具体修理步骤如下。

① 首先用目测或将螺栓、火花塞旋入螺孔的方法，检验螺孔的损伤。要求缸体上螺纹的损伤不得多于 2 牙，缸盖上装火花塞的螺孔螺纹损伤不得多于 1 牙，否则需要修复。

② 镶套修理时，将损坏的螺纹孔扩大，并按规定攻出螺纹。

③ 选取装有外螺纹的螺套，它的内螺纹与原螺纹孔的螺纹尺寸相同，外螺纹则应和螺孔扩大后攻制的螺纹尺寸相同。必要时，如图 2-39 所示，可以在螺套外面加止动螺钉，防止螺套松动。

铸铁气缸盖，一般用中碳钢制成内套；铝合金气缸盖一般用铜做内套。

2）钻孔、攻螺纹方法修复

在缸体、缸盖的强度允许且不影响发动机技术状况的条件下，某些损伤的螺纹孔可以直接用钻孔、攻螺纹的方法来修复。具体步骤如下。

① 首先观察测量损坏的螺纹孔。观察损坏螺纹孔周围有无水道，若无水道则可直接使用钻孔、攻螺纹方法修复。

② 选择钻头和丝锥。根据测量出的螺纹孔尺寸，选择合适的钻头和丝锥。

③ 钻孔。钻孔工艺正确，不能钻斜、钻偏。

④ 攻螺纹。攻螺纹工艺正确，螺纹质量符合要求。

⑤ 选择螺栓或螺钉。螺栓能顺利地拧入螺纹孔，且锁止可靠。

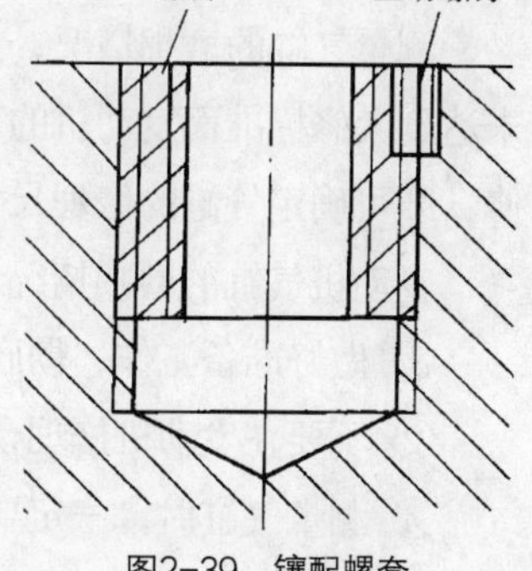

图2-39 镶配螺套

（5）水道口腐蚀的修理

铝合金气缸盖的水道口容易被腐蚀，严重时会出现漏水现象。修理时，可采用粘补、堆焊后重新开水道口，也可采用补板镶补。镶补的方法如下。

① 将被腐蚀的水道口加工成台阶形的圆孔或椭圆孔，其深度一般为 3mm。

② 用 4mm 厚的铝板加工成与水道口形状相同的补板，并留有适当的过盈量。

③ 用手锤和平铳将补板镶入孔内，然后进行修整，并钻出水道口。补板除过盈压合外，也可用胶接法黏合。

2. 检修气缸磨损

（1）气缸压力的测量与分析

用气缸压力表测量气缸的压力，通过缸压分析故障的原因，并诊断故障之所在。使用缸压力表时，要按气缸压力表使用说明书操作。其操作步骤如下。

1）拆卸

拆除全部火花塞或喷油器及空气滤清器。

2）逐缸测量压力

① 前提条件。

a. 必须保证有足够的启动转速，蓄电池电压充足。

b. 完全打开节气门。

c. 发动机应达到正常工作温度，冷却液温度达到 85℃～95℃，润滑油温度达到 70℃～90℃。

d. 对于电子点火式或微机控制点火式发动机，应将插接在分电器盖上的中心高压线拔掉，并将其搭铁，防止电子元件或微机被高压电击坏。

② 测量气缸压力。用气缸压力表逐缸测量，每缸测量 3 次，取最大值。

③ 分析。正常情况是各缸缸压不低于规定值的 8%，各缸缸压差应不大于 3%。一般轿车的缸压为 1.0～1.3MPa。

3）故障诊断

根据气缸压力，判断分析引起压力变化的故障。

4）排除故障。

（2）气缸磨损的测量

测量气缸的磨损程度，是鉴定发动机技术状态的重要手段。

测量气缸的磨损情况，主要是为了测出气缸的磨损量，从而确定该发动机的技术状况。若磨损未达到大修标准而发动机的其他性能又较好，即可确定汽车继续行驶的里程；若需要进行发动机大修，即可确定气缸的修理尺寸。

发动机气缸的磨损情况，通常使用量缸表进行测量。测量时应注意以下几点。

① 做好准备工作，彻底清除油污、积炭、结胶和水垢。

② 不要在发动机修理台架上测量的内径，以防缸体被夹紧变形而测量不准。

③ 测量气缸时，一定要保持测杆与气缸中心线垂直。

测量气缸的方法如下。

1）确定测量部位

选用适当量程的量缸表，按图 2-40 所示的部位和要求进行测量。在气缸体上部距气缸上平面 10mm 处、气缸中部，以及气缸下部距缸套下部 10mm 处，各取三点，按①、②两个方向测量气缸的直径。

2）确定衡量磨损程度指标

一般车型的磨损程度用圆度、圆柱度误差两个指标来衡量。轿车采用标准尺寸与气缸最大尺寸的差值来衡量。

3）测量气缸的方法

① 气缸圆度测量。选择合适的测杆，并使其压缩 1～2mm，以留出测量余量。将测杆伸入气缸中，微微摆动表杆，使测杆与气缸中心线垂直，量缸表指示最小读数，即为正确的直径。用量缸表在 A 部位①向（垂直于曲轴方向）测量，转动表盘，使“0”刻度对准大表针；然后，将测杆在此横截面上旋转 90°，此时表针所指刻度与“0”位刻度之差的 1/2，即为该缸的圆度误差。

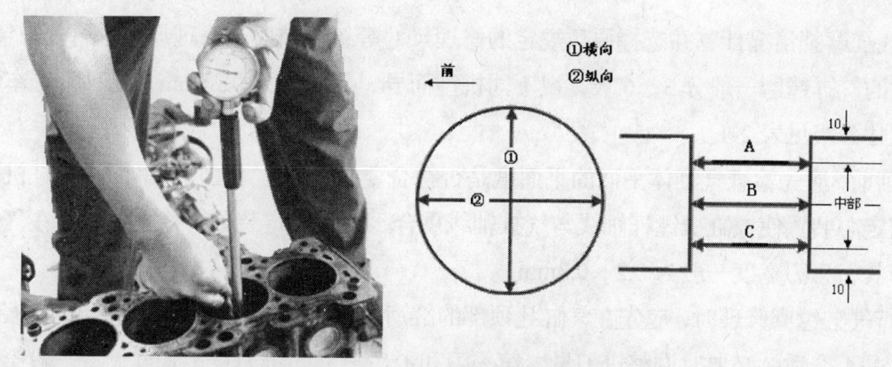

图2-40 气缸内径测量部位示意图

② 气缸圆柱度测量。用量缸表在 A 部位①向测量，并找出正确直径位置。旋转表盘，使“0”刻度对准大表针。然后，依次测出其他五个数值，取六个数值中最大差值的一半作为该的圆柱度误差。

③ 气缸磨损尺寸测量。一般发动机最大磨损尺寸在前后两缸的上部，应重点测量这两缸。测量时，用量缸表在 A 部位①向测量，并找出正确直径的位置。旋转表盘，使“0”刻度对准大表针，并注意观察小指针所处的位置。取出量缸表，将测杆放置于外径千分尺的两测头之间。旋转外径千分尺的活动测头，使量缸表的大指针指向“0”，且小指针处于原来的位置（在中所指示的位置）。此时，外径千分尺的尺寸即为的磨损尺寸。按此找出该发动机的最大磨损尺寸。

4）气缸修理级别（尺寸）的确定。气缸磨损超过允许限度后，或缸壁上有严重刮伤、沟槽和麻点时，应将按修理级别镗削修理，并选配与气缸修理尺寸相符合的活塞及活塞环。气缸修理尺寸可按下式进行计算：

修理尺寸=气缸最大磨损直径+镗磨余量（镗磨余量一般取 0.10～0.20mm）

计算出的修理尺寸应与修理级数相对照。若与某一修理级数相等，可按某级数修理；若与修理级数不相符，应按向上靠近大的修理级数进行气缸的修理。气缸磨损超过最大一级修理尺寸时，应镶配缸套。只要有一缸需镗、磨或更换缸套，其余各缸应同时更换，应保持发动机各缸一致性。

5）气缸修复后的检测

① 圆度及圆柱度的检查。气缸经镗、磨后，圆度及圆柱度误差应不大于 0.005mm，各缸直径之差不得超过 0.005mm。

② 配缸间隙检查。将活塞倒放入气缸中，在气缸壁与活塞之间垂直活塞销方向，插入厚 0.03mm、宽 12～15mm 的塞尺；再用弹簧秤检查拉出塞尺时的拉力，如图 2-41 所示。其拉力值与塞尺测得的间隙应符合维修手册要求。拉力过大或过小，表明气缸镗磨不足或过量。

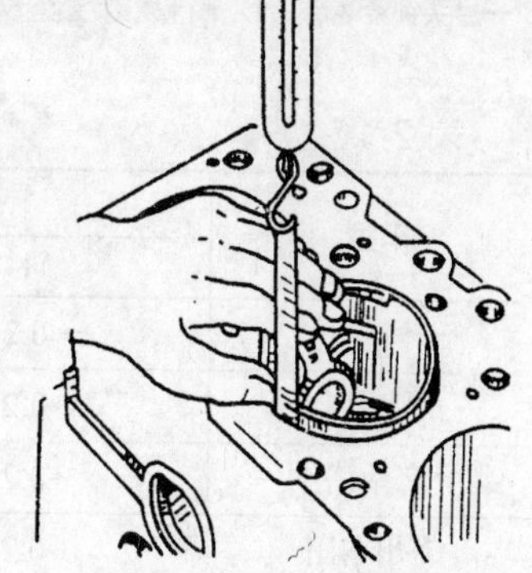

图2-41 配缸间隙检查手法图

（3）气缸的镗磨修理

镗磨气缸是指用专用的镗缸机对气缸实施镗削加工后，再对镗削后的气缸进行珩磨。目前一般都使用移动式镗缸机。图 2-42 所示为移动式 TM1 镗缸机结构示意图。图 2-43 所示为镗磨气缸工艺过程示意图。气缸镗磨工艺要点如下。

① 按气缸磨损情况计算并选择原厂规定的修理尺寸等级，按所选修理尺寸进行气缸镗削修理。有修理尺寸的气缸镗磨一般分 3～6 级，视不同机型而异，每级加大 0.25mm，几种常见车型发动机气缸修理尺寸分级见表 2-1。

② 镗削前，应先检查气缸体平面的平面度是否符合要求，并将气缸体上平面和镗缸机下平面清理干净，用定心装置使镗缸机镗杆轴线与气缸轴线重合，并用固定装置将镗缸机固定在气缸体上。检查镗削刀具，刀刃宽度一般为 0.2～0.3mm。

③ 进行气缸镗磨修理时，应先在气缸孔顶部的缸肩处进行试镗，然后测量镗出的缸径尺寸，以确定进刀量是否合适，必要时调整进刀量。第一刀和最后一刀的进刀量不宜过大，一般第一刀的进刀量为 0.05～0.07mm，最后一刀的进刀量不超过 0.05mm。

④ 气缸的镗削尺寸应比最终所要达到的缸径尺寸小，以留出珩磨余量，一般珩磨余量不大于 0.02mm。

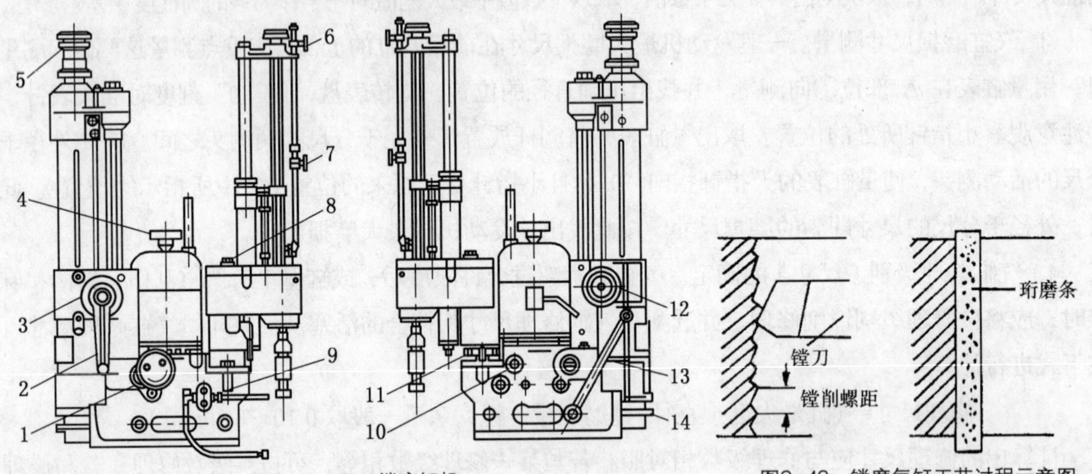

图2-42　TM1镗磨缸机

1—变速手轮　2—手摇臂　3—自动走刀离合器　4—砂轮盘　5—中心定位手轮
6、7—行程调节螺钉　8—加油孔螺钉　9—冷却油泵　10—磨缸离合手轮
11—磨头锁紧螺母　12—行程刻度盘　13—夹紧扳手　14—中心定位杆

图2-43　镗磨气缸工艺过程示意图

表 2-1　常见车型发动机气缸修理尺寸分级

车型	各级加大尺寸/mm			
	1	2	3	4
一汽捷达	+0.25	+0.50	+0.75	+1.00
天津夏利	+0.25	+0.50	—	+1.00
上海桑塔纳	+0.25	+0.50	—	+1.00
广州本田	+0.25	—	—	—

⑤ 气缸珩磨一般使用固定式珩磨机。珩磨时，应严格控制珩磨头的转速和往复速度，以保证获得理想的网纹夹角，夹角为 50°～60°。

⑥ 气缸镗磨修理后，其圆度和圆柱度误差应不大于 0.005mm，气缸壁的粗糙度应为 *Ra*0.8μm，气缸与活塞配合间隙应符合标准。

（4）气缸的镶套修理

无修理尺寸的气缸，或气缸虽有修理尺寸，但其磨损后的尺寸已接近或超过最后一级修理尺寸时，可用镶套法修理。

对无气缸套的气缸进行镶套前，必须先加工承孔，承孔内径与缸套外径采用过盈配合。对镶有干式气缸套的气缸体，应用压力机压出旧缸套，并检查承孔与待换缸套过盈量是否符合要求。干式气缸套与承孔过盈量一般为0.03～0.08mm。新缸套应使用压力机压装，压装后气缸套上平面应与气缸体上平面平齐。

对装用湿式气缸套的气缸体，更换气缸套时，只需拆旧换新，不需对承孔加工。

湿式气缸套装配后应高出气缸体上平面0.05～0.15mm，以防漏水。

3. 活塞检测与选配

（1）活塞的清洁

活塞上的积炭主要沉积在活塞顶部，活塞顶部积炭可用刮刀清除。若活塞环槽内有积炭，可用折断的旧活塞环磨制成合适的形状进行清除，但应注意不要刮伤活塞环槽底部。

（2）活塞破损和烧蚀的检查

活塞拆出后应检查其顶部有无异常，若有撞击造成的明显凹陷甚至是裂损，应及时查明故障原因，予以排除。对受损的活塞，若其顶部虽有凹陷但无裂损可继续使用，若发现有裂纹或孔洞必须更换新件。烧蚀较轻的活塞，允许继续使用，烧蚀严重时必须更换。

（3）活塞环槽磨损的检查

活塞环槽的磨损通常发生在高度方向上，第一道活塞环槽磨损最严重。活塞环槽磨损后使活塞环侧隙增大，如不及时修理或更换活塞，会导致发动机工作时烧润滑油和气缸压力下降等后果。

活塞环侧隙是指活塞环与活塞环槽在高度方向上的配合间隙。如图2-44所示，测量时，将一新活塞环放入环槽，用塞尺测量环的侧隙。若更换新活塞环后侧隙过小，可将活塞环平放在细砂布上研磨；若侧隙过大，说明环槽磨损，可将环槽车削加宽并更换加厚的活塞环，也可在活塞环上方加装组合式油环的刮油钢片，但普通发动机的活塞很便宜，一般可将活塞环与活塞一起更换。

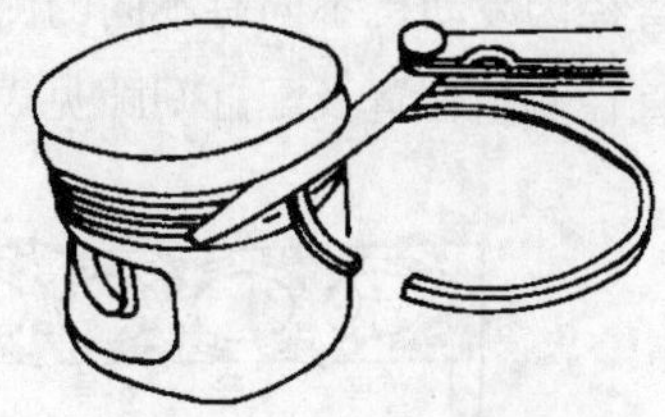

图2-44　活塞环槽磨损的检查

（4）活塞刮伤的检查

活塞刮伤一般都有明显的痕迹，轻度刮伤的活塞，如果不影响与气缸的配合间隙，允许用细砂布研磨后继续使用；刮伤严重的活塞必须更换，并根据下述情况查明故障原因。

① 活塞裙部两侧同时出现刮伤，通常是新换活塞与气缸配合间隙过小所致。

② 活塞裙部垂直活塞销方向的一侧刮伤，通常是怠速转速过低使缸壁润滑不良或发动机长期大负荷工作，而导致活塞受侧压力较大的一侧刮伤。

③ 活塞裙部两侧销座处刮伤，通常是活塞销与座孔配合过紧，受热后沿活塞销方向膨胀量过大造成。

④ 活塞与气缸配合间隙过大，将会引起第一道环槽的上部磨损或刮伤。

⑤ 刮伤部位出现在一侧活塞销座的上方，通常是连杆变形造成。

（5）活塞的测量

① 活塞的主要磨损部位是裙部，测量时用外径千分尺，在活塞销平行和垂直方向各测量一次，将测得的数值与标准尺寸相减，即为磨损量。

② 用一个 120°夹角的 V 形角架，将活塞放在其上，百分表夹装在支架上，然后使用百分表的测头接触活塞裙部，并将百分表指针调到“0”位，轻轻转动活塞，每隔 36°测量记录一次，活塞转动一周后，回到原位时观察百分表指针是否回到“0”位。根据测量数据选择最大与最小值相减，即可确定活塞的椭圆度，如图 2-45 所示。

如图 2-45 所示中，最大值：0.03+0.01=0.04（mm）

最小值：0.00+0.01=0.01（mm）

相减：0.04－0.01=0.03（mm）（椭圆度）

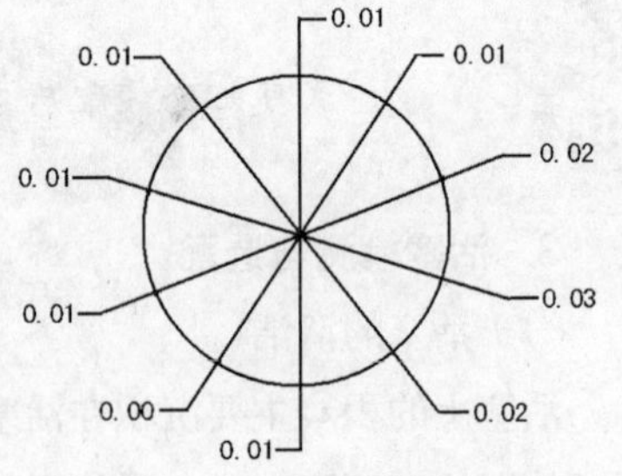

图2-45 活塞椭圆测量位置

（6）活塞的选配

1）活塞尺寸选配

活塞的修理尺寸等级是按气缸修理尺寸等级决定的。活塞的修理尺寸，大型车发动机一般分为 6 级，每级加大尺寸为 0.25mm；小型车发动机有分 3 级或 2 级的，这由制造厂设计而定。活塞的加大数值一般刻在活塞顶部，以资识别。如日本丰田凌志 LS400 轿车 IUZ-FE 发动机气缸和活塞尺寸分 3 级，用数字“1、2、3”表示，记号分别打印在气缸体上平面和活塞顶部，如图 2-46 所示，选配时应使活塞与气缸上的数字记号一致。二汽富康轿车装用的 TU32K 发动机气缸和活塞尺寸也分 3 级，更换活塞时，顶部刻有“A、B、C”标记的活塞应分别与气缸体上刻有“1、2、3”标记的气缸对应选配。

如果没有数据标记，应用外径千分尺在活塞裙部垂直于活塞销方向的规定部位进行测量，以确定活塞裙部直径和气缸直径，并计算出其配合间隙，配合间隙应符合标准。测量活塞裙部直径因发动机不同有不同的测量位置。图 2-47 所示为活塞直径的测量方法。几种常见车型活塞直径测量位置及配缸间隙见表 2-2。

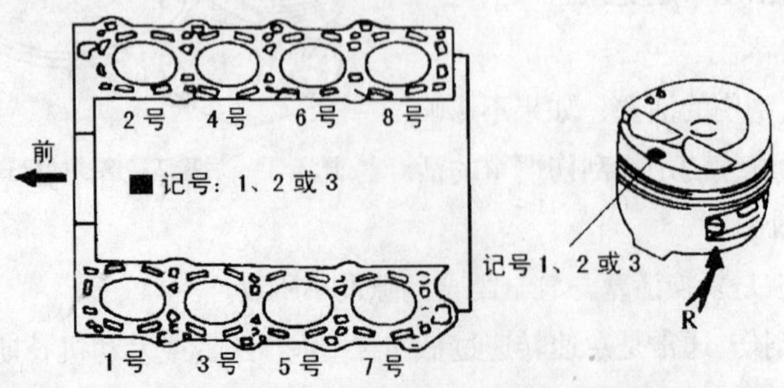

图2-46 日本丰田凌志LS400轿车IUZ-FE发动机气缸和活塞的选配

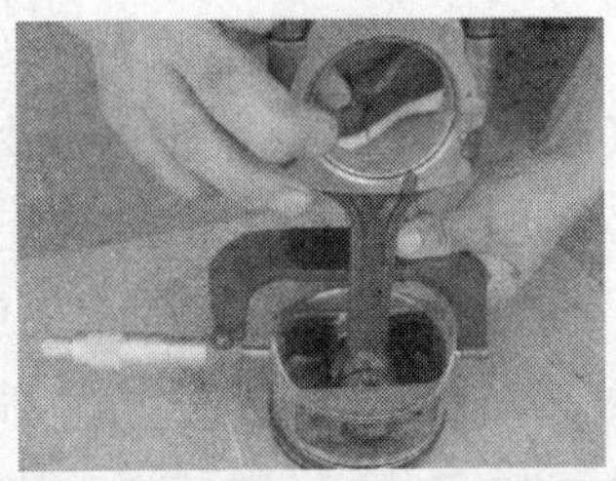
图2-47 活塞直径的测量方法

表 2-2 几种常见车型活塞直径测量位置及配缸间隙

车型	活塞直径测量位置/mm		配缸间隙/mm	
	距活塞顶尺寸	距活塞裙底尺寸	标准值	使用极限
上海桑塔纳	—	15	0.03～0.08	—
一汽奥迪、捷达	—	15	0.03～0.08	—
二汽富康	—	15	0.04～0.06	—
天津夏利	—	15	0.045～0.065	0.12
切诺基	42	—	0.023～0.043	—
广州本田	—	16	0.02～0.04	0.05
丰田凌志 LS400	49	—	0.02～0.04	0.06

2）活塞质量选配

为保证发动机的平衡，更换新活塞时必须仔细称量活塞的质量，新活塞质量与旧活塞质量应相同，即使加大尺寸的活塞也应如此。同组活塞的质量误差不应超过规定值，否则应适当车削裙部内壁下部向上到 20mm 处或重新选配。

同一台发动机上应选用同一厂牌成组的活塞，使活塞的材质、性能、质量、尺寸公差取得一致。同一组活塞的尺寸公差不得大于 0.025mm，质量差不得大于 3%。

（7）操作注意事项

① 发动机工作中，活塞与气缸进行了良好的自然磨合，在拆装时不允许各缸活塞互换。因此，从气缸内拆出活塞时，必须注意活塞顶部有无缸位标记，如果没有应作缸位标记。

③ 活塞的方向一般不能装错，在活塞顶部有箭头、缺口标记的通常应朝向发动机前方，裙部有膨胀槽的应朝向承受侧压力较小的一侧。

4. 装配与检验活塞环

（1）活塞环端隙的检修

活塞环端隙就是活塞环装入气缸后，活塞环两端头的开口间隙。

检查活塞环端隙时，将活塞环平正地放入气缸内，用活塞顶部将其推平，然后用塞尺测量开口处间隙，如图 2-48 所示。端隙过大或有其他损坏时，应重新选配活塞环。端隙过小时，应对环口的一端加以锉修。锉修时，应注意环口平整，锉后环外口应去掉毛刺，防止锋利的环口拉伤气缸。端隙的大小与气缸的直径相关，一般每 100mm 缸径的第一道环端隙为 0.25～0.45mm，其余各道环端隙为 0.20～0.40mm。

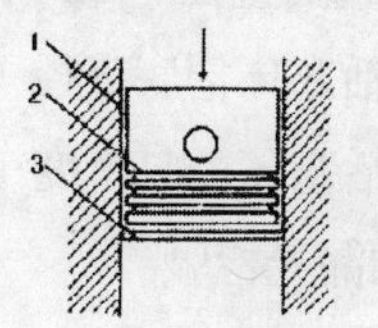

（a）装入活塞环

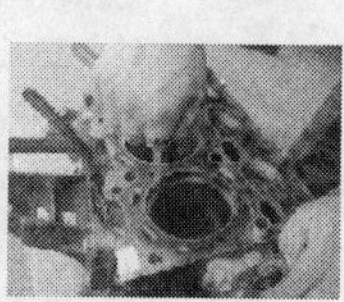
（b）测量端隙

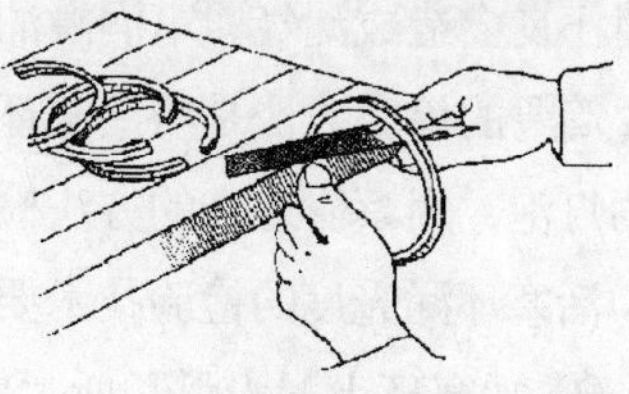
（c）修锉端口

图2-48 活塞环端隙检修示意图
1—气缸 2—活塞 3—活塞环

注意

检测活塞环端隙时，应将活塞环放到活塞环与气缸接触位置的最低处，因为活塞环接触气缸的底部磨损最小，测量数据准确性高。

（2）活塞环侧隙的检修

活塞环侧隙就是活塞环与活塞环槽上下方向上的间隙。检查活塞环侧隙时，将活塞环放入环槽内，用塞尺测量，如图 2-49 所示。如果侧隙过大，影响活塞环的密封作用，应重新选配活塞环。如果侧隙过小，活塞环受热膨胀后有可能卡死在环槽内，可以把活塞环放在铺有砂布的平板上或专用设备上进行研磨。

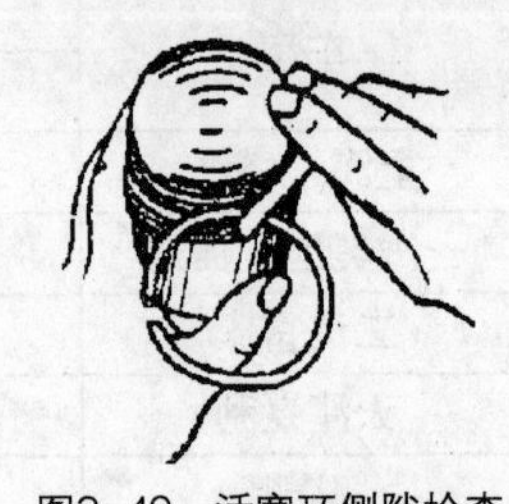
图2-49 活塞环侧隙检查

有切槽的环在修磨时，应磨没有切槽的一面。修磨时，要注意均匀用力，成“8”字形转圈磨，同时在手上不断挪动。一般第一道环侧隙为 0.05～0.09mm，其余各道环侧隙为 0.03～0.07mm。

（3）活塞环背隙的检修

活塞环背隙就是活塞环安装到活塞上放入气缸后，活塞环内圆面与环槽底之间的间隙。因此间隙难以直接测量，通常背隙以槽深与环宽之差来表示，背隙一般为活塞环低于槽岸边 0～0.35mm。若活塞环高出槽岸边，应车深环槽，防止活塞卡死在气缸内。

检验侧隙、背隙的经验做法是将活塞水平放置，以环在槽内低于槽岸边，能转动自如，无松旷感觉为合适。

计算活塞环背隙 B 的公式为

$$B=(D-A-2T)/2$$

式中：D——气缸直径（mm）；

A——活塞环槽底直径（mm）；

T——活塞环径向厚度（mm）。

（4）活塞环的漏光检验

活塞环漏光检验是选配工作中的重要环节，用它可检验活塞环与气缸壁的密封程度和接合状况，密封不良会造成漏气、窜润滑油，接合不好会造成拉缸。

简易的检验方法是将活塞环水平放入气缸内，用一盖板盖住环的内环，在气缸下部放置一个点亮的灯泡，用察看透光的方法检查活塞环与气缸壁间的密封情况，如图 2-50 所示。

活塞环漏光度的检验技术要求如下。

① 活塞环上漏光弧长所对应的圆心角，每处不得大于 25°，其漏光间隙不大于 0.03mm；同一根环上不得多于两处，总和不得大于 45°。

② 在靠近活塞环开口处两侧各 30°范围内，不允许有漏光。

（5）活塞环弹力试验

活塞环的弹力是保证气缸密封性的重要条件。但弹力过大会加速气缸磨损；过小容易产生漏气。活塞环的弹力试验器如图 2-51 所示。将活塞环置于滚轮和底座之间，并使开口处于水平位置，移动量块可沿秤杆移动，使环口间隙达到规定值时，读出秤杆上的刻度数值，以此进行比较。

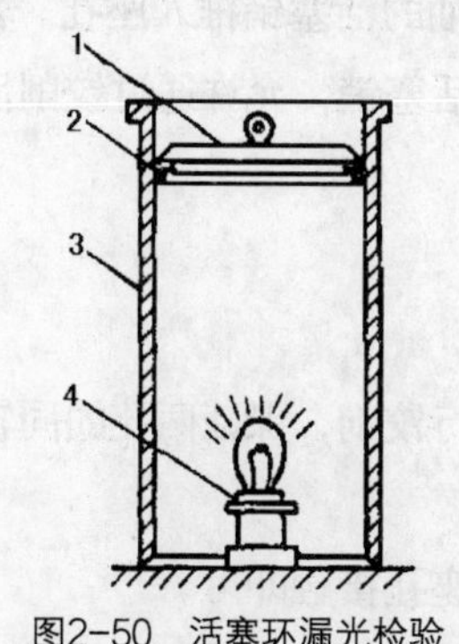

图2-50　活塞环漏光检验

1—盖板　2—活塞环　3—气缸　4-灯泡

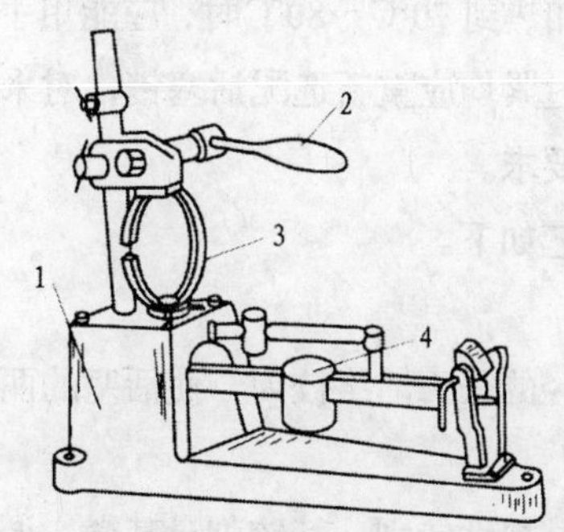

图2-51　弹力试验器

1—弹力检测仪　2—施压受柄　3—活塞环　4—量块

（6）操作注意事项

① 拆装气环应使用专用卡钳，若手工拆装活塞环时，应先用布包住活塞环开口端部，然后用两手拇指使活塞环开口张大，但应注意，不要使活塞环开口两端上下错开，以免活塞环变形或折断。

② 安装非矩形断面的气环时，应注意活塞环端面上是否有“TOP”等标记，若有，有标记的一面应向上。内切口扭曲环的切口应向上，外切口扭曲环的切口应向下。活塞环装反，会导致漏气和窜油。

③ 组合式油环的安装顺序是衬簧、上刮油钢片、下刮油钢片，衬簧接头处不能重叠过多，安装后两刮油钢片开口应相对并与衬簧接头错开 90°。

④ 活塞环开口方向的布置直接影响气缸的磨损和密封性，开口方向的布置形式很多，但最好按原车要求进行。除全裙式活塞外，一般活塞环开口不应与活塞销对正，同时开口应尽量避开做功时活塞与气缸壁接触的一侧。

5. 选配活塞销与活塞销座孔及连杆衬套

采用半浮式连接的活塞销，必须在压床上拆卸或安装，在维修中若不更换活塞，就不必拆下活塞销。采用铝合金活塞时，活塞销在常温下与座孔为过渡配合，安装时先将活塞在温度为 70℃～80℃的水中或油中加热，然后再将活塞销装入。

拆卸活塞销时，应将活塞和连杆按缸位摆放好，以免装错。同时还应注意活塞与连杆上是否有安装方向标记，如果没有应作标记，以便安装时保证其正确的方向。活塞和连杆上的安装标记如图 2-52 所示，安装活塞销时应使标记在同一侧，活塞连杆组件安装到气缸内时标记应朝向发动机前方。

（1）活塞销与活塞销座孔的选配

发动机工作中，活塞销座孔一般比活塞销更容易磨损。活塞销座孔磨损后，因修理成本较高，一般都更换活塞，并同时更换活塞销和活塞环。

更换活塞销时，活塞销应与活塞销座孔进行选配。采用半浮式连接的活塞销，将活塞放置在销座孔处于垂直方向的位置上，在常温下活塞销应能靠自重缓缓通过活塞销座孔。采用全浮式连接的活塞销，在活塞加热到 70℃～80℃时，应能用手掌心将涂有润滑油的活塞销推入座孔。若不符合上述要求，过松或过紧均应重新选配活塞销，对采用全浮式连接的活塞销，允许通过铰削活塞销座孔的方法达到配合要求。

手工铰削工艺如下。

1）选用铰刀

选用适当直径的长刃活络铰刀，使活塞的两个销孔能同时进行铰削，保证两孔的同轴度。

2）调整铰刀

第一刀作为试探性铰削，其铰削量甚微，调整刀片时，仅与座孔接触即可。

3）铰削

将铰刀柄固定在台虎钳上，双手握住活塞，轻压，顺时针方向徐徐铰动，如图 2-53 所示。铰到底，使活塞从铰刀下方脱出。

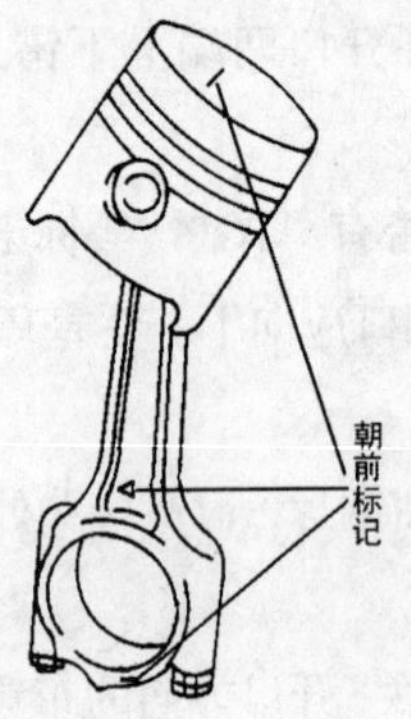

图2-52 活塞和连杆上的安装标记

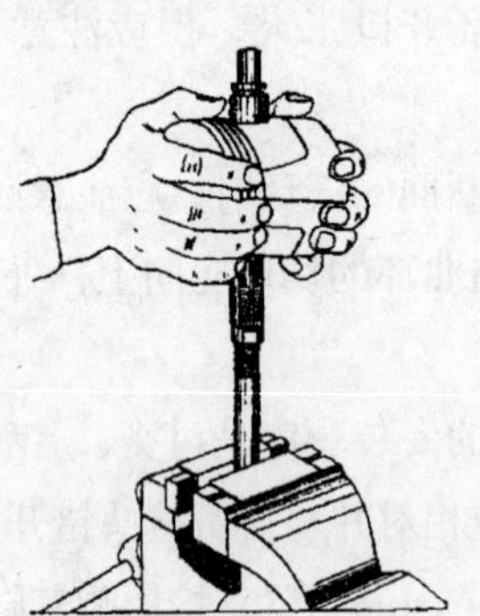

图2-53 铰削活塞销座孔

4）试配

每铰一遍，应将活塞销试配一下，当活塞销能用手推入座孔 1/3 时，应停止铰削，如图 2-54 所示，然后用木锤或铜铳头轻轻击入，根据配合松紧度检查和修刮接触面。

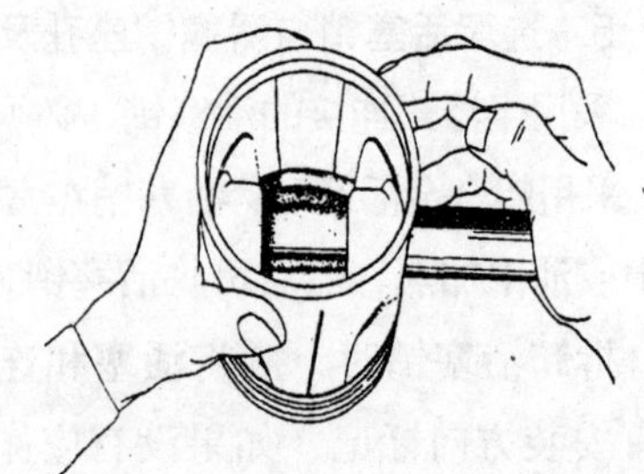

图2-54 活塞销与活塞座孔试配

5）配合

活塞销与活塞销座孔的配合，在常温下应有 0.0025～0.0075mm 的过盈量，当活塞处于 75℃～80℃时，感觉应有微量间隙。

修刮后的配合松紧度，应能用手掌击入 1/3～1/2 为宜。活塞销与活塞销孔的接触面积应在 75%以上。

6）活塞销与活塞销座孔配合松紧度的检验

① 活塞的热变形试验。活塞热变形的目的主要是检验活塞销与座孔配合松紧度是否符合技术

要求。活塞热变形的步骤如下。

a. 在常温下测量并记录活塞的长、短轴实际尺寸。

b. 将活塞放入热水中加温到 75℃～85℃。

c. 取出活塞，将活塞销涂润滑油迅速装入活塞销座孔趁热转动几圈。

d. 冷却后再测量活塞的长、短轴尺寸，与原数据比较。

活塞热变形的要求：长轴缩短，短轴变长，变化量均不超过 0.025mm。几种情况的处理方法如下。

a. 长、短轴变化不一致，以长轴变化为主。

b. 变化大，说明配合过紧，应对活塞销座孔重新修刮。

c. 无变化，说明配合过松，应换加大一级的活塞销重新铰配。

② 检查活塞销的浮动情况。在工作中，可以通过检查活塞销在活塞销座孔内的浮动程度，判定其配合情况。

a. 把活塞加温，组装活塞销及连杆。

b. 把活塞连杆组放入水中加温到 75℃～85℃，迅速取出，一手按住活塞，另一手握住并扭连杆大头，前后推拉连杆。

c. 活塞销能在活塞销座孔内浮动，说明配合符合要求。

d. 若温度达 85℃以上时，活塞销在活塞销座孔内仍不能活动，为配合过紧，应修配。

e. 若温度低于 75℃时，活塞销就开始浮动，为配合过松，应更换活塞销，重新修配。

（2）活塞销与连杆的选配

1）半浮式活塞销与连杆小头的选配

半浮式连接的活塞销与连杆小头为过盈配合，过盈量一般为 0.01～0.04mm。活塞销与连杆小头孔不允许试装，只能通过测量尺寸进行选配，如图 2-55 所示。

在装配时必须将连杆小头放在电炉内加热到 200℃左右，使销孔胀大，然后连同活塞一起装入，冷却后使活塞销固定在销孔内。工作时，活塞销只与活塞销孔转动。

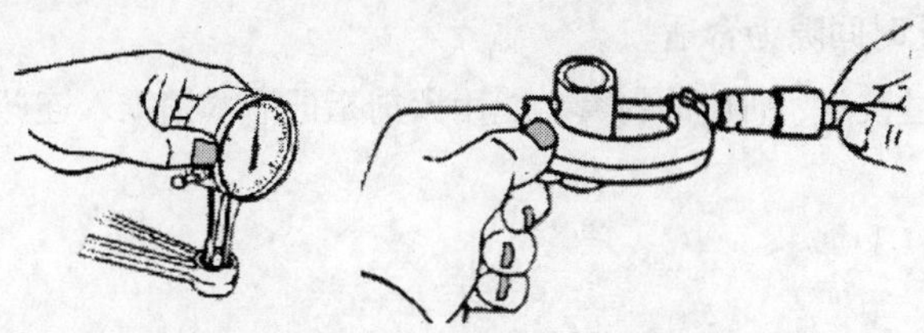

（a）测量连杆小头直径　　（b）测量活塞销外径

图2-55　半浮式活塞销与连杆小头选配

2）全浮式活塞销与连杆衬套的选配

在维修中，若活塞销与连杆衬套配合间隙过大，或更换活塞和活塞销时，必须更换连杆衬套，以保证其正常配合。连杆衬套与连杆小头孔应有适量的过盈量，以防止工作时衬套转动或轴向窜动。

新衬套可用台钳压入连杆小头，压入时，衬套倒角应朝向连杆小头倒角一侧，并将其放正，同时对正衬套的油孔和连杆小头的油孔，如图 2-56 所示，确保润滑油道畅通。

有些发动机的连杆衬套无加工余量，压装后不需修配。对有加工余量的连杆衬套，压入连杆小头后，需进行铰削修配，铰削程序如下。

① 选择铰刀。根据活塞销实际尺寸选择，将铰刀夹紧在台虎钳上，并与钳口平面保持垂直。

② 调铰刀。将连杆小端套入铰刀内，与铰刀吻合，以切削刃露出衬套 3～5mm 为宜。铰削量不得过大，以免铰削时出现摆动，铰出不正常的棱坎或喇叭口。

③ 铰削（见图 2-57）。

a. 一手握住连杆大端，均匀用力扳转；一手把持小端，并向下略施压力，进行铰削。

b. 当衬套下平面与切削刃下方相平时，停止铰削。此时，将连杆小端下压，使衬套平稳脱出铰刀。铰刀的调整量以旋转调整螺母 60°～90°为宜。

c. 在铰刀直径不变的情况下，将连杆翻转一面再铰一次。

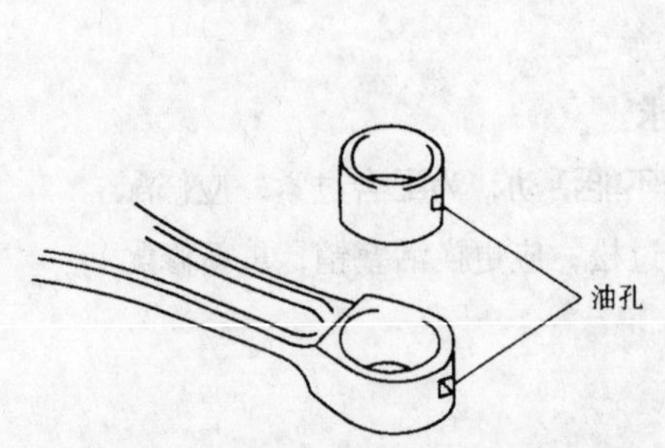

图2-56 衬套油孔和连杆小头的油孔

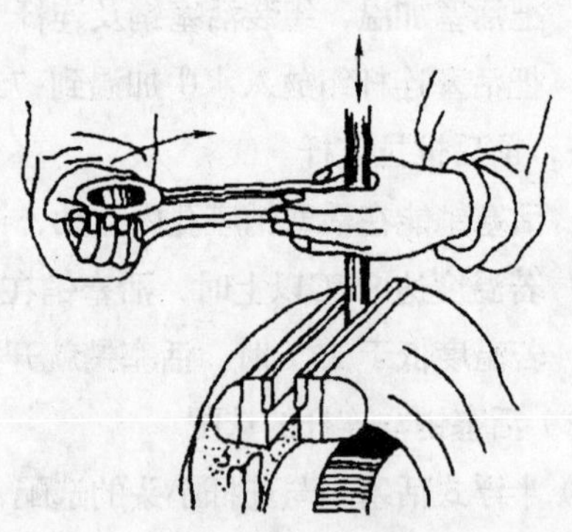

图2-57 铰削连杆衬套

d. 配对研磨。在铰削或磨削时，应留有研磨余量。如图 2-58 所示，将活塞销装入连杆衬套内配对研磨，并加少量润滑油；将活塞销夹持在台虎钳上，沿活塞销轴线方向扳动连杆，应无间隙感觉。

加入润滑油扳动时，应无“气泡”产生；把连杆置于与水平呈 75°角时，应能停住；轻轻触动连杆，应能徐徐下降，此时间隙为合适。

如图 2-59 所示，经过铰削、研磨的衬套，能用大拇指把活塞销推入连杆衬套内，此时应无间隙感觉。

注意

研磨后，活塞销与衬套接触面积应在 75%以上。

图2-58　配对研磨连杆衬套

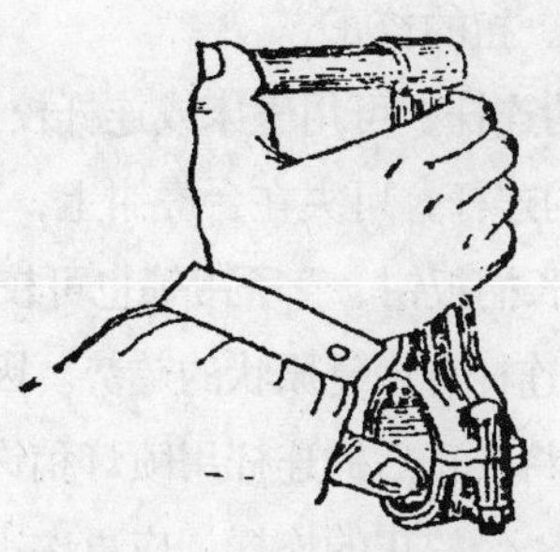

图2-59　活塞销配对间隙检查

6. 检验与校正连杆变形

（1）连杆的外观检验

① 连杆体、轴承盖等不得有裂纹和损伤。

② 轴承盖与轴承座应密合，结合面无损伤，定位槽完整无损。

③ 用塞尺检查连杆大头两端面与曲柄臂间隙应符合规定，否则应予以更换。

④ 检查连杆螺栓及螺母。如螺纹有损伤（在两扣以上），螺栓有裂痕或有明显的缺陷，螺栓拉长变形，或螺栓、螺母相互配合间隙过大，有明显松旷，应更换。

（2）连杆变形的检验

连杆弯、扭的检验在连杆检测器上进行，如图 2-60 所示。

检查连杆变形时，将连杆轴承 3 装好，活塞销装入连杆小头，再将连杆大头固定在连杆检测器的定心轴上，然后把三点式量规的 V 形槽贴紧活塞销，用塞尺测量连杆检测器平面与量规指销之间的间隙。三点式量规有 3 个指销，上面一个下面两个，3 个指销均与连杆检测器平面接触，说明连杆无变形；若量规仅上面一个指销（或下面两个指销）与检测器平面有间隙，说明连杆有弯曲变形，如图 2-60（a）所示，间隙大小反映了连杆的弯曲程度。若量规下面的两个指销与连杆检测器平面的间隙不同，说明连杆有扭曲变形，如图 2-60（b）所示，两指销的间隙反映了连杆的扭曲程度；若上述两种情况并存，说明连杆既有弯曲变形又有扭曲变形，连杆的弯曲或扭曲变形超过其允许极限时，应进行校正或更换连杆。

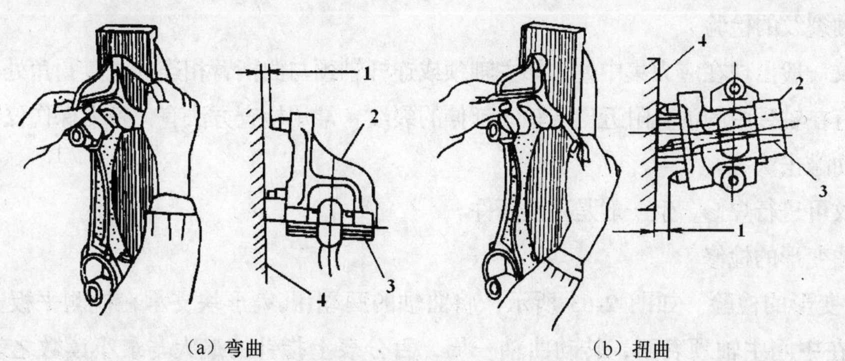

图2-60　连杆弯扭的检验

1—量规间隙　2—量规　3—活塞销　4—连杆检测器平面

（3）连杆弯、扭的校正

① 对弯曲的连杆，可用压床或连杆校正器上的校弯工具压直，如图 2-61 所示。

② 对扭曲的连杆，可夹在台虎钳上，用连杆校正器上的校扭工具校正，如图 2-62 所示。没有校正工具时，用长柄扳钳、管子钳等也可校正。在常温下校正连杆，将会发生弹性变形和后效作用，即卸去负荷后，连杆有恢复原状的趋势。因此在校正弯、扭变形较大的连杆时，校正后最好进行稳定处理。方法是将校正后的连杆用喷灯稍许加温。在校正弯、扭变形较小的连杆时，使校正负荷保持一定时间即可。经校正的连杆，应再次进行检验。如此反复进行，直至把弯、扭消除为止。

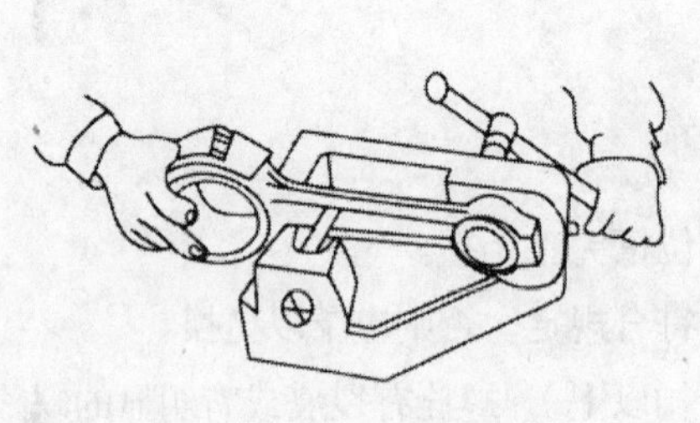

图2-61 校正连杆的弯曲

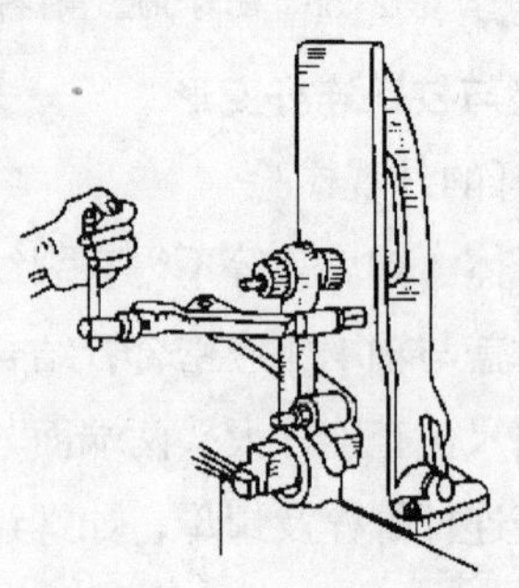

图2-62 校正连杆的扭曲

（4）连杆的选配

连杆大头内孔是与连杆盖配对装合后加工的，而且连杆装配后的质量在出厂时都有较严格的控制，为此，连杆和连杆盖的组合不能装错，一般都刻有配对标记（常用数字标记），拆装时必须注意。

连杆上的喷油孔和偏位连杆都有方向性，同时为保证连杆大头和连杆小头与配合件的配合位置，连杆的杆身上刻有朝前标记，并在连杆大头侧面刻有缸位序号，装配时不可装反，也不可装错缸位。

连杆螺栓必须根据不同发动机的要求按规定力矩拧紧。带开口销的，不可漏装开口销。

连杆应尽量成组更换。需要单只更换时，须保证连杆质量差不大于 3g。连杆、连杆螺栓及螺母的结构，要与发动机的型号相适应。

7. 检修曲轴轴颈磨损、曲轴变形

将待检测的曲轴上的油污、积炭、锈迹等彻底清洗干净。

（1）曲轴裂纹的检验

曲轴裂纹一般出现在应力集中处，如主轴颈或连杆轴颈与曲柄臂相连的过渡圆角处，表现为横向裂纹。也有在轴颈中的油孔附近出现轴向延伸的裂纹。常用检查方法有：磁力探伤仪检查、超声波探伤及浸油敲击法等。

曲轴裂纹可进行焊修，但一般是更换新件。

（2）弯曲变形的检修

① 弯曲变形的检验。如图 2-63 所示，将曲轴的两端用 V 形块支承在检测平板上；用百分表的触头抵在中间主轴颈表面，转动曲轴一周，百分表上指针的最大与最小读数之差，即为中间主轴颈对两端主轴颈的径向圆跳动误差（通常也用指针的最大与最小读数差值之半作为直线

度误差或弯曲度值)。丰田轿车发动机曲轴的直线度误差不大于 0.03 mm，否则进行冷压校正或更换曲轴。

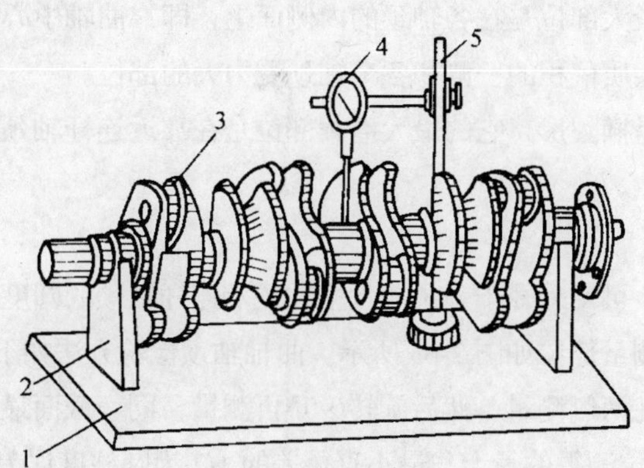

图2-63 曲轴弯曲的检查
1—平板 2—V形块 3—曲轴 4—百分表 5—百分表架

② 曲轴的冷压校正。曲轴冷压校正通常在压力机上进行。如图 2-64 所示，将曲轴放在压力机工作平板的 V 形块上，在压力机的压杆与曲轴轴颈之间垫以铜皮，防止压伤曲轴轴颈工作表面。对于钢制曲轴，压弯量应为曲轴弯曲量的 10～15 倍，并保持 1.5～2min 后再释放。弯曲变形较大时，需多次反复进行，直到符合要求。曲轴校正需进行时效处理，即将曲轴放置 10～15 天，再重新检校；或将冷压后的曲轴加热至 300℃～500℃，保持 1～1.5h。对于球墨铸铁曲轴，压校变形量不得大于变形量的 10 倍。

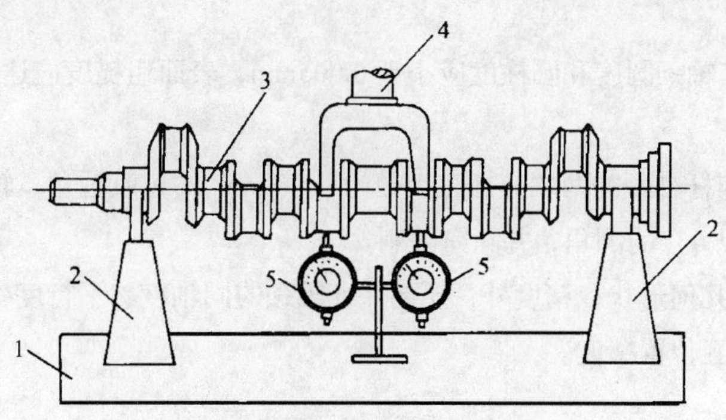

图2-64 曲轴弯曲的校正
1—平板 2—V形块 3—曲轴 4—压力机 5—百分表

(3) 扭转变形的检修

① 曲轴扭转变形的检验。将曲轴两端的主轴颈放在检测平板的 V 形块上，使曲轴上相同曲拐位置的连杆轴颈转至水平。用百分表或游标高度尺测出相对应的两个连杆轴颈的高度差Δh，利用下式近似计算曲轴变形的扭转角θ。

$$\theta=360\Delta h/27\pi R\approx 57\Delta h/R$$

式中：R——曲柄半径(mm)。

② 曲轴扭转变形的修复。由于扭转变形量一般很小，可在修磨曲轴轴颈时予以修正。

（4）轴颈磨损的检修

连杆轴颈径向磨损的最大部位是在各轴颈的内侧面上，即靠曲轴中心线一侧。沿轴线方向磨损的最大部位，一般在机械杂质偏积的一侧和各个轴颈受力大的部位。

主轴颈磨损后主要是呈椭圆形，它的最大磨损部位是在靠近连杆轴颈的一侧。沿轴向的磨损是不均匀的，一般没有规律性。

1）曲轴轴颈的检验

检验曲轴轴颈磨损量，可用外径千分尺测量主轴颈及连杆轴颈的圆度和圆柱度，判定是否需要磨修及磨修的修理尺寸，测量部位如图 2-65 所示。曲轴轴颈检验方法如下。

用外径千分尺先在油孔两侧测量，然后旋转 90° 再测量，同一截面最大直径与最小直径之差的 1/2 为圆度误差；轴颈各部位测得的最大与最小直径差的 1/2 为圆柱度误差。圆度、圆柱度误差大于 0.020mm 时，应按修理尺寸磨修。轴颈直径达到其使用极限时应更换曲轴。

2）曲轴轴颈的磨修

曲轴轴颈的磨修在专用曲轴磨床上进行，其工艺要点如下。

① 磨削曲轴前应先确定修理尺寸。一般发动机曲轴的主轴颈和连杆轴颈均有标准尺寸和级差为 0.25mm 的 2～4 级缩小修理尺寸，并配有相应尺寸的轴承，少数曲轴无修理尺寸。选择的修理尺寸应小于或等于磨削加工后可能得到的最大轴颈尺寸。

② 同一曲轴的所有轴颈应按同一级修理尺寸进行磨削，以保证曲轴的动平衡。

③ 曲轴轴颈磨削尺寸应根据选定的修理尺寸和轴承的实际尺寸进行磨削加工，并保证规定的配合间隙。

④ 曲轴磨削后，其轴颈圆度和圆柱度应小于 0.005mm，表面粗糙度应达到 *Ra*0.2μm 以上尺寸公差应不大于 0.02mm。

⑤ 曲轴主轴颈和连杆轴颈的两端应加工半径为 1～3mm 的过渡圆角，轴颈上的润滑油孔应加工 0.50～1.00mm 再乘以 45° 的倒角，并除净毛刺。

除恢复轴颈尺寸及几何形状、精度外，还要保证轴颈的同轴度、平行度、曲轴过渡圆半径及各连杆轴颈间的夹角等相互位置精度。

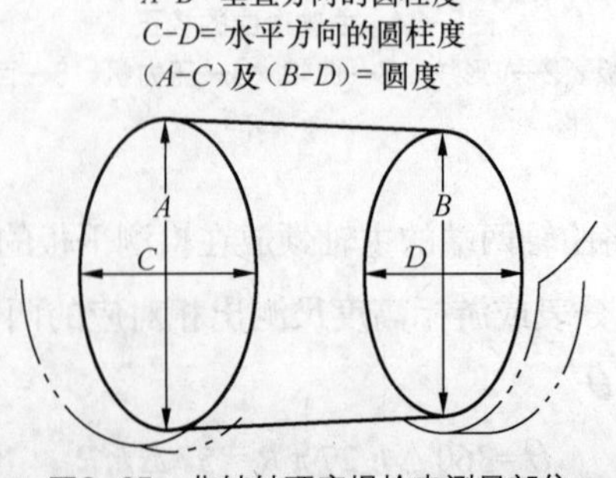

图2-65　曲轴轴颈磨损检查测量部位

（5）曲轴轴向间隙的检查与调整

检查曲轴轴向间隙时，可将百分表指针抵触在飞轮或曲轴的其他端面上，用撬棒前后撬动曲轴，百分表指针的最大摆差即为曲轴轴向间隙。也可用塞尺插入止推垫片与曲轴的承推面之间，测量曲轴的轴向间隙。

曲轴轴向间隙一般为 0.07～0.17mm，允许极限一般为 0.25mm。间隙过大或过小，可通过更换止推垫片来调整。

（6）操作注意事项

① 曲轴的材质不同，冷压校正时操作要求不同。注意防止曲轴折断或出现新的裂纹。

② 注意区分轴颈径向圆跳动误差、曲轴轴线的直线度误差及弯曲度等指标之间的关系。

③ 测量曲轴轴颈尺寸及圆度、圆柱度误差时，应与油孔错开。

8. 选配曲轴轴承

（1）轴承的外观检查

检查曲轴主轴承和连杆轴承是否有严重磨损、烧伤、刮伤或疲劳剥落等现象。图 2-66 所示为轴承的异常磨损。对于曲轴止推垫片，若发现摩擦面有拉伤、变色、翻边等现象，应更换。

（2）轴承的选配

曲轴轴承间隙超过允许极限、修磨或更换曲轴后，均需更换轴承。为保证轴承与轴颈和轴承座孔的良好配合，更换轴承时，必须进行选配。各车型的轴承选配有具体要求，选配前应注意轴承、轴承盖、曲柄和气缸体上有无数字或颜色等标记，并了解这些标记的含义，或查阅维修手册，然后再进行轴承选配。

图2-66 轴承的异常磨损

① 根据轴径的修理尺寸，选用曲轴轴径同一级修理尺寸的轴承。

② 轴承厚度应符合规定。新轴承装入座孔内，上、下两片的两端均应高于结合面 0.05 mm，保证轴承与座孔贴合紧密，提高散热效果。

③ 定位凸点完整。轴承背面光滑无斑点，表面粗糙度值应不大于 *Ra*1.25 μm。

④ 弹性合适无哑声。把新选用的轴承放入轴承座后，要求轴承的曲率半径大于轴承孔的曲率半径，以保证轴承装入轴承座后，与轴承座紧密贴合。

⑤ 更换留有镗削余量的曲轴轴承时，可将轴承按规定位置装入轴承座孔，并按规定力矩拧紧轴承盖，然后根据曲轴的修理尺寸在专用镗削机上镗削轴承。也可采用手工刮削。

⑥ 按轴颈的标准尺寸或修理尺寸成组选配时，在成组选配的主轴承或连杆轴承中，可任选一上片轴承与一下片轴承配对使用。

⑦ 有选配标记的轴承，选配时必须与气缸体和曲轴上的标记对应。

（3）连杆轴承间隙的检测

① 拆下连杆轴承盖，清洗轴承和连杆轴径。

② 如图 2-67 所示，将塑料间隙规沿轴向放置在连杆轴径或轴承上。

③ 装上连杆轴承盖，以规定的力矩拧紧，此时不得转动曲轴。

④ 重新拆下连杆轴承盖。

⑤ 将轴承盖与轴径间被压扁的塑料间隙规取出，将其压扁的宽度与印制刻度相比较，就可得出连杆轴承的径向间隙值。

⑥ 将连杆轴承盖按正常顺序装配到曲轴上，用磁座百分表测量连杆轴承盖的侧面与曲柄之间的间隙，如图 2-68 所示。最大应不超过使用极限，否则应更换连杆总成。

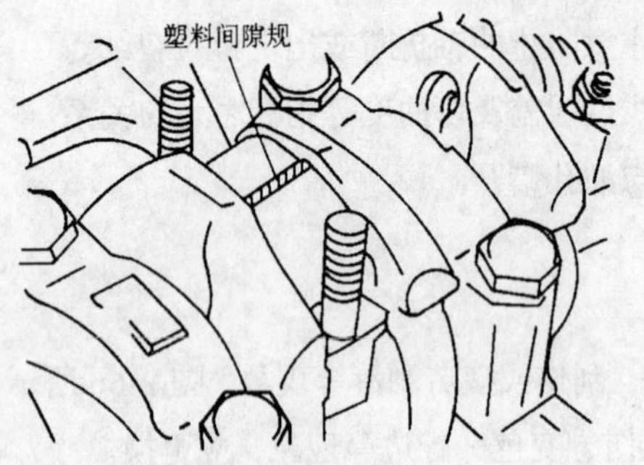

图2-67 用塑料间隙规检查连杆轴承径向间隙

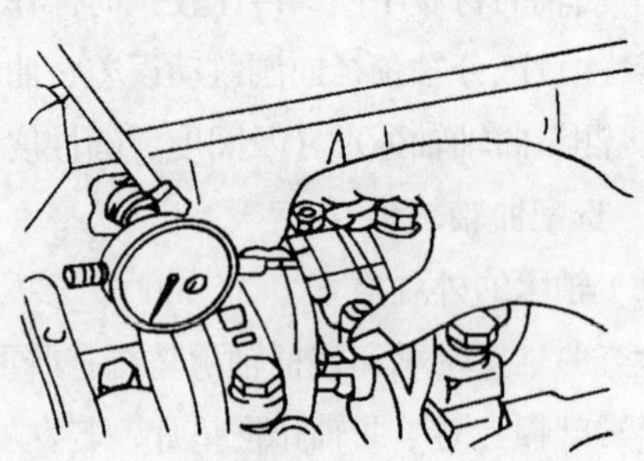
图2-68 检查连杆轴承轴向间隙

（4）曲轴主轴承间隙的检测

① 拆下曲轴主轴承盖，清洗并擦净轴承和曲轴轴径。

② 如图 2-69 所示，根据轴承宽度，沿轴向在曲轴轴径与轴承之间放上等长的塑料间隙规（方法同前）。

③ 安装轴承盖，以规定力矩拧紧，不得转动曲轴。

④ 拆下轴承盖，将轴承盖与轴径间被压扁的塑料间隙规取出，将其压扁的宽度与印制的刻度相比较，就可得出曲轴主轴承的径向间隙值。

⑤ 如图 2-70 所示，将曲轴主轴承盖按规定装合紧固，把百分表装在缸体上，用撬棍别住曲轴，使其不能转动，测量曲轴的轴向间隙，最大应不超过规定值。若此间隙超差，则应更换曲轴止推垫片。

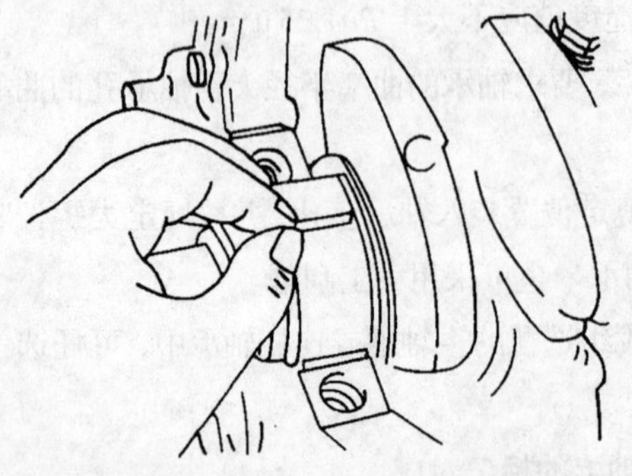
图2-69 用塑料间隙规检查曲轴主轴承径向间隙

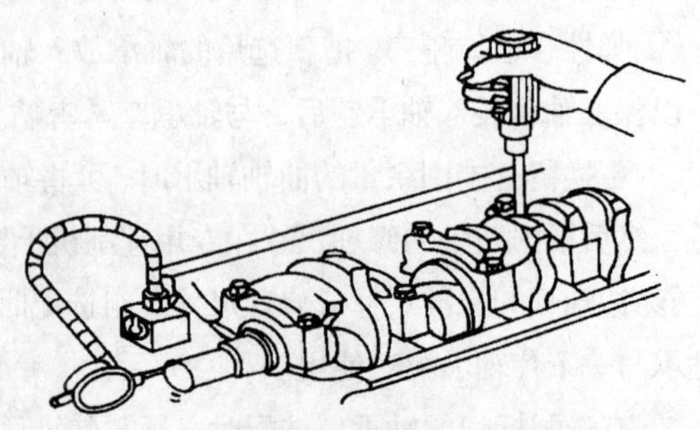
图2-70 检查曲轴主轴承轴向间隙

（5）操作注意事项

① 检测曲轴主轴承和连杆轴承的间隙时，必须严格按照规定力矩拧紧轴承盖，否则测量值

不准确。

② 在测量径向间隙时，不得转动曲轴。

③ 有些车型发动机轴承为直接选配，不允许乱配。

四、考核要点与评分标准

气缸体、气缸盖检修考核要点与评分标准见表 2-3。

表 2-3 气缸体、气缸盖检修考核要点与评分标准

<table>
<tr><th>序号</th><th>考核要点</th><th>配分</th><th>评分标准</th><th>考核记录</th><th>得分</th></tr>
<tr><td>1</td><td>正确使用工具、量具</td><td>10</td><td>工具、量具使用不当，一次扣 2 分</td><td></td><td></td></tr>
<tr><td>2</td><td>气缸体、气缸盖裂纹检查</td><td>20</td><td>检查方法不正确，一次扣 5 分</td><td rowspan="9"></td><td rowspan="10"></td></tr>
<tr><td rowspan="6">3</td><td rowspan="2">气缸体、气缸盖变形检查</td><td rowspan="2">20</td><td>检查方法不正确，一次扣 5 分</td></tr>
<tr><td>检查结果不正确，一次扣 10 分</td></tr>
<tr><td>气缸体上平面的平面度修理（口述）</td><td>20</td><td>错一处扣 5 分</td></tr>
<tr><td rowspan="2">燃烧室容积检查</td><td rowspan="2">20</td><td>检查方法不正确，一次扣 5 分</td></tr>
<tr><td>检查结果不正确，一次扣 10 分</td></tr>
<tr><td rowspan="2">4</td><td>整理工具、清理现场</td><td rowspan="2">10</td><td>违章每项扣 2 分</td></tr>
<tr><td>安全操作方面</td><td>因操作不当发生事故，记 0 分</td></tr>
<tr><td>5</td><td>分数合计</td><td>100</td><td></td><td></td></tr>
</table>

气缸磨损检修考核要点与评分标准见表 2-4。

表 2-4 气缸磨损检修考核要点和评分标准

<table>
<tr><th>序号</th><th>考核要点</th><th>配分</th><th>评分标准</th><th>考核记录</th><th>得分</th></tr>
<tr><td>1</td><td>正确使用工具、量具</td><td>10</td><td>工具、量具使用不当，一次扣 2 分</td><td></td><td></td></tr>
<tr><td>2</td><td>气缸压力检测</td><td>20</td><td>操作步骤错误，一次扣 5 分</td><td></td><td></td></tr>
<tr><td rowspan="4">3</td><td rowspan="3">气缸磨损测量与修理尺寸确定</td><td rowspan="3">40</td><td>测量方法不正确，一次扣 5 分</td><td rowspan="7"></td><td rowspan="7"></td></tr>
<tr><td>测量结果不正确，一次扣 5 分</td></tr>
<tr><td>不能确定修理尺寸扣 20 分</td></tr>
<tr><td>更换气缸套（口述）</td><td>20</td><td>错误操作一处扣 5 分</td></tr>
<tr><td rowspan="2">4</td><td>整理工具、清理现场</td><td rowspan="2">10</td><td>违章每项扣 2 分</td></tr>
<tr><td>安全操作方面</td><td>因操作不当发生事故，记 0 分</td></tr>
<tr><td>5</td><td>分数合计</td><td>100</td><td></td></tr>
</table>

活塞检测与选配考核要点与评分标准见表 2-5。

表 2-5 活塞检测与选配考核要点与评分标准

<table>
<tr><th>序号</th><th>考核要点</th><th>配分</th><th>评分标准</th><th>考核记录</th><th>得分</th></tr>
<tr><td>1</td><td>正确使用工量具</td><td>10</td><td>工具、量具使用不当，一次扣2分</td><td></td><td rowspan="9"></td></tr>
<tr><td>2</td><td>活塞质量检测</td><td>20</td><td>操作步骤错误，一次扣5分</td><td></td></tr>
<tr><td rowspan="3">3</td><td rowspan="2">活塞直径检测与配缸间隙测试</td><td rowspan="2">30</td><td>测量方法不对，一次扣5分</td><td rowspan="2"></td></tr>
<tr><td>测量结果不对，一次扣5分</td></tr>
<tr><td>活塞拆装规范</td><td>20</td><td>错误一项扣5分</td><td></td></tr>
<tr><td>4</td><td>口述</td><td>10</td><td>错误一项扣5分</td><td rowspan="3"></td></tr>
<tr><td rowspan="2">5</td><td>整理工具、清理现场</td><td rowspan="2">10</td><td>违章每项扣2分</td></tr>
<tr><td>安全操作方面</td><td>因操作不当发生事故，记0分</td></tr>
<tr><td>6</td><td>分数合计</td><td>100</td><td></td><td></td></tr>
</table>

活塞环检测与选配考核要点和评分标准见表 2-6。

表 2-6 活塞环检测与选配考核要点和评分标准

<table>
<tr><th>序号</th><th>考核要点</th><th>配分</th><th>评分标准</th><th>考核记录</th><th>得分</th></tr>
<tr><td>1</td><td>正确使用工具、量具</td><td>10</td><td>工量具使用不当，一次扣2分</td><td></td><td rowspan="10"></td></tr>
<tr><td rowspan="3">2</td><td>活塞环端隙测量</td><td>15</td><td>操作步骤错误，一次扣5分</td><td rowspan="3"></td></tr>
<tr><td>活塞环侧隙测量</td><td>15</td><td>操作步骤错误，一次扣5分</td></tr>
<tr><td>活塞环背隙测量</td><td>15</td><td>操作步骤错误，一次扣5分</td></tr>
<tr><td rowspan="2">3</td><td>活塞环漏光度测试</td><td>10</td><td>测量方法不正确，一次扣5分</td><td rowspan="2"></td></tr>
<tr><td>活塞环弹力测试</td><td>10</td><td>测量结果不正确，一次扣5分</td></tr>
<tr><td>4</td><td>口述</td><td>15</td><td>错误一项扣5分</td><td></td></tr>
<tr><td rowspan="2">5</td><td>整理工具、清理现场</td><td rowspan="2">10</td><td>违章每项扣2分</td><td rowspan="2"></td></tr>
<tr><td>安全操作方面</td><td>因操作不当发生事故，记0分</td></tr>
<tr><td>6</td><td>分数合计</td><td>100</td><td></td><td></td></tr>
</table>

活塞销与活塞销座孔及连杆衬套的选配考核要点和评分标准见表 2-7。

表 2-7 活塞销与活塞销座孔及连杆衬套的选配考核要点和评分标准

<table>
<tr><th>序号</th><th>考核要点</th><th>配分</th><th>评分标准</th><th>考核记录</th><th>得分</th></tr>
<tr><td>1</td><td>正确使用工量具</td><td>10</td><td>工量具使用方法不当，一次扣5分</td><td></td><td rowspan="4"></td></tr>
<tr><td rowspan="3">2</td><td>活塞销座孔铰削</td><td>30</td><td>选择铰刀不正确，扣10分
调整铰刀方法不正确，扣5分
铰削方法不正确，扣5分
铰削质量不合格，扣10分</td><td></td></tr>
<tr><td rowspan="2">活塞销与活塞销座孔配合检验</td><td rowspan="2">10</td><td>检验方法不正确，扣5分</td><td></td></tr>
<tr><td>检验结果不正确，扣10分</td><td></td></tr>
</table>

续表

序号	考核要点	配分	评分标准	考核记录	得分
3	连杆衬套的选配	10	选配方法不正确，扣5分 压入衬套方法不正确，扣5分		
	连杆衬套铰削	30	选择铰刀不正确，扣10分 调整铰刀方法不正确，扣5分 铰削方法不正确，扣5分 铰削质量不合格，扣10分		
4	整理工具、清理现场	10	违章每项扣2分		
	安全操作方面		因操作不当发生事故，记0分		
5	分数合计	100			

检验与校正连杆变形的考核要点和评分标准见表2-8。

表2-8 检验与校正连杆变形的考核要点和评分标准

序号	考核要点	配分	评分标准	考核记录	得分
1	正确使用工具、量具	10	工具、量具使用方法不当，一次扣2分		
2	连杆弯曲、扭曲变形的检验	30	检验方法不正确，一次扣5分		
			检验结果不正确，一次扣5分		
	连杆弯曲、扭曲变形的校正（连杆的形状误差符合要求时可口述校正过程）	40	校正方法不正确，扣30分		
			校正质量不符合技术要求，扣10分		
3	外观检查	10	检查不出所存在缺陷，每项扣5分		
4	整理工具、清理现场	10	违章每项扣2分		
	安全操作方面		因操作不当发生事故，记0分		
5	分数合计	100			

曲轴检修的考核要点和评分标准见表2-9。

表2-9 曲轴检修的考核要点和评分标准

序号	考核要点	配分	评分标准	考核记录	得分
1	正确使用工具、量具	10	工具、量具使用方法不当，一次扣2分		
2	曲轴支撑	10	支撑位置错误，扣3分		
			调整方法错误，扣3分		
			调整有误差，扣2分		
	测量轴颈并确定修理尺寸	20	测量方法错误，扣10分		
			修理尺寸确定错误，扣10分		
3	测量曲轴弯曲变形	20	测量方法错误，扣10分		
			测量结果错误，扣10分		

续表

序号	考核要点	配分	评分标准	考核记录	得分
4	测量曲轴扭转变形	20	测量方法错误，扣10分		
			测量结果错误，扣10分		
5	曲轴轴向间隙调整	10	测量方法错误，扣5分		
			调整方法错误，扣5分		
6	整理工具、清理现场	10	违章每项扣2分		
	安全操作方面		因操作不当发生事故，记0分		
7	分数合计	100			

曲轴轴承检修的考核要点和评分标准见表2-10。

表2-10 曲轴轴承检修的考核要点和评分标准

序号	考核要点	配分	评分标准	考核记录	得分
1	正确使用工具、量具	10	工具、量具使用方法不当，一次扣2分		
2	轴承的外观检验与选配	20	外观检验错误，扣10分		
			选配错误，扣10分		
	连杆轴承径向间隙的检测	10	测量方法错误，扣5分		
			测量结果错误，扣5分		
3	连杆轴承轴向间隙的检测	20	测量方法错误，扣10分		
			测量结果错误，扣10分		
4	曲轴主轴承径向间隙的检测	10	测量方法错误，扣5分		
			测量结果错误，扣5分		
5	曲轴主轴承轴向间隙的检测	20	测量方法错误，扣10分		
			调整方法错误，扣10分		
6	整理工具、清理现场	10	违章每项扣2分		
	安全操作方面		因操作不当发生事故，记0分		
7	分数合计	100			

五、小结

本项目详细介绍了汽车发动机曲柄连杆机构各零部件结构及作用，检修气缸体和气缸盖裂纹、平面翘曲变形的检修方法，燃烧室容积检测方法，缸体、缸盖螺纹孔损坏的修理方法，水道口腐蚀的如何修理，气缸压力的测量与分析，气缸磨损的测量，气缸的镗磨、镶套修理方法，活塞损伤检修方法及项目，活塞环装配与检验，选配活塞销与活塞销座孔及连杆衬套方法及注意事项，检验与校正连杆变形方法，检修曲轴轴颈磨损、曲轴变形方法及注意事项，选配曲轴轴承方法及注意事项等。

六、习题及思考题

1. 如何检查气缸体裂纹？气缸体裂纹如何修理？
2. 如何检查气缸体上平面的平面度误差？如何修理？
3. 如何测量燃烧室容积？燃烧室容积怎样调整？
4. 气缸体、气缸盖螺纹孔损坏如何修理？
5. 如何测量气缸工作压力？
6. 如何检查气缸磨损？如何确定气缸修理尺寸级别？
7. 如何进行气缸镗、磨修理？
8. 如何对气缸进行镶套修理？
9. 如何对活塞磨损情况进行检测？
10. 如何进行活塞与气缸配合间隙测试？
11. 活塞与气缸选配的目的是什么？如何进行选配？
12. 如何进行活塞环端隙、侧隙和背隙检测？如不符合要求如何修理？
13. 如何检测活塞环的弹力？
14. 如何进行活塞环漏光度检测？
15. 活塞销与活塞销座孔如何选配？
16. 活塞销与活塞销座孔配合松紧度如何检验？
17. 半浮式活塞销与连杆小头如何选配？
18. 全浮式活塞销与连杆衬套如何选配？
19. 如何进行连杆变形的检验？
20. 如何对连杆弯曲、扭曲进行校正？
21. 连杆装配时应注意哪些问题？
22. 如何对曲轴裂纹进行检测？
23. 如何对曲轴弯曲变形进行检测？
24. 如何对曲轴扭转变形进行检测？
25. 如何对曲轴轴颈磨损进行检测？
26. 如何检查曲轴的轴向间隙？
27. 如何对曲轴轴承进行选配？
28. 如何对连杆轴承轴向间隙进行检测？
29. 如何对连杆轴承径向间隙进行检测？
30. 如何对曲轴主轴承轴向间隙进行检测？
31. 如何对曲轴主轴承径向间隙进行检测？

项目三

| 配气机构检修 |

一、项目要求

1. 掌握配气机构的结构及工作原理。
2. 掌握气门组各零部件的检测方法和修理要求。
3. 掌握气门传动组各零部件的检测方法和修理要求。
4. 掌握配气机构中气门间隙的检验与调整方法。

二、相关知识

（一）概述

配气机构的功用是按照发动机每个气缸内所进行的工作循环和发火次序的要求，定时开启和关闭气缸的进、排气门，使新鲜可燃混合气（汽油机）或空气（柴油机）得以及时进入气缸，废气得以及时从气缸排出。配气机构是由曲轴通过传动机构驱动。

发动机配气机构的基本组成可分为气门组和气门传动组两个部分。气门组主要零件包括气门、气门座、气门弹簧、气门导管等。气门传动组包括驱动气门动作的所有零件，其组成因配气机构的形式不同而不同，主要零件包括正时齿轮（正时链轮和链、正时带轮和传动带）、凸轮轴、气门挺杆、推杆、摇臂轴、摇臂等。

由于四冲程发动机每完成一个工作循环曲轴转两圈，各个气缸进、排气门各开闭一次，所以，一个工作循环当中凸轮轴只需转一圈，因此曲轴与凸轮轴的传动比为 2：1。

发动机配气机构形式多种多样，其主要区别在于气门布置形式和数量、凸轮轴布置形式和驱动方式。

① 根据气门安装位置不同分为气门顶置式配气机构、气门侧置式配气机构和气门下置式配气机构。

② 按凸轮轴布置位置分为凸轮轴下置、凸轮轴中置和凸轮轴下置。

③ 按每缸气门数目分为二气门式和四气门式。

（二）主要零部件介绍

1. 气门与气门座圈

气门分进气门和排气门，构造基本相同。气门由头部与杆部两部分组成，如图 3-1 所示。气门头部的作用是与气门座配合，对气缸进行密封；杆部则与气门导管配合，为气门的运动起导向作用。

气门头部形状有平顶、喇叭形顶和球面顶，如图 3-2 所示。平顶结构的气门具有结构简单、制造方便、受热面积小等优点，多数发动机的进气门和排气门均采用此形状的气门。喇叭顶气门的进气阻力小，质量轻，适合作进气门。球面顶气门的排气阻力小，耐高温能力强，适合作排气门。

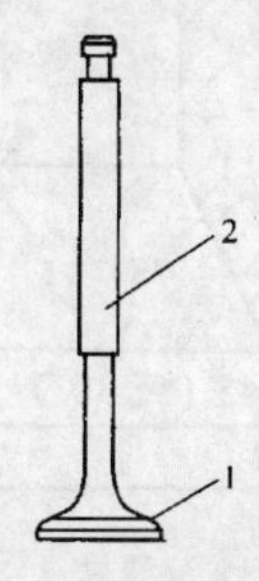

图3-1 气门的组成
1—头部 2—杆部

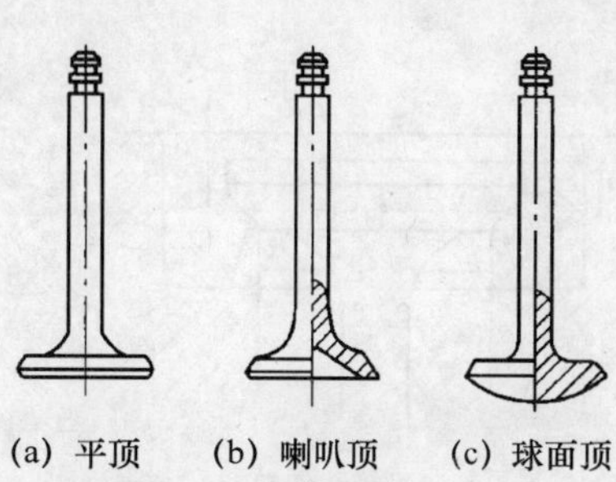

图3-2 气门头部形状

气门头部与气门座接触的工作面称气门密封锥面，该密封锥面与气门顶平面的夹角称为气门锥角，如图 3-3 所示。气门锥角一般为 45°，有些发动机的进气门锥角为 30°。进气门与排气门的头部直径一般不等，进气门头部直径较大。

气门杆部为圆柱形，在靠近尾部处加工有环形槽或锁销孔，以便用锁片或锁销固定气门弹簧座，固定方式如图 3-4 所示。锁片式固定方式的气门杆上有环形槽，外圆为锥形、内孔有环形凸台的锁片分成两半，气门组装配到气缸盖上后，锁片内孔环形凸台卡在气门杆上的环槽内，在气门弹簧作用下，锁片外圆锥面与气门弹簧座锥形内孔配合，使气门弹簧座固定。锁销式固定方式则是将锁销插入气门杆上的孔内，由于锁销长度大于气门弹簧座孔径，所以可使气门弹簧座固定。

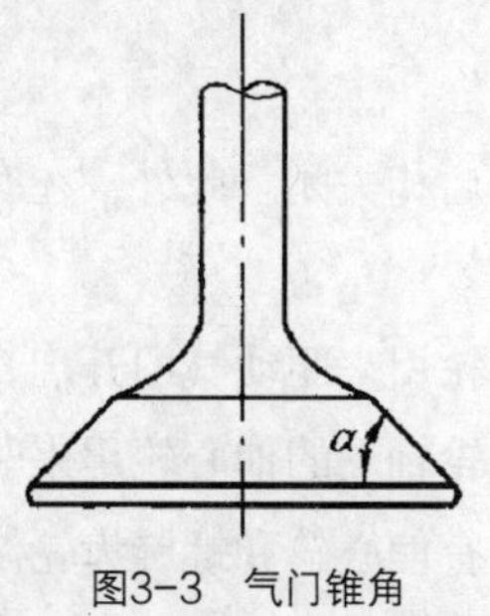

图3-3 气门锥角

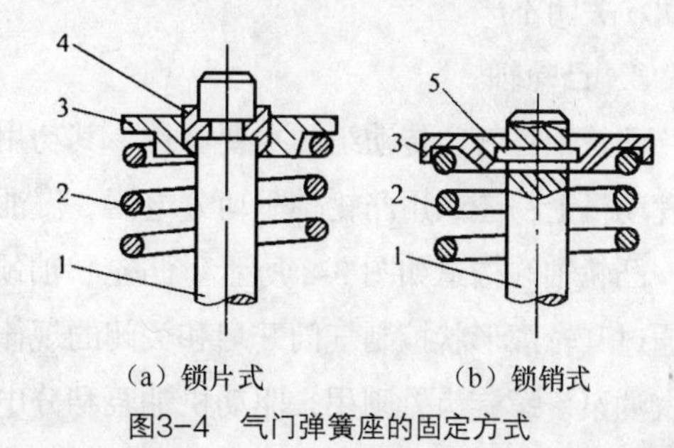

图3-4 气门弹簧座的固定方式
1—气门杆 2—气门弹簧 3—气门弹簧座 4—锁片 5—锁销

进、排气道口直接与气门密封锥面接触的部位称气门座，如图 3-5 所示。气门座与气门配合，使气缸密封。

多数发动机的气门座单独制成座圈，然后压装到燃烧室内的进排气道口处，气门座圈与座孔有足够的过盈配合量，以防止发动机工作时气门座脱落。

为保证气门与气门座可靠密封，气门座上加工有与气门相适应的锥面，气门座的锥面包括三部分，如图 3-6 所示，45°（或 30°）锥面是与气门密封锥面配合的工作面，宽度 b 为 1～3mm，15°锥面和 75°锥面是用来修正工作面位置和宽度的。

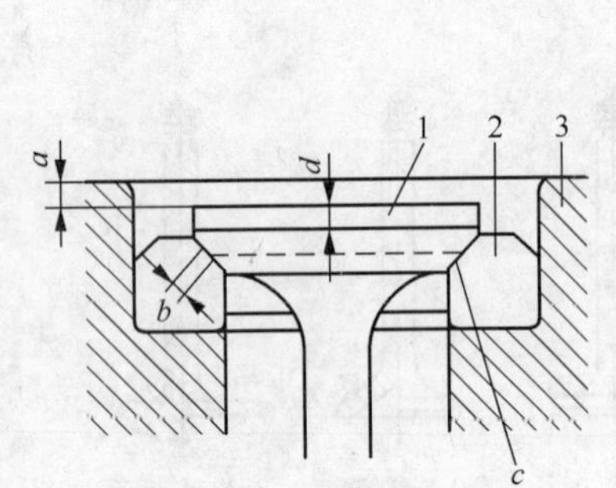

图3-5 气门导管及气门座

1—气门导管 2—卡环 3—气缸盖 4—气门座

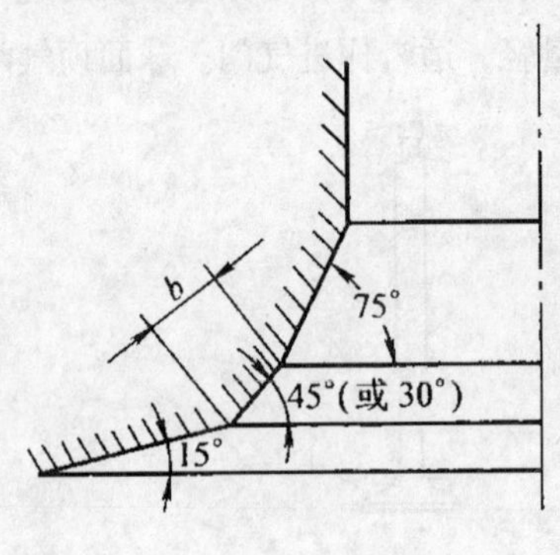

图3-6 气门座锥面

2. 气门导管

气门导管的功用是给气门的运动导向，并将气门杆所承受的热量传给气缸盖。

如图 3-7 所示，气门导管为一空心管状结构，气门导管压装在气缸盖上的导管孔中，其外圆柱面与导管孔的配合有一定的过盈量，以保证良好的传热性能和防止松脱。有些发动机为防止气门导管脱落，利用卡环对气门导管定位。气门导管的下端伸入气道，为减少对气流造成的阻力，伸入气道的部分制成锥形。

气门导管内孔与气门杆之间为间隙配合，为防止润滑油从气门杆与气门导管的间隙中漏入燃烧室，在气门导管的上端安装气门油封。

气门杆与气门导管在工作中因相互摩擦而产生磨损，使它们的配合间隙增大，造成气门工作时摆动，关闭不严。

3. 凸轮轴

凸轮轴是气门传动组的主要零件，其功用主要是利用凸轮控制气门的开启和关闭。此外，在有些发动机上，还利用凸轮轴驱动分电器、汽油泵和机油泵。

凸轮轴的构造如图 3-8 所示。凸轮和轴颈是凸轮轴的基本组成部分，凸轮用来驱动气门开启，并通过其轮廓形状控制气门开启和关闭的规律，轴颈则用来支承凸轮轴。凸轮轴上的偏心轮用来驱动汽油泵，螺旋齿轮则用来驱动机油泵和分电器，有些发动机的凸轮轴上没有偏心轮和螺旋齿轮。凸轮轴的前端用以安装正时齿轮（正时链轮或正时带轮）。

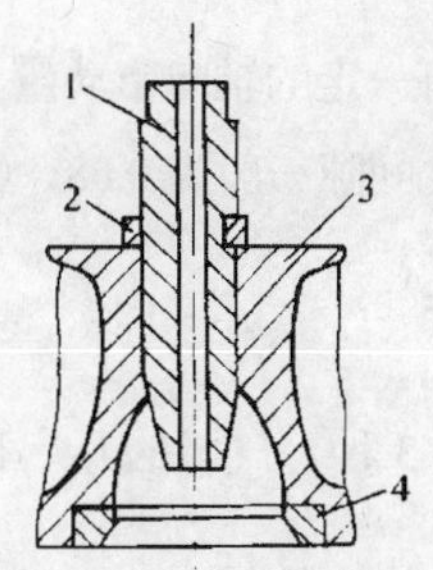

图3-7　气门导管及气门座

1—气门导管　2—卡环　3—气缸盖　4—气门座

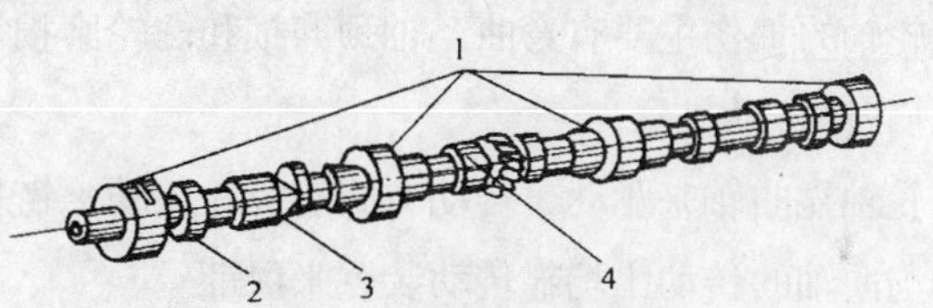

图3-8　凸轮轴的构造

1—轴颈　2—凸轮　3—偏心轮　4—螺旋齿轮

每根凸轮轴上的凸轮数量因发动机结构形式而异，如直列六缸发动机，只装有一根凸轮轴，每个凸轮只驱动一个气门，每缸采用一进、一排两个气门，所以凸轮轴上有 12 个凸轮。凸轮可分为两类：驱动进气门的进气凸轮和驱动排气门的排气凸轮。各缸的进气凸轮（或排气凸轮）称同名凸轮，以直列发动机为例，从凸轮轴前端看，同名凸轮的相对角位置按各缸做功顺序逆凸轮轴转动方向排列，夹角为做功间隔角的一半，做功顺序为 1—3—4—2 的直列四缸发动机和做功顺序为 1—5—3—6—2—4 的直列六缸发动机同名凸轮相对角位置如图 3-9 所示，根据这一规律可按凸轮轴转动方向和同名凸轮位置判断发动机做功顺序。异名凸轮相对角位置与凸轮转动方向及发动机的配气相位有关。

凸轮的轮廓形状决定着气门的最大升程、气门开启和关闭时的运动规律及持续时间。凸轮的轮廓形状是由制造厂根据发动机工作需要设计的。

在下置凸轮轴式配气机构和侧置凸轮轴式配气机构中，安装凸轮轴的座孔和压装在座孔内的凸轮轴轴承一般为整体式，为拆装方便，凸轮轴轴颈直径由前至后逐渐减小。在顶置凸轮轴式配气机构中，安装凸轮轴的座孔和凸轮轴轴承一般为剖分式，凸轮轴各轴颈直径相等。有些凸轮轴的轴颈上加工有不同形状的油槽或油孔，如图 3-10 所示，这些油槽或油孔用来贮存润滑油或作为润滑油通道。

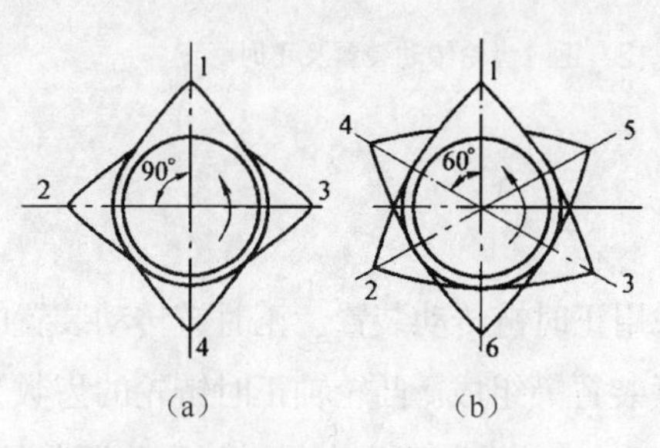

图3-9　同名凸轮相对角位置

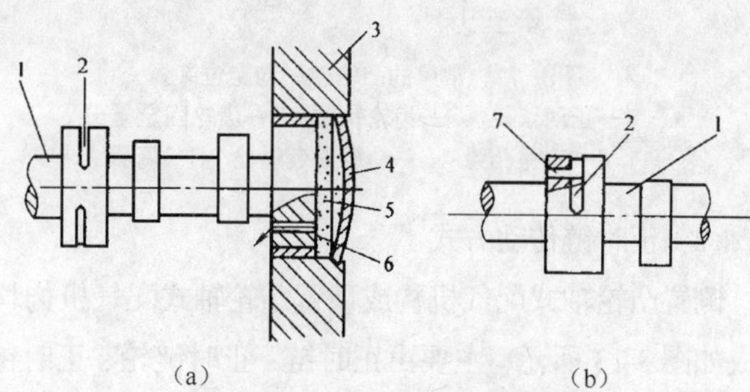

图3-10　凸轮轴轴颈上的油槽和油孔

1—凸轮轴　2—节油槽　3—气缸体　4—油堵

5—空腔　6—泄油孔　7—油孔

为防止凸轮轴发生轴向窜动，凸轮轴都设有轴向定位装置。常见的凸轮轴轴向定位装置如图 3-11 所示，在凸轮轴第一道轴颈与正时齿轮之间装有隔圈，止推凸缘松套在隔圈外面并用螺栓固定在气缸体上，这样当凸轮轴发生轴向窜动时，止推凸缘顶靠住正时齿轮的轮毂或凸轮轴第一道轴颈的端面，即起到了轴向定位的作用。为保证凸轮轴的正常转动，允许凸轮轴有一定的轴向窜动量，所以隔圈的厚度略大于止推凸缘的厚度，两者的差值即为凸轮轴的轴向间隙，此间隙一般为 0.08～0.20mm。

凸轮轴的损伤主要有弯曲、轴颈磨损和凸轮磨损等。

4. 正时传动装置

凸轮轴靠曲轴来驱动，传动方式有齿轮传动、链传动和带传动 3 种。气门的开启和关闭时刻、凸轮轴与曲轴的传动比均靠传动装置来保证。

（1）正时齿轮传动装置

正时齿轮传动具有传动平稳、可靠、不需调整等优点，下置凸轮轴式配气机构一般都采用此种传动装置。正时齿轮分别安装在曲轴和凸轮轴的前端，用螺栓或螺母固定，齿轮与轴靠键传动。为减小传动噪声，正时齿轮一般采用斜齿轮且用不同的材料制成，通常曲轴上的小齿轮用金属材料制造，而凸轮轴上的大齿轮用非金属材料制造。凸轮轴正时齿轮的齿数为曲轴正时齿轮的两倍，传动比为 2∶1。为保证气门的开启和关闭时刻正确，装配时，应对正两正时齿轮上的正时标记，如图 3-12 所示。

有些侧置凸轮轴式发动机也采用正时齿轮传动装置，但由于凸轮轴离曲轴较远，中间通常加入惰轮传动。装配时，两个正时齿轮与中间惰轮之间的两个正时标记必须对正。

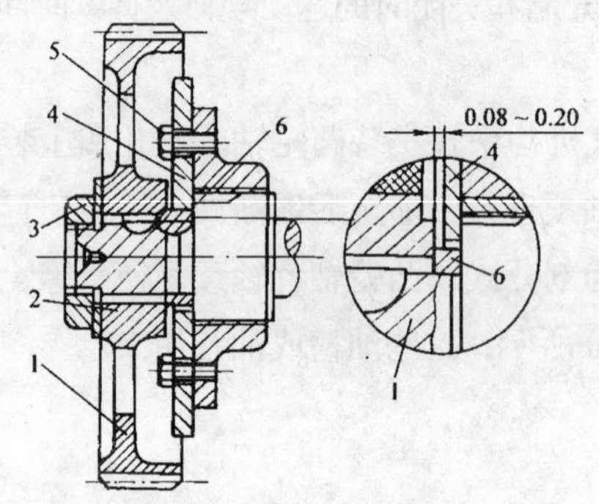

图3-11 常见的凸轮轴轴向定位装置
1—正时齿轮 2—齿轮轮毂 3—齿轮固定螺母
4—止推凸缘 5—凸缘安装螺栓 6—隔圈

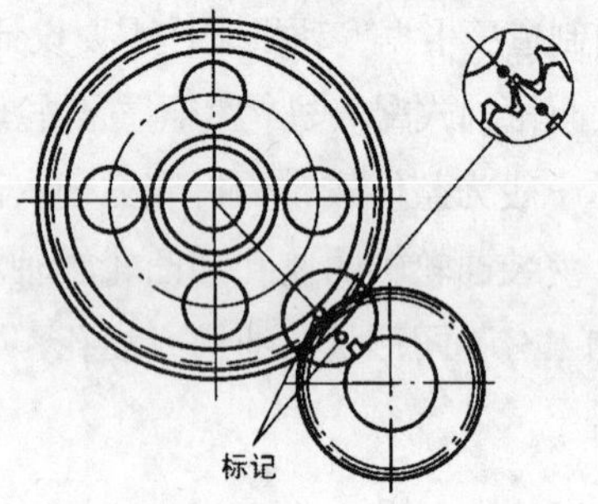

图3-12 正时齿轮传动装置及正时标记

（2）正时链传动方式

侧置凸轮轴式配气机构或顶置凸轮轴式配气机构均可采用正时链传动装置。正时链传动装置的组成如图 3-13 所示，主要由正时链、正时链轮、正时链张紧装置等组成。凸轮轴正时链轮的齿数为曲轴正时链轮的两倍，传动比为 2∶1。为防止正时链抖动，正时链传动装置设有导链板和张紧装置。导链板采用橡胶导向面为链导向，一般应与链一起更换。张紧装配使正时链保持一定的紧度，可分为机械式和液压式两种，应用较多的是液压式正时链张紧装置，当发动机工作时，利用润滑油压力推动液压缸活塞，使张紧链轮压紧正时链。

采用正时链传动装置的配气机构，正时标记多种多样，装配时应特别注意。常用的正时方法有对正两链轮上的标记、在两链轮标记之间保持一定的链节数、对正链与链轮上的标记、一缸活塞处于压缩上止点时对正凸轮轴链轮与缸盖或缸体上的标记共 4 种。

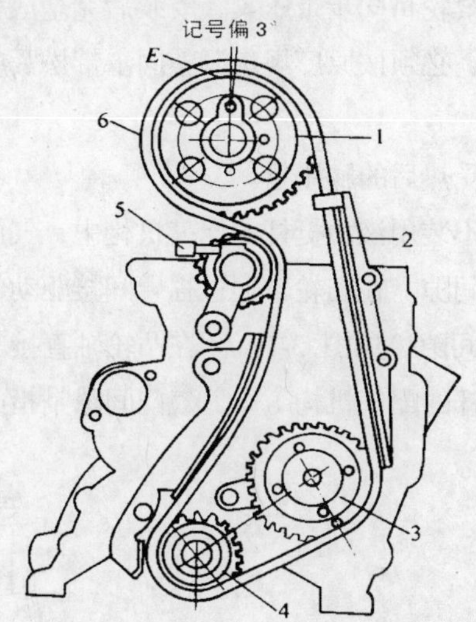

图3-13　正时链传动装置的组成

1—凸轮轴正时链轮　2—导链板　3—机油泵链轮

4—曲轴正时链轮　5—正时链张紧装置　6—正时链

（3）正时带传动装置

正时带传动装置主要由同步带、同步带轮和张紧轮等组成，如图 3-14 所示。张紧轮靠弹簧压紧同步带，张紧轮也起到对同步带轴向定位的作用。凸轮轴同步带轮的直径等于曲轴同步带轮直径的两倍，传动比为 2∶1。

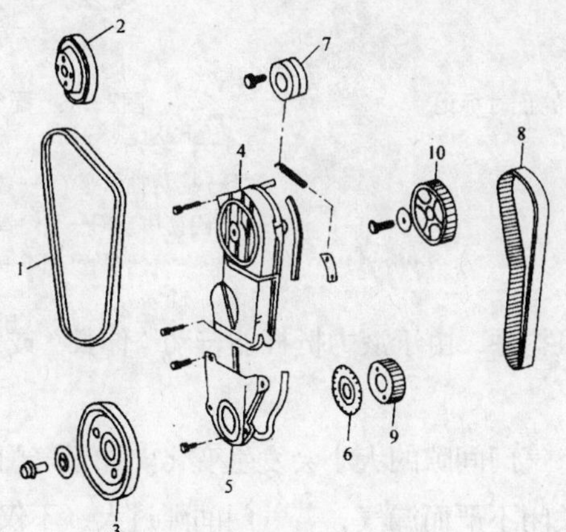

图3-14　正时带传动装置

1—水泵带　2—水泵带轮　3—曲轴带轮　4—同步带上罩　5—同步带下罩

6—曲轴同步带轮法兰盘　7—张紧轮　8—同步带　9—曲轴同步带轮　10—凸轮轴同步带轮

正时带传动装置与正时链传动装置一样，正时标记多种多样，装配时必须按相关维修手册中的规定对正正时标记。常见正时带传动装置的正时标记如图 3-15 所示，装配时，应对正下列标记：凸轮轴同步带轮与气缸盖上的标记，曲轴同步带轮与气缸体前端标记。同步带安装、调整或保护不当

时，会造成同步带磨损和损伤。安装时，同步带齿必须与带轮相吻合。

多数发动机上利用弹簧使张紧轮将同步带压紧，安装后完全放松张紧轮即可使同步带张紧，有些发动机的同步带是需要调整的，必须按原厂规定调整同步带松紧度。

（三）气门间隙

气门间隙的功用是补偿气门受热后的膨胀量。

发动机冷机状态装配时，在不装用液力挺杆的配气机构中，气门组与气门传动组之间必须留有一定的间隙，这一间隙称为气门间隙。在凸轮轴通过摇臂间接驱动气门开启的配气机构中，气门间隙是指摇臂与气门杆尾部之间的间隙（见图 3-16）。在凸轮轴直接驱动气门开启的配气机构（如上海桑塔纳轿车发动机装用普通挺杆的配气机构）中，气门间隙是指凸轮与挺杆之间的间隙。

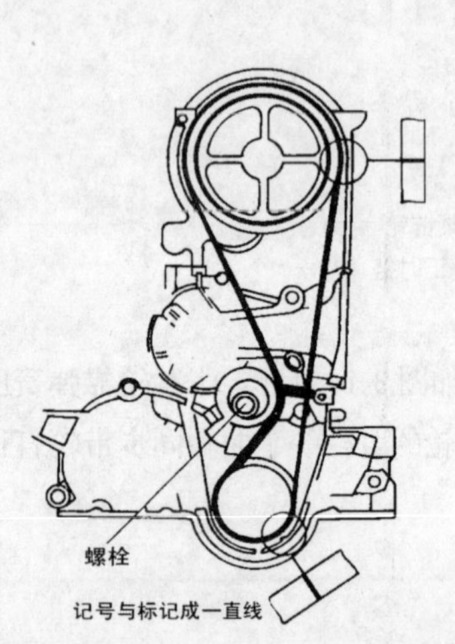

图3-15 常见正时带传动装置的正时标记

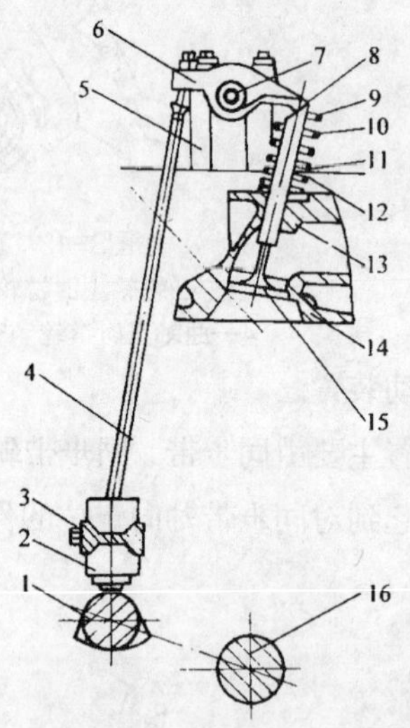

图3-16 配气机构基本组成

1—凸轮轴 2—气门挺杆 3—挺杆导向体 4—推杆 5—摇臂轴承座 6—摇臂 7—摇臂轴 8—气门间隙 9—气门锁片 10—气门弹簧座 11—气门油封 12—气门弹簧 13—气门导管 14—气门座 15—气门 16—曲轴

在装有液力挺杆的配气机构中，由于液力挺杆能自动“伸长”或“缩短”，以补偿气门的热胀冷缩，所以不需留气门间隙。

在发动机的使用过程中，气门间隙的大小会发生变化。如果气门间隙过小或没有气门间隙，就会导致发动机工作时，气门关闭不严而漏气；若气门间隙过大，不仅会造成配气机构产生异响，而且气门开启升程和开启持续角度也会减小，影响发动机的进排气过程。因此，在发动机维修中，经常需要检查调整气门间隙。

气门间隙的检查与调整必须在气门完全关闭状态下进行。在检查与调整气门间隙之前，必须分析判断各气缸所处的工作行程，以确定可调气门，其基本原则是：处于压缩上止点的气缸，进气门和排气门均可调；处于排气行程上止点的气缸，进气门和排气门均不可调；处于进气行程和压缩行程的气缸，排气门可调；处于做功行程和排气行程的气缸，进气门可调。

气门间隙必须在规定的冷机或热机状态下调整到标准值。各车型气门间隙有不同的标准，几种常见车型的气门间隙见表 3-1。

表 3-1　　几种常见车型发动机的气门间隙　　（单位：mm）

发动机型号	冷机时气门间隙		热机时气门间隙	
	进气门	排气门	进气门	排气门
CA6102 发动机	0.20～0.25	0.20～0.25	—	—
EQ6100-1 型发动机	0.45～0.50	0.55～0.60	0.20～0.25	0.25～0.30
上海桑塔纳轿车 1.6L 发动机	0.15～0.25	0.35～0.45	0.20～0.30	0.40～0.50
天津夏利轿车三缸发动机	—	—	0.20	0.20
二汽富康轿车 TU3-2/K 发动机	0.20	0.40	—	—
广州本田雅阁轿车发动机	0.24～0.28	0.28～0.32	—	—

三、项目实施

（一）实施要求

常用工具：气门修磨机、气门座圈铰刀、检测平台、V 形铁（与气门相适用）、研磨膏、榔头、铜铳、气门导管铰刀、气门油封安装套筒、梅花扳手、一字尖旋具等。

量具：量程为 25mm 的外径千分尺，带表架的百分表，游标卡尺 、塞尺等。

设备：配气机构完整的发动机气缸盖、气门导管、气门油封、凸轮轴、正时齿轮传动发动机、正时链传动发动机、正时带传动发动机、气门间隙可调发动机总成。

（二）实施步骤

1. 检修气门与气门座圈

（1）气门的检修

1）外观检验

气门有裂纹、破损或严重烧蚀时，应更换气门。

2）气门杆弯曲和气门头部歪斜的检验

气门杆的弯曲变形和气门头部歪斜检验如图 3-17 所示。

① 将气门支承在两个距离为 100mm 的 V 形块上，用百分表触头测量气门杆中部的弯曲度。气门旋转一周，百分表上最大与最小读数之差的 1/2 为直线度误差。其值大于 0.03mm 时，应予以更换或校正。

② 在气门头部，工作锥面用百分表测量。转动气门头部一圈，百分表上最大读数与最小读数之差的 1/2 为倾斜度误差。其值大于 0.02mm 时，应予以更换。

3）气门杆磨损检验

如图 3-18 所示，气门杆的磨损可用外径千分尺进行测量。气门杆径向磨损量大于规定时，应予更换。

4）气门杆端面磨损检验

用钢直尺在平台上检查气门的长度。轴向磨损量大于规定时应予以更换。若轴向磨损未超过极限值，而气门杆端面出现不平、疤痕时，可用气门光磨机修磨。

5）气门工作面磨损检验

气门头部工作面若有斑点、严重烧蚀等，可用气门光磨机修磨。

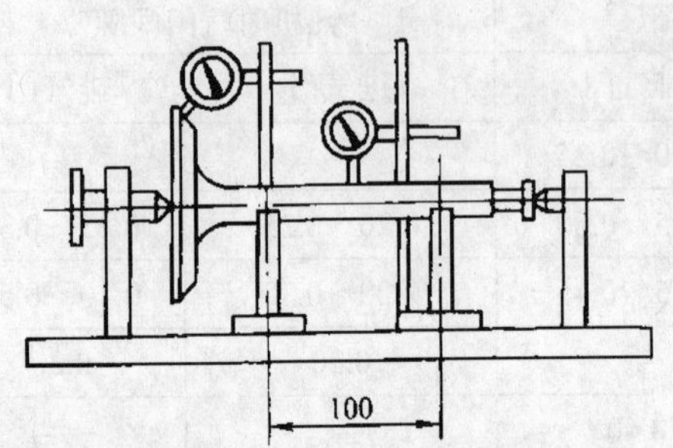

图3-17 气门杆弯曲变形和气门头部歪斜检验

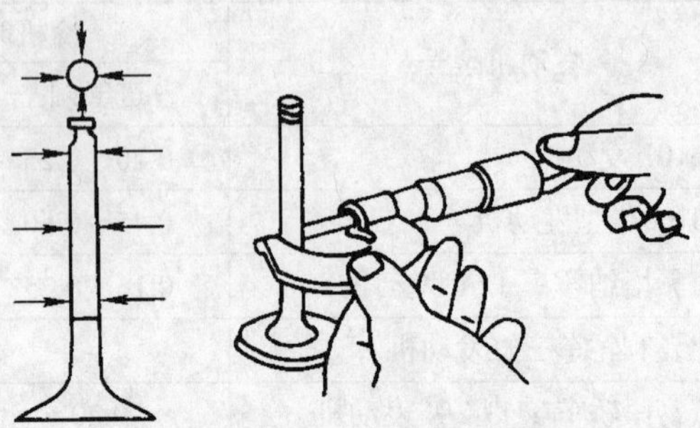

图3-18 用外径千分尺测量气门杆

6）气门的修磨

如图 3-19 所示，修磨气门通常在气门光磨机上进行。

① 气门光磨后，气门头最小边缘厚度，进气门、排气门不得小于 0.50mm，否则应更换气门。

② 修磨后，气门工作锥面对气门杆轴线的斜向圆跳动，应不大于 0.03mm，否则予以更换。

光磨的气门可与气门座之间有 0.5°～1.0°的气门密封干涉角，这样有利于气门与气门座的磨合。

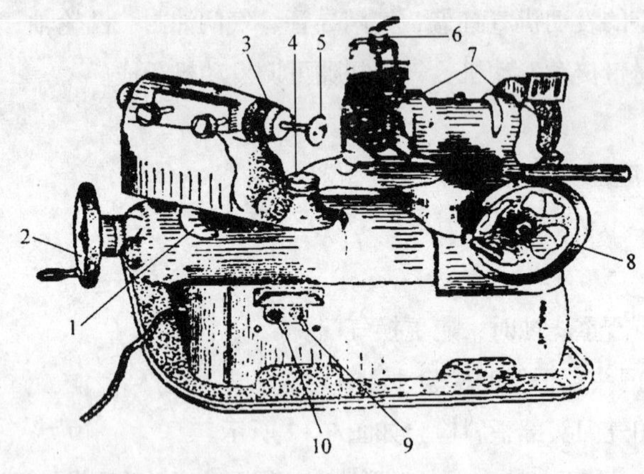

图3-19 气门磨光机

1—刻度盘 2—横向手柄 3—夹架 4—夹架固定螺钉 5—气门

6—切削液开关 7—砂轮 8—纵向手柄 9—砂轮电动机开关 10—夹架电动机开关

（2）气门座圈的检修

将气门座圈清理干净并检查工作面。气门座圈工作面磨损变宽超过 1.4mm，工作面烧蚀出现斑点、凹陷时，应进行铰削与修磨。

1）气门座圈的铰削

① 如图 3-20 所示，根据气门直径选用合适的气门座铰刀，根据气门导管内径选择合适的铰杠，

并插入气门导管内，无明显旷动为宜。

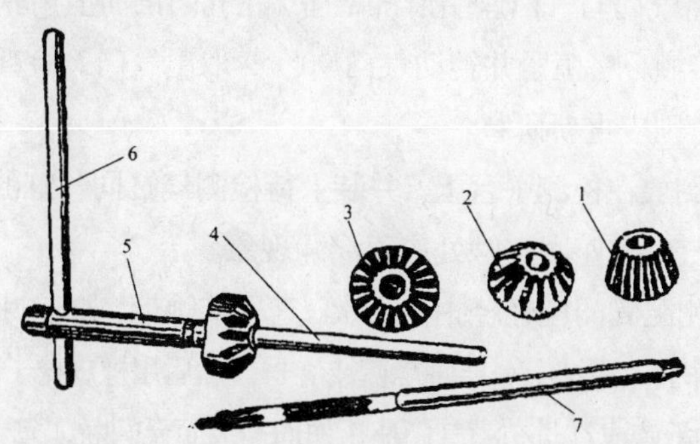

图3-20 气门座铰刀与铰杠

1、2、3—铰刀 4—导杆 5、6—铰杠 7—导管铰刀

② 用砂布垫在铰刀表面，砂磨气门座圈工作表面的硬化层。

③ 用与气门工作面锥角相同的铰刀铰削工作锥面，直到将烧蚀、斑点等铰除为止，铰销顺序如图 3-21 所示。

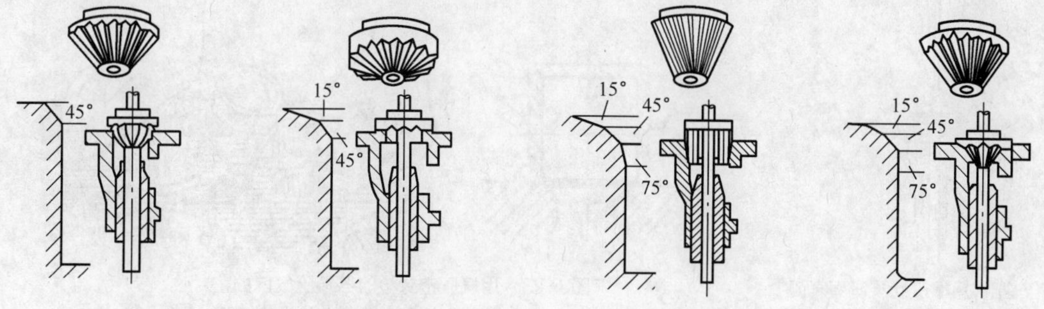

（a）用 45° 粗刃铰刀粗铰 （b）用 75° 铰刀铰削气门座上平面 （c）用 15° 铰刀扩大气门座孔内径 （d）用 45° 细刃铰刀铰削

图3-21 铰削顺序

④ 在新气门或修磨过的气门锥面上，涂一层红丹油，检查接触面的位置，应在气门锥面的中下部，宽度为 1.0～1.4mm。

⑤ 如果接触面偏上，则应用 30° 铰刀铰削，使接触面下移；如果接触面偏下，则应用 75° 铰刀铰削，使接触面上移。

⑥ 用 45°细铰刀，或铰刀下面垫上细砂布铰磨，以降低接触表面粗糙度值。

2）气门的研磨

如气门与气门座圈配合不严密，可对气门进行研磨。气门的研磨步骤如下。

① 清洗气门座、气门及气门导管，并在气门顶部做出标记。

② 在气门工作面上涂以薄层研磨砂，气门杆上涂以清洁润滑油，插入气门导管内。

③ 变换气门与座圈的位置，正确研磨，如图 3-22 所示。粗研后接触环带应整齐、无斑痕、无麻点。

④ 粗研完毕清洗各部位，用细研磨砂研磨，直至工作面出现一条灰色无光的环带为止。

⑤ 洗净研磨砂，涂以润滑油，继续研磨数分钟。

3）气门与气门座圈密封性检查

① 画线法。检查前，将气门与气门座圈清洗干净，在气门锥面上用软铅笔沿轴向均匀地画上若干条线，然后与气门座圈接触。略压紧并转动气门 90°，取出气门，检查铅笔线是否被切断。若被切断，说明密封性良好，否则应重新研磨。

② 渗油法。将气缸盖倒放在检测平台上，并装上待检测气缸同一缸的气门和火花塞。向燃烧室注入煤油或汽油，5min 内气门与座圈接触处应无渗漏现象。

③ 拍击法。将气门与相配气门座轻轻拍击几次，查看接触带，如有明亮的连续光环，即为合格。

④ 涂红丹。在气门工作面上涂抹上一层轴承蓝或红丹，然后用橡皮捻子吸住气门并在气门座上旋转 1/4 圈，再将气门提起，若轴承蓝或红丹布满气门座工作面一周而无间断，又十分整齐，即表示密封良好。

⑤ 气压检验。如图 3-23 所示，气压密封检验器由气压表 2、空气容筒 3 及橡皮球 5 等组成。试验时，先将空气容筒紧密贴在气门头部周围，再压缩橡皮球，使空气容筒内具有一定压力（68.6 kPa 左右）。如果在半分钟内，气压表的读数不下降，则表示气门与气门座的密封性良好。

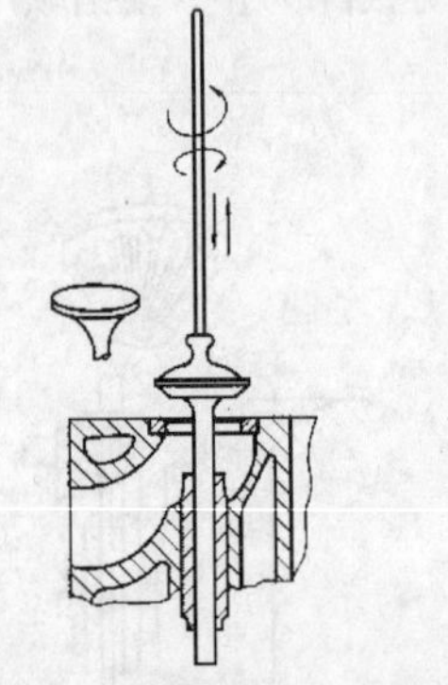

图3-22 用橡皮捻子研磨气门

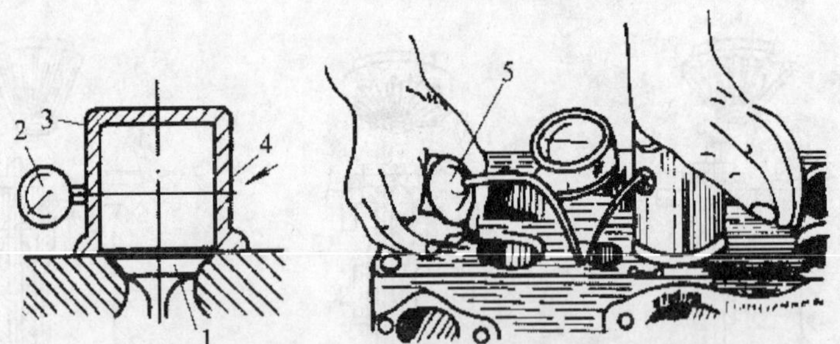

图3-23 用气压密封检验器检验气门的密封性

1—气门 2—气压表 3—空气容筒 4—与橡皮球相通的小孔 5—橡皮球

4）气门座圈的镶配

气门座圈损坏、严重烧蚀、松动或下沉 1.5mm（指测量的气门顶部下沉量）以上，应更换气门座圈。若气门座是在气缸盖上直接加工的，则必须更换气缸盖。

更换气门座圈时，对铝合金气缸盖不可用撬动方法拆卸旧气门座圈，用镗削加工方法将旧气门座圈镗削只剩一薄层，可很容易地拆下旧气门座圈；也可将一合适的旧气门焊接到旧气门座圈上，然后敲击气门杆拆下旧气门座圈。安装新座圈前，应对座孔加工，使新气门座圈与座孔的过盈配合量约为 0.08～0.12mm。安装新座圈时，应将气门座圈放在固体二氧化碳（干冰）或液态氮中冷却使其冷缩，然后再将气门座圈敲入座孔。

（3）操作注意事项

① 测量气门杆的弯曲变形时，应使其支撑稳妥，百分表架牢靠、无晃动。

② 铰削气门座圈时，一定要按照角度顺序的要求铰削，以免气门座圈报废。

③ 气门座圈工作位置低于原平面 1.5mm 时，应更换气门座圈。

④ 铰销、研磨后，必须彻底清洁，不得有残留的金属屑与研磨材料。

2. 检测气门导管磨损

（1）气门导管磨损的检查与修理

气门导管的磨损情况可通过测量气门导管与气门杆配合间隙间接检查，配合间隙的测量有两种方法：一种是按如图 3-24（a）所示，发动机分解清洗后，直接测量气门导管内径和气门杆直径，两者之差即为气门杆与气门导管的配合间隙。另外一种是按如图 3-24（b）所示，先把气门安装在气门导管内，再将气门提起 10～15mm（相对气缸盖平面），然后用百分表测量气门头部的摆动量。

气门导管与气门杆配合间隙若超过允许极限时，可换用一个新气门重新进行检查，根据测量结果视情况确定更换气门或气门导管，必要时两者一起更换。

（2）更换气门导管

1）气门导管的选择与镶入

选用的新气门导管应有一定的过盈量。新气门导管比旧气门导管直径大 0.01～0.02mm，即为合适。镶换气门导管的方法如下。

① 铳压出旧气门导管。应用铳子和锤子将气门导管按规定方向（一般为气缸盖上方）拆出旧气门导管，如图 3-25 所示；如果旧气门导管装有限位卡环，拆卸前应将其露出气门导管孔的部分敲掉。对铝合金气缸盖，拆卸旧气门导管前应加热气缸盖，以免气缸盖裂损。

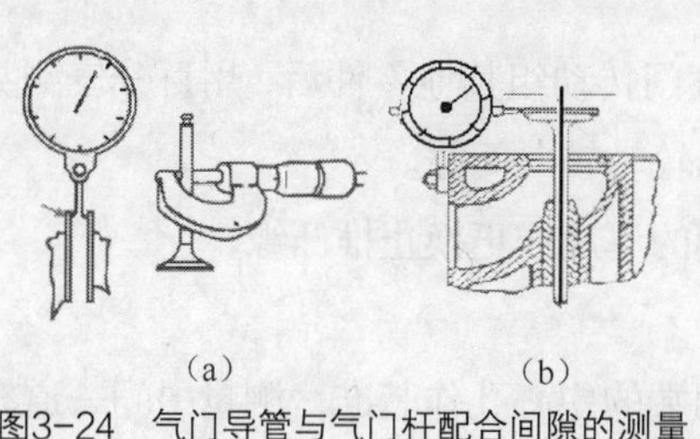

图3-24　气门导管与气门杆配合间隙的测量

图3-25　铳出气门导管

② 拆下旧气门导管后，应根据新气门导管外径适当铰削气门导管孔，使气门导管与气门导管孔有适当的过盈量，一般为 0.015～0.065mm。

③ 安装新气门导管。将选用的新气门导管外壁上涂一层润滑油，按正确的方向，正直地放在气门导管孔上，用铳头冲入或压入气门导管承孔内。镶入后，气门导管伸出进、排气道的高度应符合规定。气门导管安装好后，应铰削气门导管内孔，使气门导管与气门杆配合间隙符合标准。

铝合金气缸盖安装气门导管时应先用 60℃～80℃的热水或喷灯加热气缸盖。

2）气门杆与气门导管铰配

气门导管镶入后，与气门杆的配合间隙应符合规定。若配合间隙过小，可用气门导管铰刀进行铰削，气门导管铰刀如图 3-26 所示。

气门杆与气门导管配合间隙的检验，除采用百分表检查外，经验的做法是：将气门杆和气门导管内孔擦干净，在气门杆上涂一层润滑油，插入气门导管内，上下拉动几次，如果气门能借自身的重量徐徐下降，则认为配合适当。

（3）更换气门油封

润滑油无泄漏而消耗异常，一般是活塞与气缸配合间隙过大或气门油封漏油所致。更换气门油封时，应使用专用工具安装气门油封，如图 3-27 所示。注意：有些发动机进气门油封与排气门油封是不同的，如广州本田轿车的进气门油封的弹簧为白色，而排气门油封的弹簧为黑色，安装时不能装错。

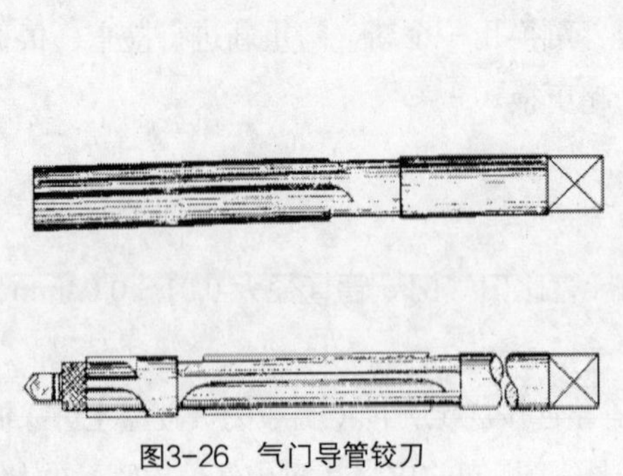

图3-26 气门导管铰刀

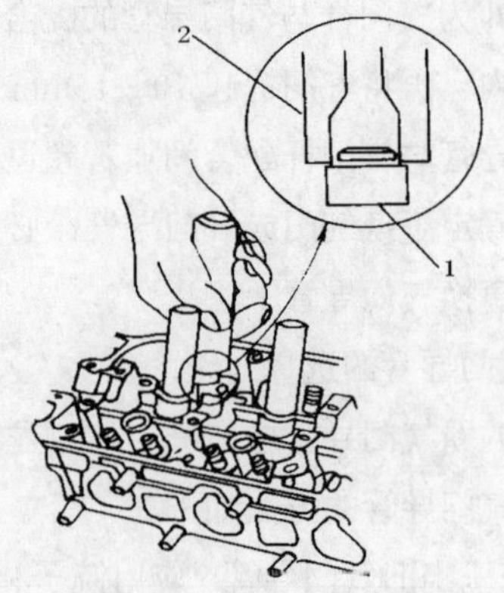

图3-27 气门油封的安装
1—气门油封 2—气门油封安装套筒

3. 检修凸轮轴

（1）凸轮轴轴向间隙的检修

凸轮轴轴向间隙的检查如图 3-28 所示，拆下气门传动组其他零件后，用百分表测头抵在凸轮轴端，前后推拉凸轮轴，百分表指针的摆动量即为凸轮轴轴向间隙。

凸轮轴轴向间隙若超过允许极限，可减小隔圈的厚度或更换止推凸缘。

（2）凸轮轴弯曲的检修

检查凸轮轴弯曲变形可用其两端轴颈外圈或两端的中心孔作基准，测量中间一道轴颈的径向圆跳动量，如图 3-29 所示。凸轮轴径向圆跳动量一般为 0.01～0.03mm，允许极限一般为 0.05～0.10mm。若超过极限值，可对凸轮轴进行冷压校正，必要时应更换。

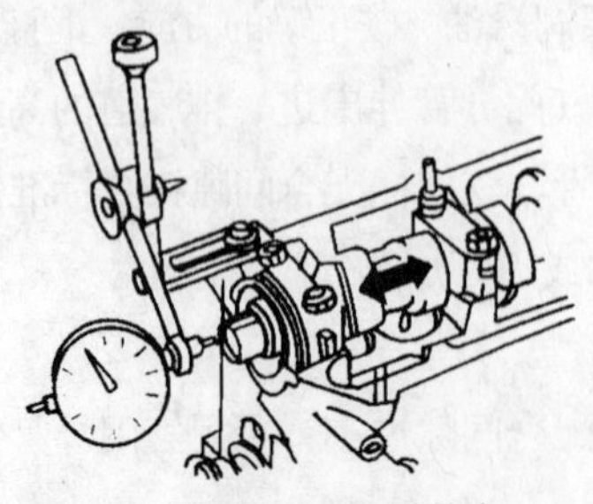

图3-28 凸轮轴轴向间隙检查

图3-29 凸轮轴弯曲检查

（3）凸轮磨损的检查

凸轮的常见故障有表面磨损、擦伤和麻点剥落等，其中以磨损最为常见。凸轮的磨损是不均匀的，一般凸轮的顶尖附近磨损较严重。凸轮磨损后，凸轮高度减小，会使气门的最大升程减小，影响发动机工作时的进排气阻力。因此，凸轮的磨损程度可通过测量凸轮的高度（H）或凸轮升程（h）来检查，凸轮的高度（H）和升程（h）如图 3-30 所示。

凸轮高度可用外径千分尺或游标卡尺测量，凸轮升程为凸轮高度与基圆直径之差。凸轮高度或升程若超过允许极限，应更换凸轮轴。

（4）凸轮轴轴颈及轴承磨损的检修

凸轮轴轴颈及轴承的磨损情况可通过测量其配合间隙来检查，凸轮轴轴承间隙一般为 0.02～0.10mm，允许极限一般为 0.10～0.20mm。

有些发动机的凸轮轴轴颈允许修磨，当凸轮轴轴承间隙超过允许极限时，可磨削凸轮轴轴颈，并选配同级修理尺寸的凸轮轴轴承。

多数发动机凸轮轴轴颈和轴承无修理尺寸，当凸轮轴轴承间隙超过其允许极限时，必须更换凸轮轴或凸轮轴轴承，必要时两者一起更换。对无凸轮轴轴承的，若凸轮轴座孔磨损严重，只能更换气缸体或气缸盖。

（5）操作注意事项

① 拆顶置凸轮轴正时带时，必须使第一缸处于压缩上止点，并注意装配记号。

② 拆卸凸轮轴轴承盖时，要按顺序进行，并保持水平，以免引起凸轮轴卡住或损坏。

③ 装配凸轮轴时，要按规定的顺序和力矩均匀地分几次拧紧，以免引起轴承盖或缸盖的开裂。

4. 检修正时传动装置

（1）正时齿轮传动装置的检修

在检修时，应检查正时齿轮有无裂损及磨损情况。磨损情况可用塞尺或百分表测量其齿隙，如图 3-31 所示。正时齿轮若有裂损或齿隙超过 0.30～0.35mm，应成对更换正时齿轮。通常情况下，正时齿轮不会发生严重磨损，也不易损坏。

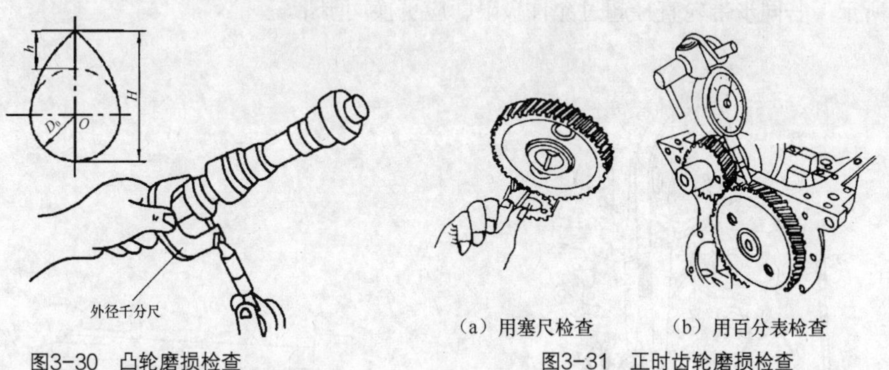

图3-30 凸轮磨损检查

图3-31 正时齿轮磨损检查

（2）正时链传动装置的检修

正时链传动装置常见故障是链轮磨损或正时链变长，严重时会产生噪声和改变气门开闭时刻。因此，在发动机维修时，应检查链轮的磨损和正时链伸长情况。

为便于检查链轮磨损情况，可将新正时链扣于链轮上，并环绕其一周拉紧，用游标卡尺测量直径，如图 3-32 所示，若小于极限直径应更换新件。

正时链伸长情况的检查，可测量正时链的全长或规定链节数的长度。测量正时链长度时，为使测量准确，应将正时链拉直后再用游标卡尺测量，如图 3-33 所示。

（3）正时带传动装置的检修

更换同步带时，新、旧同步带必须完全相同。同步带不能过度弯曲（如扭转 90° 以上或盘起存放等），也不能沾水或油，否则很容易造成同步带的损坏。

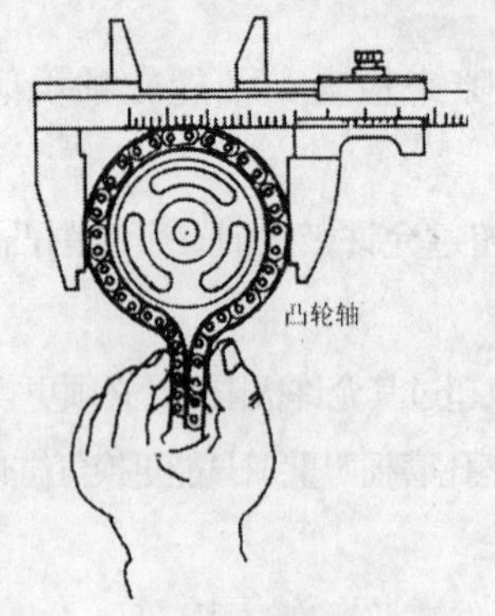

图3-32 正时链轮磨损的检查图

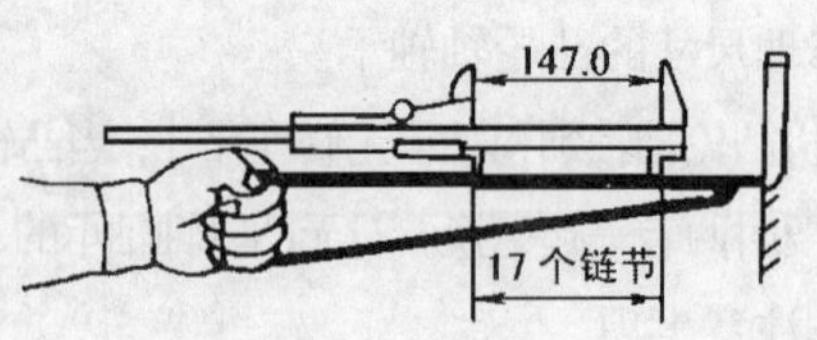

图3-33 正时链长度的检查

同步带的使用寿命一般厂家推荐为 32000～96000km。检查同步带时，若发现有胶面受伤或磨损、缺齿、裂纹、芯线外露、脱胶等缺陷之一，必须更换同步带。

富康轿车 TU32K 发动机同步带松紧度是需要调整的，调整方法如图 3-34 所示。将专用工具插入张紧轮的方孔内，挂上重块，慢慢松开张紧轮锁紧螺母，同步带张紧后再以 23N · m 的力矩拧紧锁紧螺母，最后拆下重块和专用工具。

凸轮轴或曲轴同步带轮的常见故障是磨损，可用游标卡尺测量同步带轮直径检查其磨损情况，如图 3-35 所示。若同步带轮直径超过允许极限，应更换同步带轮。

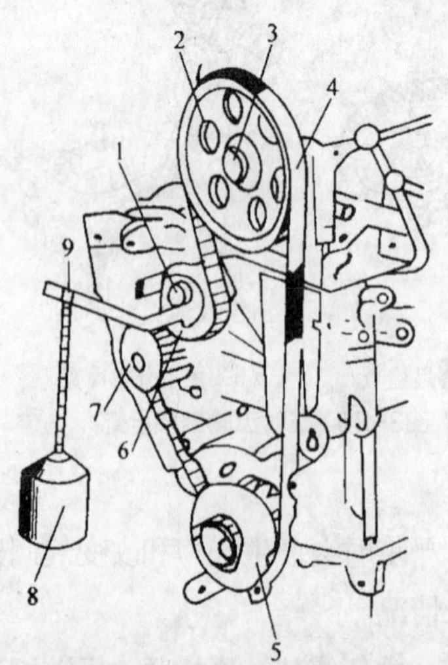

图3-34 富康轿车TU32K发动机同步带松紧度的调整

1—张紧轮锁紧螺母 2—凸轮轴同步带轮 3—紧固螺栓 4—同步带
5—曲轴同步带轮 6—张紧轮 7—水泵带轮 8—重块 9—专用工具

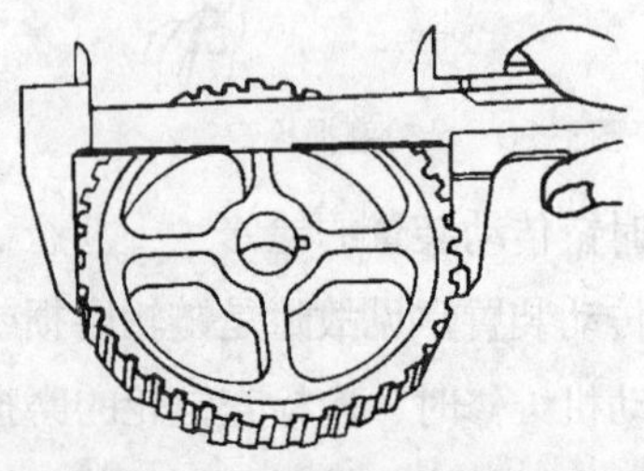

图3-35 同步带轮磨损的检查

（4）操作注意事项

① 松开正时带张紧轮（顶置凸轮轴发动机）前，应将曲轴转到 1 缸上止点位置。

② 在取下正时带时，应在正时带上标上其原转动方向，以防安装时装反。否则，会加速正时齿型皮带的磨损。

5. 检查与调整气门间隙

在检查、调整气门间隙之前，应先确定第 1 缸压缩上的止点位置。

多数发动机都有点火正时标记（见图 3-36），只要转动曲轴对正标记，即说明第 1 缸处于上止点位置；是否是压缩上止点，还需用辅助方法判断，如：观察分电器分火头位置、气门状态、顶置凸轮轴发动机的凸轮位置等。

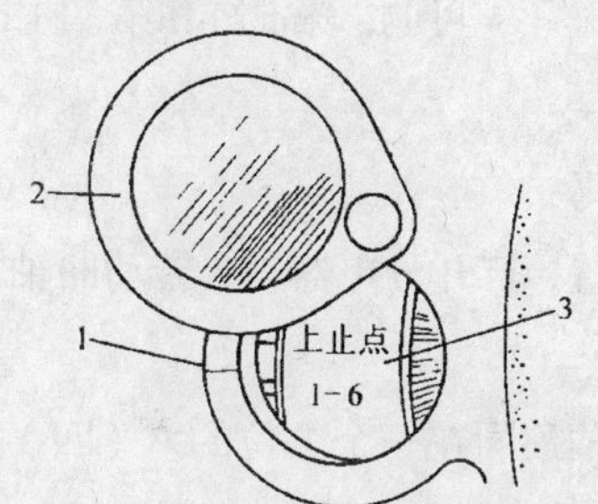

（a）CA6102 发动机飞轮正时标记

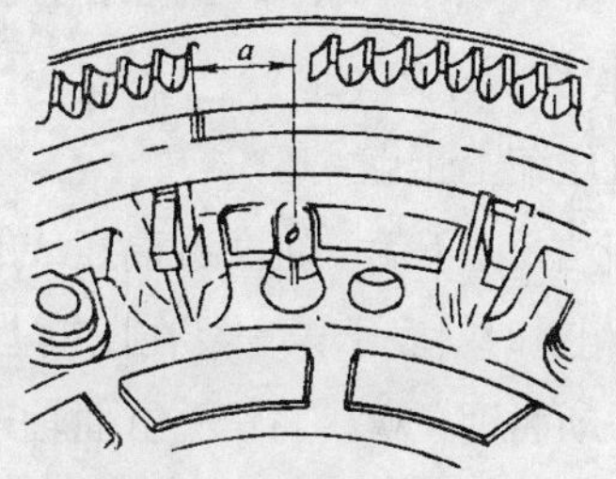

（b）一汽捷达轿车发动机飞轮正时标记

图3-36　发动机飞轮正时标记

1—飞轮壳上的标记　2—观察孔盖　3—飞轮上的标记

多数发动机的气门间隙都是用装在摇臂上的调整螺钉来调整，如图 3-37 所示，将与规定气门间隙相等的塞尺插入可调气门的气门间隙中，用手前、后移动塞尺，如能感到有适当的阻力，说明气门符合标准。若移动塞尺时，感觉无阻力或阻力过大，应松开锁紧螺母，转动调整螺钉，直到气门间隙符合规定后，再将锁紧螺母拧紧。

有些无摇臂总成的发动机，可通过改变挺杆内的垫片厚度来调整气门间隙。气门间隙调整后应进行验证性检查，以保证调整无误。

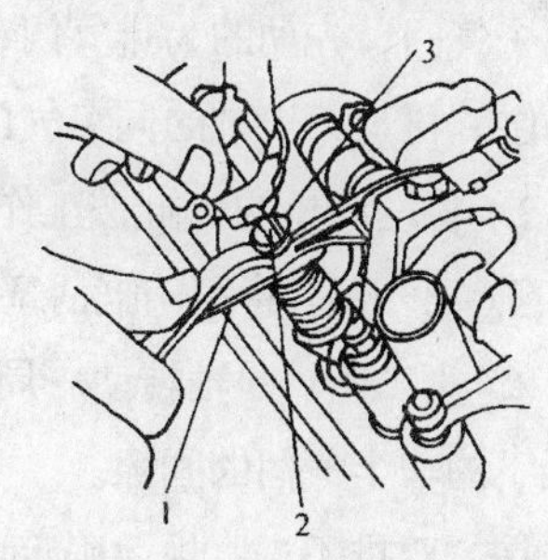

图3-37　检查调整气门间隙

1—塞尺　2—调整螺钉　3—锁紧螺母

（1）逐缸调整法

逐缸调整法即在该缸活塞位于压缩行程终了上止点时，检查调整该缸的进、排气门间隙。

调整气门脚间隙时（以 CA6102 六缸发动机为例），首先找出一缸（或六缸）压缩上止点位置，再松开一缸（或六缸）进、排气门锁紧螺母，将一定厚度的塞尺，插入气门杆与气门摇臂脚之间，用一字旋具拧转调整螺钉，把塞尺轻轻压住，拉动塞尺感觉间隙合适后，再把锁紧螺母拧紧，然后用塞尺复查一次。

当一缸（或六缸）的两只气门间隙均检查调整符合要求后，调整下一组气门间隙，摇转曲轴 120°，按点火顺序调整下一缸（五缸或二缸）的进、排气门脚间隙，依次类推，逐缸调整完毕。

（2）两次调整法

两次调整法即“双排不进”法。其中的“双”是指气缸的进、排气门间隙均可调，“排”是指气缸仅排气门间隙可调，“不”是指进、排气门的间隙均不可调，“进”是指气缸的进气门间隙可调。也就是首先找到一第一缸活塞压缩终了上止点时，调整其中的一半气门，然后将曲轴转动一周，再调整其余半数气门的间隙。

以 CA6102 发动机（点火顺序为 1-5-3-6-2-4）为例，根据该发动机的做功循环表可知，当第 1 缸处于压缩上止点时，第 5 缸处于压缩行程初始阶段，第 3 缸处于进气行程，第 6 缸处于排气上止点位置，第 2 缸处于排气行程，第 4 缸处于做功行程后期，再由检查与调整气门间隙的基本原则可确定：第 1 缸的“双”气门可调，第 5 缸和第 3 缸的“排”气门可调，第 6 缸的两气门均“不”可调，第 2 缸和第 4 缸的“进”气门可调。旋转曲轴一圈（360°），第 6 缸处于压缩上止点时，同理可确定：第 6 缸的“双”气门可调，第 2 缸和第 4 缸的“排”气门可调，第 1 缸的两气门均“不”可调，第 5 缸和第 3 缸的“进”气门可调。

两次调整法的操作程序如下。

1）确定第一缸压缩上止点

① 分火头判断法。记下第一缸分缸高压线的位置，打开分电器盖，转动曲轴，当分火头与第一缸分缸高压线位置相对时，表示第一缸在压缩上止点。

② 逆推法。转动曲轴，观察与第一缸曲轴连杆轴颈同在一个方位的六（四）缸（以六、四缸发动机为例）的排气门打开又逐渐关闭到进气门开始动作瞬间，六（四）缸在排气上止点，即第一缸在压缩上止点。

2）确定进气门和排气门

① 根据气门与所对应的气道确定。

② 用转动曲轴观察确定。方法是：当第一缸活塞处于压缩上止点时，转动曲轴，观察第一缸的两个气门，先动的为排气门，后动的为进气门，并在一种气门上作记号；然后按点火顺序依次检查各缸，再与第一缸的同名气门作记号。

3）将发动机的气缸按工作顺序等分为两组调整。

① 第一遍。将第一缸活塞转到压缩行程上止点，按“双、排、不、进”调整其一半气门的间隙。

② 第二遍。曲轴转动一周，将最后一缸活塞转到压缩行程上止点，仍按“双、排、不、进”调整余下的一半气门的间隙。

按“双排不进”规律确定可调气门见表 3-2。

表 3-2 多缸发动机可调气门

发动机类型	活塞处于上止点的气缸	可调气门对应气缸				点火顺序	气缸由前至后排列序号
		双	排	不	进		
直列三缸	1 缸压缩上止点	1	2	—	3	1—2—3	1—2—3
	1 缸排气上止点	—	3	1	2		
直列四缸	1 缸压缩上止点	1	3	4	2	1—3—4—2	1—2—3—4
	4 缸压缩上止点	4	2	1	3		

续表

发动机类型	活塞处于上止点的气缸	可调气门对应气缸				点火顺序	气缸由前至后排列序号
		双	排	不	进		
直列五缸	1 缸压缩上止点	1	2	4、5	3	1—2—4—5—3	1—2—3—4—5
	1 缸排气上止点	4、5	3	1	2		
直列六缸	1 缸压缩上止点	1	5、3	6	2、4	1—5—3—6—2—4	1—2—3—4—5—6
	6 缸压缩上止点	6	2、4	1	5、3		
V 形六缸	1 缸压缩上止点	1	6、5	4	3、2	1—6—5—4—3—2	左：1—3—5 右：2—4—6
	4 缸压缩上止点	4	3、2	1	6、5		
V 形八缸	1 缸压缩上止点	1	5、4、2	6	3、7、8	1—5—4—2—6—3—7—8	左：1—2—3—4 右：5—6—7—8
	6 缸压缩上止点	6	3、7、8	1	5、4、2		

（3）采用调整垫片调整气门间隙

一些轿车是采用无摇臂总成的发动机，气门间隙可通过改变挺杆内的调整垫片厚度来调整。调整垫片安装在挺柱上。当气门间隙不符合要求时，要测量拆下调整垫片的厚度（见图 3-38），通过计算新调整垫片的厚度，选择接近计算值的新调整垫片。如：丰田汽车公司提供 17 种不同尺寸的调整垫片，从 2.50 mm 到 3.30mm，每种相差 0.05mm。气门间隙调整后应进行验证性检查，以保证调整无误。

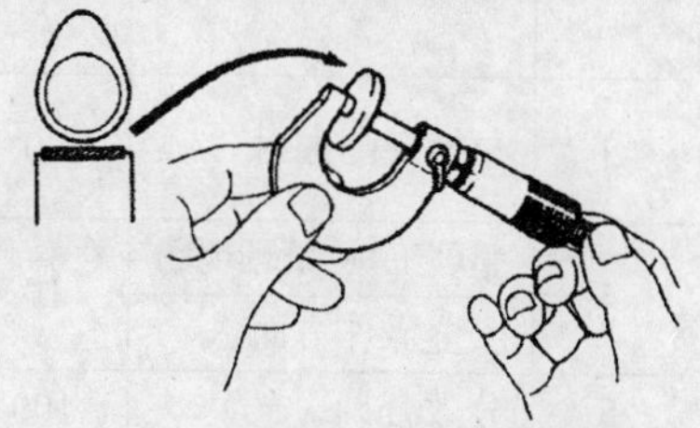

图3-38　测量拆下调整垫片的厚度

四、考核要点与评分标准

气门和气门座圈检修的考核要点和评分标准见表 3-3。

表 3-3　气门和气门座圈检修的考核要点和评分标准

序号	考核内容	配分	评分标准	考核记录	得分
1	外观检验判断气门可否继续使用	10	判断结果错误一处扣 2 分		
2	测量气门杆弯曲	20	支撑位置错误，扣 5 分 百分表安装错误，扣 5 分 测量结果错误，扣 10 分		
3	气门杆磨损检验	10	测量方法错误，扣 5 分 测量结果错误，扣 5 分		
	气门座圈的铰削、研磨，检查密封性	50	铰削顺序错误，扣 10 分 铰削质量不符合要求，一处扣 3 分 研磨方法不正确，扣 10 分 研磨质量不符合要求，一处扣 3 分		

续表

序号	考核内容	配分	评分标准	考核记录	得分
4	整理工具、清理现场	10	违章每项扣 2 分		
	安全操作方面		因操作不当发生事故，记 0 分		
5	分数合计	100			

气门导管检修的考核要点和评分标准见表 3-4。

表 3-4　　气门导管检修的考核要点和评分标准

序号	考核要点	配分	评分标准	考核记录	得分
1	正确使用工具、量具	10	使用工具、量具不当，一次扣 2 分		
2	气门导管磨损检查	20	检查方法不正确，扣 10 分 检查结果错误，扣 10 分		
	气门导管更换	20	测量方法错误，扣 10 分 测量结果错误，扣 10 分		
	气门导管铰削	20	铰削程序错误，扣 10 分 铰削质量不符合要求，一处扣 5 分 检验方法不正确，扣 10 分		
3	更换气门油封	20	更换方法不正确，扣 10 分 更换结果不符合要求，扣 10 分		
4	整理工具、清理现场	10	违章每项扣 2 分		
	安全操作方面		因操作不当发生事故，记 0 分		
5	分数合计	100			

凸轮轴检修的考核要点和评分标准见表 3-5。

表 3-5　　凸轮轴检修的考核要点和评分标准

序号	考核要点	配分	评分标准	考核记录	得分
1	正确使用工量具	10	使用工量具不当，一次扣 2 分		
2	凸轮轴轴向间隙检查	20	检查方法不正确，扣 10 分 检查结果错误，扣 10 分		
	凸轮轴弯曲检验	20	测量方法错误，扣 10 分 测量结果错误，扣 10 分		
	凸轮轴轴颈磨损检验	20	测量方法错误，扣 10 分 测量结果错误，扣 10 分		
	凸轮磨损检验	20	测量方法错误，扣 10 分 测量结果错误，扣 10 分		
3	整理工具、清理现场	10	违章每项扣 2 分		
	安全操作方面		因操作不当发生事故，记 0 分		
4	分数合计	100			

正时传动装置检修的考核要点和评分标准见表 3-6。

表 3-6 正时传动装置检修的考核要点和评分标准

序号	考核要点	配分	评分标准	考核记录	得分
1	正确使用工量具	10	使用工量具不当，一次扣 2 分		
2	正时齿轮齿隙检查	20	检查方法不正确，扣 10 分 检查结果不准确，扣 10 分		
	链轮磨损检验	15	测量方法错误，扣 10 分 测量结果不准确，扣 5 分		
	正时链变长检验	15	测量方法错误，扣 10 分 测量结果错误，扣 5 分		
3	同步带磨损检验	15	测量方法错误，扣 10 分 测量结果不准确，扣 5 分		
	同步带松紧度调整	15	调整方法不正确，扣 10 分 调整结果不准确，扣 5 分		
4	整理工具、清理现场	10	违章每项扣 2 分		
	安全操作方面		因操作不当发生事故，记 0 分		
5	分数合计	100			

检查调整气门间隙的考核要点和评分标准见表 3-7。

表 3-7 检查调整气门间隙的考核要点和评分标准

序号	考核要点	配分	评分标准	考核记录	得分
1	正确使用工量具	10	使用工量具不当，一次扣 2 分		
2	逐缸检查、调整气门间隙	20	调整方法不正确，扣 10 分 调整结果不准确，扣 10 分		
	用两次调整法检查、调整气门间隙	40	调整步骤错误，每处扣 10 分 调整结果不准确，扣 10 分		
	用调整垫片调整气门间隙	20	测量方法错误，扣 10 分 调整结果不准确，扣 10 分		
3	整理工具、清理现场	10	违章每项扣 2 分		
	安全操作方面		因操作不当发生事故，记 0 分		
4	分数合计	100			

五、小结

本项目详细介绍了发动机配气机构的组成、功用、类型，配气机构各个零部件的功用、结构，气门与气门座圈的检修步骤、方法及注意事项，气门导管磨损检修步骤及方法，凸轮轴检修步骤、方法及注意事项，正时传动装置检修步骤、方法及注意事项，如何确定第 1 缸压缩上的止点位置，

检查、调整气门间隙的不同方法。

六、习题及思考题

1. 气门的检验项目有哪些？如何检验？
2. 如何对气门进行修磨？
3. 如何进行气门座圈的铰削？
4. 如何进行气门的研磨？
5. 如何对气门与气门座圈密封性进行检查？
6. 如何镶配气门座圈？
7. 如何对气门导管的磨损进行检查？ 如何镶换气门导管？
8. 如何进行气门杆与气门导管的铰配？
9. 如何更换气门油封？更换时应注意什么？
10. 如何检查凸轮轴轴向间隙？
11. 如何检测凸轮轴弯曲变形？
12. 如何检测凸轮的磨损？
13. 如何检测凸轮轴轴颈及轴承的磨损？
14. 如何检修正时齿轮传动装置？
15. 如何检修正时链传动装置？
16. 如何检修正时带传动装置？
17. 如何用逐缸调整法调整气门间隙？
18. 如何用两次调整法调整气门间隙？
19. 如何用调整垫片调整气门间隙？

项目四 发动机冷却系统检修

一、项目要求

1. 掌握发动机冷却系组成、各零部件的结构及工作原理。
2. 掌握散热器的检查及维修方法。
3. 掌握水泵、节温器的拆装及检修方法。
4. 掌握风扇、电动风扇及电控风扇的检修方法。
5. 掌握冷却液的使用；学会加注、更换冷却液以及清除冷却系统水垢。

二、相关知识

（一）概述

发动机工作时，气缸内的气体温度可高达 1927℃～2527℃，若不及时冷却，将造成发动机零部件温度过高，尤其是直接与高温气体接触的零件，会因受热膨胀影响正常的配合间隙，导致运动件运动受阻甚至卡死。此外，高温还会造成发动机零部件的机械强度下降，使润滑油失去作用等。

发动机冷却系统的功用是对在高温条件下工作的发动机零部件进行冷却，保证发动机在适宜的温度下连续工作。

根据冷却介质不同，发动机冷却系统可分为水冷式和风冷式两种类型。

1. 水冷却系统

水冷却系统以水或防冻液（统称冷却水）为冷却介质，冷却水循环流动将高温机件的热量带走，而后再将热量散发到大气中去。

水冷却系统由散热器、水泵、风扇、冷却水套和温度调节装置等组成。

通常利用节温器来控制通过散热器冷却水的流量。节温器装在冷却水循环的通路中（一般装在气缸盖的出水口），根据发动机负荷大小和水温的高低自动改变水的循环流动路线，以达到调节冷却系统的冷却强度。

当发动机在正常热状态下工作时，即水温高于 80℃，节温器阀门打开了通往散热器的通道，同时关闭了通往水泵的旁通管，冷却水全部流经散热器，形成大循环；当冷却水温低于 70℃时，节温器阀门关闭了通往散热器的通道，同时打开了通往水泵的旁通管，水套内的水只能由旁通孔流出经旁通管进入水泵，又被水泵压入发动机水套，此时冷却水并不流经散热器，只在水套与水泵之间进行小循环，从而防止发动机过冷；当发动机的冷却水温在 70℃～80℃范围内，通往散热器的通道和通往水泵的旁通管均处于半开闭状态，此时一部分水进行大循环，而另一部分水进行小循环。

在不同发动机上，冷却系统的布置形式不完全相同。一些轿车的发动机上，设有控制怠速空气阀或 EGR 阀的水冷却管路；横置发动机的汽车散热器安装在发动机一侧，风扇不与水泵同轴，而用电风扇；货车驾驶室设置冷却水管路取暖。

2. 风冷却系统

风冷却系统是利用高速流动的空气直接吹过气缸体和气缸盖外表面，使发动机冷却，以保证适宜的工作温度。

为加强冷却效果，气缸体和气缸盖外表面铸有很多的散热片，以增大散热面积，并采用轴流式风扇增加流经发动机的空气流量和流速。为使发动机各缸冷却均匀，利用导流罩和分流板控制空气流动方向。

风冷系统与水冷系统相比，结构简单、重量轻、维修方便、启动升温快，但对机体材料的耐热性和传热性要求高，且冷却强度难以调节、工作噪声大，在汽车发动机上应用很少。

（二）主要零部件介绍

1. 散热器

散热器的功用是将水套中流出的高温冷却液分成许多股细流，并利用散热片增大散热面积，以便使冷却液的温度迅速降低。

冷却液在散热器中的流动方向有自上而下竖向流动形式和自左而右横向流动形式，其结构和原理相同。图 4-1 所示为横流式散热器，由左储水室、进水管、散热器芯、散热器盖、右储水室和出水管等组成，左储水室通过橡胶软管与气缸盖上的水套出水管连接，右储水室则通过橡胶软管与水泵进水口连接，两水室之间焊接有散热器芯。在散热器的顶部设有加水口，以便加注冷却液，在通常情况下加水口用散热器盖封闭。右储水室的底部一般设有放水阀，以便必要时放出散热器内的冷却液。

常用的散热器芯为芯片式结构，如图 4-2 所示。散热器芯由许多芯管和散热片组成，芯管为扁圆形直管，芯管两端与两个储水室之间及芯管与散热片之间均用锡焊焊接。冷却液流经散热器时被芯管分成许多股细流，并经芯管上的散热片将热量散发到大气中。散热片不仅可以增加散热面积，而且可以提高散热器芯的刚度和强度。

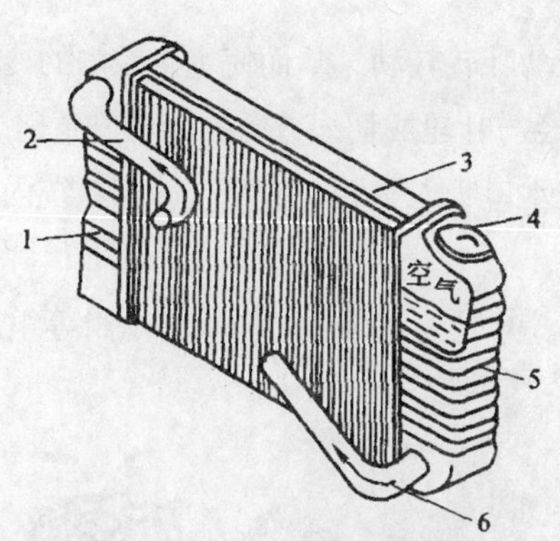

图4-1　横流式散热器的结构

1—左储水室　2—进水管　3—散热器芯

4—散热器盖　5—右储水室　6—出水管

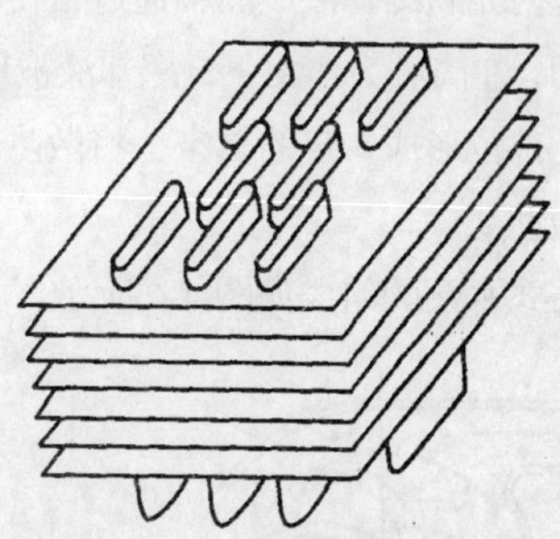

图4-2　芯片式散热器芯的结构

散热器盖上一般设有蒸汽阀和空气阀，以便保持冷却系统内部的适当压力，其结构如图 4-3 所示。当散热器内压力升高到一定值（一般为 126～127kPa）时，蒸汽阀打开，使部分蒸汽排入大气，以免胀坏散热器。当散热器内压力低到一定值（一般为 87～99kPa）时，空气阀打开，使空气进入散热器，以免大气将散热器压坏。

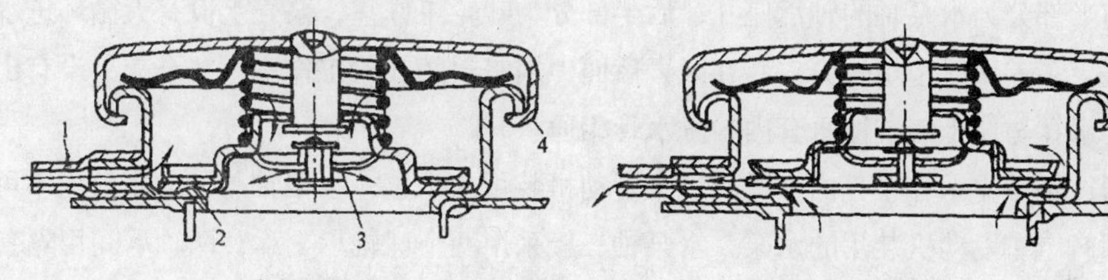

（a）空气间打开　　（b）蒸汽阀打开

图4-3　散热器盖的结构

1—通气管　2—蒸汽阀　3—空气阀　4—散热器盖

多数轿车发动机水冷却系统中都装有膨胀水箱，它利用水管与散热器盖上的蒸汽放出口相连，如图 4-4 所示。膨胀水箱的功用是减少冷却液的溢失。当冷却液受热膨胀时，散热器内多余的冷却液经水管流入膨胀水箱；而散热器温度下降，缺少冷却液时，散热器内产生一定的真空度，膨胀水箱内的冷却液又被吸回到散热器内。膨胀水箱上有“高”和“低”两个标记刻线，在使用中应保持膨胀水箱内的液面高度位于两个标记刻线之间，驾驶员应经常检查膨胀水箱内的液面高度，缺少冷却液时应及时加注。

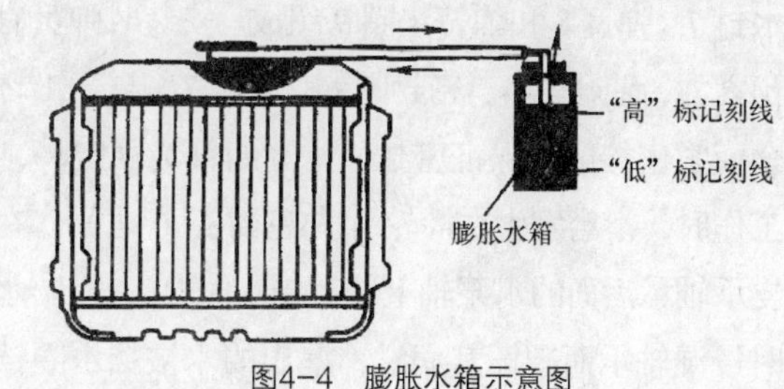

图4-4　膨胀水箱示意图

2. 水泵、节温器

（1）水泵的功用与基本原理

水泵的功用是对冷却液加压，使冷却液在冷却系统内循环流动。

汽车发动机上装用的都是离心式水泵，它具有体积小、出水量大、工作可靠等优点。其基本组成与基本原理如图 4-5 所示，叶轮固定在水泵轴上，水泵壳体安装在发动机缸体上。发动机工作时，冷却系统内充满冷却液，曲轴通过带传动驱动水泵轴并带动叶轮转动，从而使水泵腔内的冷却液也一起转动，在离心力作用下，冷却液被甩向叶轮边缘，并经与叶轮成切线方向的出水口泵出。同时，叶轮中心部位形成一定的真空，将散热器内的冷却液经进水口吸入泵腔，使整个冷却系统内的冷却液循环流动。

离心式水泵的组成如图 4-6 所示，主要由泵壳、泵盖、叶轮、水泵轴、轴承和水封等组成。

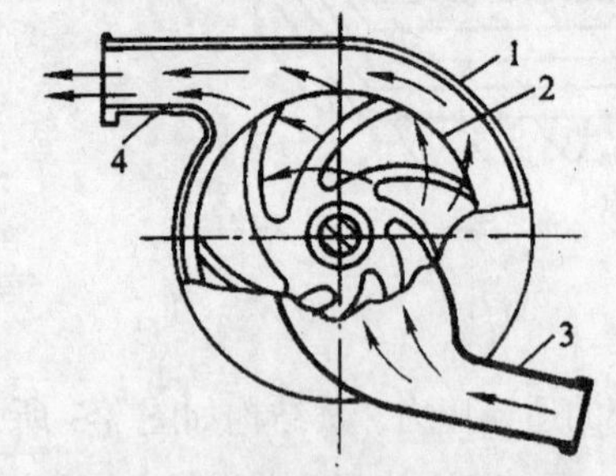

图4-5 离心式水泵基本组成与基本原理

1—水泵壳体 2—叶轮 3—进水口 4—出水口

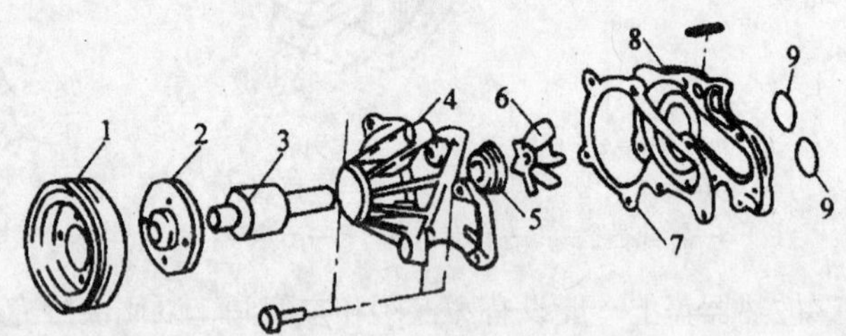

图4-6 离心式水泵的组成

1—风扇带轮 2—带轮毂 3—水泵轴和轴承 4—泵壳 5—水封 6—叶轮 7—衬垫 8—泵盖 9—密封圈

泵壳的前半部分为水泵轴的轴承座孔，后半部分为叶轮工作室，泵壳上设有大循环进水口和小循环水管接头。泵盖和衬垫用螺钉安装在泵壳后面，用来封闭叶轮工作室。在泵盖上设有出水孔，水泵安装后出水孔与位于气缸体水套内的分水管相通。

水泵轴通过轴承支承在泵壳内。进口汽车发动机装用的水泵，水泵轴与轴承多数为不可分解的整体结构。国产汽车发动机装用的水泵，水泵轴一般采用两个球轴承支承，两轴承间用隔套定位。

叶轮通过其中心孔切削平面与水泵轴配合，并用螺钉紧固。水泵轴前端伸出泵壳，带轮毂通过半圆键与水泵轴连接，并用螺母紧固。风扇带轮用螺钉安装在轮毂上。

水封安装在叶轮前面的泵壳座上，用于防止叶轮工作室内的水漏出。水封多采用石墨密封圈结构，如图 4-7 所示，主要由密封圈 6（采用石墨材料制成）、水封 7、弹簧 8 和弹簧垫圈 9 组成。安装时弹簧有一定的预紧力，使叶轮 4、密封圈 6、水封 7、泵壳 1 之间各接合面紧密接触，保证密封。水封组件为固定件，当水泵工作时，滑磨发生在叶轮 4 与密封圈 6 之间。在水泵轴支承轴承后面的水泵轴上装有挡水圈 10，以防水封漏水时浸湿轴承而破坏其润滑，漏出的水被挡水圈挡住后可由泄水孔 3 漏出。

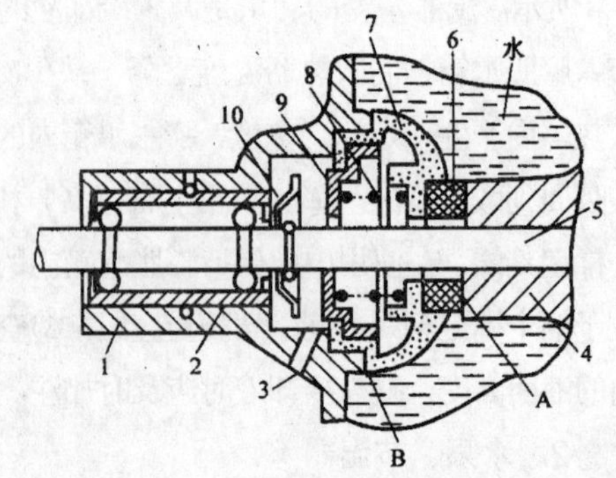

图4-7 石墨密封圈水封结构

1—泵壳 2—轴承 3—泄水孔 4—叶轮 5—水泵轴 6—密封圈 7—水封 8—弹簧 9—弹簧垫圈 10—挡水圈 A—滑磨密封面 B—静止密封面

（2）节温器的功用与基本原理

节温器的功用是控制通过散热器的冷却液流量，使冷却液在散热器与水套之间进行大循环或小循环，调节冷却强度，保证发动机在最适宜的温度下工作。

各种汽车发动机装用的节温器基本都是蜡式节温器，其结构原理相同。蜡式节温器的结构如图4-8所示，主要由主阀门2、副阀门6、推杆3、节温器壳体7和石蜡4等组成。推杆3的一端固定在支架1上，另一端插入胶管5内。石蜡4装在胶管与节温器壳体7之间的腔体内。

蜡式节温器的工作原理如图4-9所示。温度较低时石蜡呈固态，主阀门2被弹簧8推向上方与阀座压紧，主阀门处于关闭状态（见图4-9（a））；此时，副阀门开启，冷却液进行小循环，来自发动机水套的冷却液经副阀门、小循环水管直接进入水泵，被泵回到发动机水套内。温度升高时，石蜡逐渐熔化成液态，使其体积膨胀，迫使胶管收缩对推杆端部产生向上的推力，由于推杆固定在支架上，推杆对胶管、节温器壳体产生向下的反推力。当冷却液温度升高到一定值（一般为76℃）时，反推力克服弹簧8的弹力使胶管、节温器壳体向下运动，主阀门开始开启，同时副阀门开始关闭。当冷却液温度进一步升高到一定值（一般为86℃）时，主阀门完全开启，而侧阀门也正好关闭小循环通路（见图4-9（b）），此时来自发动机水套的冷却液全部经过散热器进行大循环。冷却液温度在主阀门开始开启温度与完全开启温度之间时，主阀门和副阀门均部分开启，在整个冷却系统内，部分冷却液进行大循环，部分冷却液进行小循环。

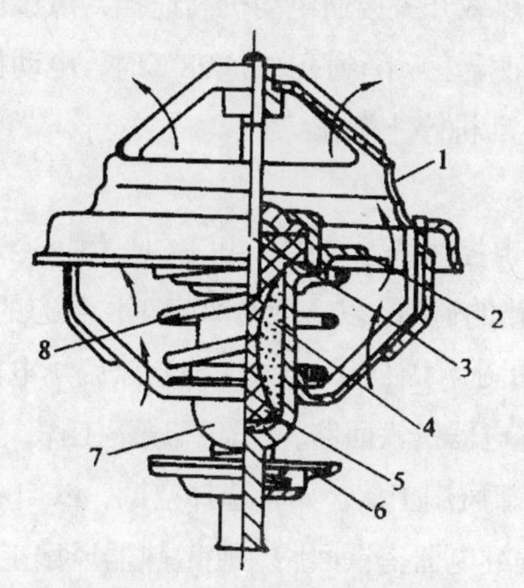

图4-8 蜡式节温器的结构

1—支架 2—主阀门 3—推杆 4—石蜡 5—胶管 6—副阀门 7—节温器壳体 8—弹簧

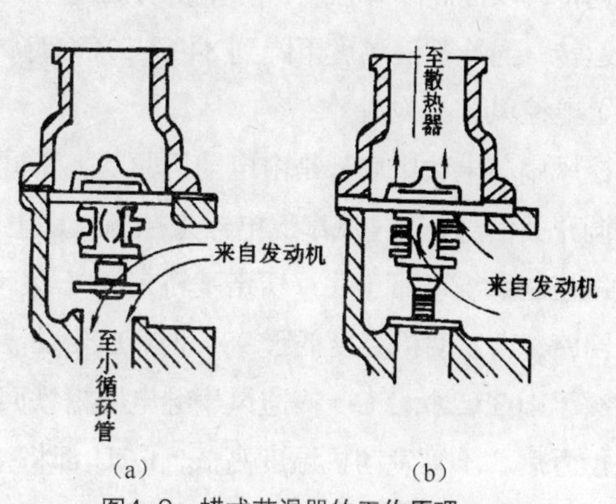

图4-9 蜡式节温器的工作原理

3. 风扇及控制系统

（1）风扇的构造

风扇的功用是提高流经散热器的空气流量和流速，以提高冷却强度。

风扇一般安装在散热器与发动机之间，并与水泵同轴。在水冷却系统中，常用风扇的结构及类型如图4-10所示。一般发动机冷却风扇都采用金属钢板冲压而成的叶片，叶片用螺钉固定在连接板上，近年来采用塑料压铸而成的整体式风扇越来越多。风扇一般有4～6片叶片，叶片相对风扇旋转平面有一定的扭转角度（30°～45°），从叶根到叶尖扭转角度逐渐减小，有些风扇叶片的扭转角度是可调的。为减小风扇噪声，各风扇叶片之间的夹角不等。

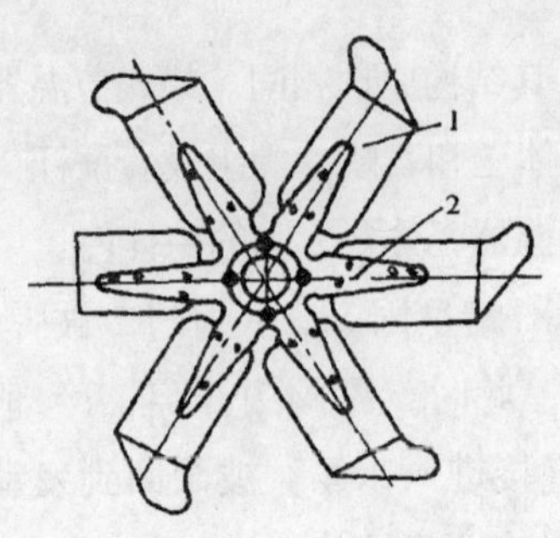

（a）叶尖弯曲式风扇

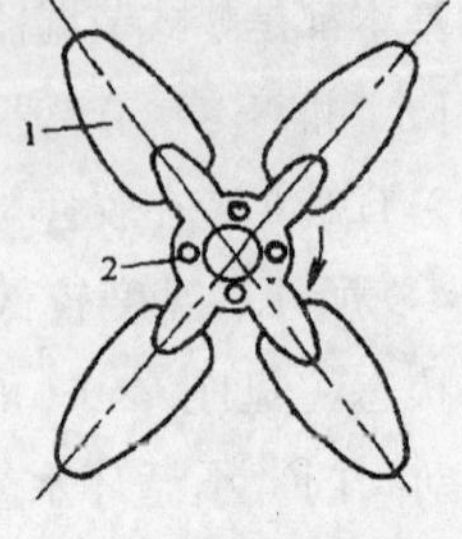

（b）尖窄根宽式风扇

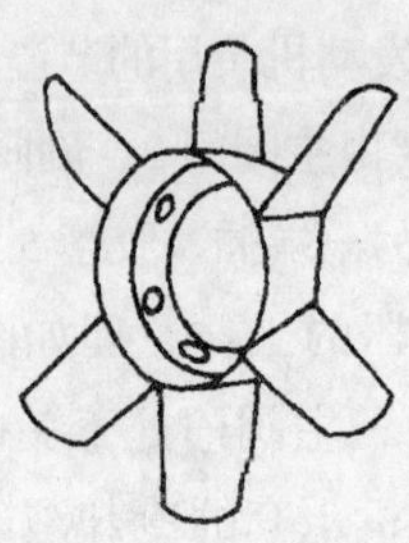

（c）塑料整体式风扇

图4-10 常用风扇的结构及类型

1—叶片 2—连接板

（2）电动风扇的组成

电动风扇是指用电动机驱动的风扇，如图 4-11 所示。在前置发动机前驱动的轿车上，由于发动机横置，散热器与曲轴的方向和位置变化，很难利用发动机通过传动带驱动风扇，为此装用电动风扇。

驱动风扇的电动机一般有高速和低速两个挡位，其工作状态通过热敏开关由冷却液温度控制。当散热器出口冷却液温度为 92℃～97℃时，热敏开关接通电动机低速挡，风扇开始运转，保证有足够的空气流经散热器；当冷却液温度在 99℃～105℃时，热敏开关接通电动机高速挡，风扇以更高的转速运转，以提高冷却强度，防止发动机过热。当冷却液温度下降到 91℃～98℃时，电动机恢复低速挡运转；当冷却液温度下降到 84℃～91℃时，风扇电动机停止工作。

（3）电控风扇的构造

电控风扇与电动风扇都是由电动机驱动，不同的是在电控风扇系统中，由 ECU 根据冷却液温度和空调开关信号，通过风扇继电器来控制风扇电动机电路的通断，以实现对风扇工作状态的控制。

风扇控制系统电路（北京切诺基轿车 4.0L 发动机）如图 4-12 所示。ECU 控制风扇继电器线圈的搭铁回路，当发动机温度低于 98℃时，ECU 断开风扇继电器搭铁回路，冷却风扇不工作；当发动机温度高于 103℃时，ECU 接通风扇继电器搭铁回路，冷却风扇工作。如果选择空调，ECU 接到空调开关信号后，不管发动机温度高低，ECU 都将接通风扇继电器搭铁回路，使散热器风扇工作。

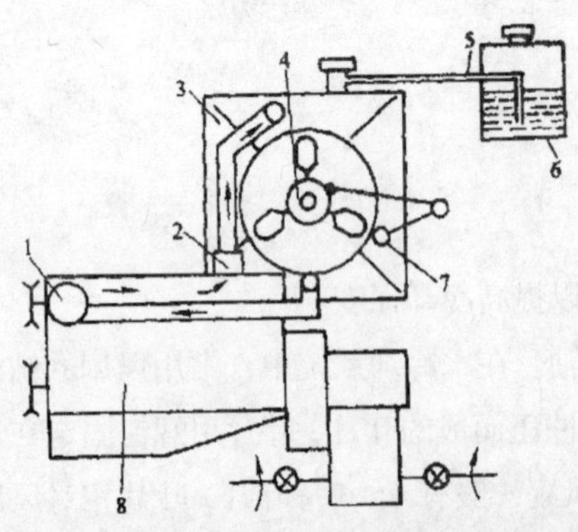

图4-11 电动风扇

1—水泵 2—节温器 3—散热器 4—电动机和风扇 5—软管 6—膨胀水箱 7—温控开关 8—发动机

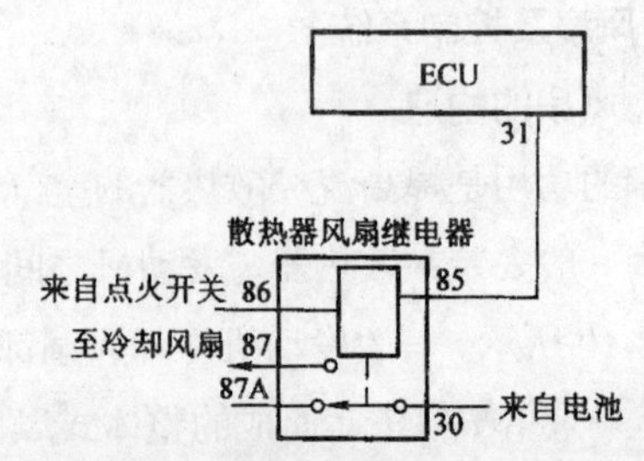

图4-12 北京切诺基轿车4.0L发动机风扇控制系统电路

（三）冷却液

发动机冷却液与润滑油一样，是使发动机正常工作、运转必不可少的组成部分。冷却液是冷却系统中的传热介质，具有冷却、防腐、防垢以及防冻等作用。冷却液包括冷却水和防冻液。

1. 冷却水

汽车发动机中使用的冷却水应是清洁的软水，如雨水、自来水等；而井水、河水等硬水中含有矿物质，在高温下易生成水垢，不能作为发动机冷却水。

2. 防冻液

为防止在冬季寒冷地区，因冷却水结冰而发生散热器、气缸体、气缸盖变形或胀裂的现象，在冷却水中加入一定量的防冻液以达到降低冰点、提高沸点的目的。

防冻液是水与防冻剂的混合物。防冻液用水最好是软水，否则将在发动机水套中产生水垢，使传热受阻，易造成发动机过热。

最常用的防冻剂是乙二醇。冷却液中水与乙二醇的比例不同，其冰点也不同。50%的水与50%的乙二醇混合而成的冷却液，其冰点为-35.5℃。

在水中加入防冻剂还同时提高了冷却液的沸点。例如，含50%乙二醇的冷却液在大气压力下的沸点是103℃。因此，防冻液有防止冷却液过早沸腾的附加作用。

防冻液中通常含有防锈剂和泡沫抑制剂。防锈剂可延缓或阻止发动机水套壁及散热器的锈蚀或腐蚀。冷却液中的空气在水泵叶轮的搅动下会产生很多泡沫，这些泡沫将妨碍水套壁的散热，泡沫抑制剂能有效地抑制泡沫产生。

有些防冻液具有堵漏的功能，其含有微细塑胶颗粒或无机纤维，在随防冻液循环过程中，自动堵住散热器上的细小渗漏部位。

防冻剂中一般加入着色剂，使冷却液呈蓝色或黄色以便识别。

三、项目实施

（一）实施要求

汽车发动机拆装台架、汽车发动机常用拆装工具、专用拆装工具、相关量具、零部件存放台、散热器、油盆、水泵、节温器、盆、传统风扇、电动风扇及电控风扇等零部件、冷却液。

（二）实施步骤

1. 检修散热器

（1）散热器密封性检查

① 就车检查。用膨胀式橡胶塞堵住散热器进水管口和出水管口，向散热器内加水至加水口下方10～20mm处，用专用手动打压器从加水口向散热器内部施加 0.8kPa压力，如图4-13所示，5min内打压器压力表上的指示压力应不下降，否则说明散热器有泄漏。

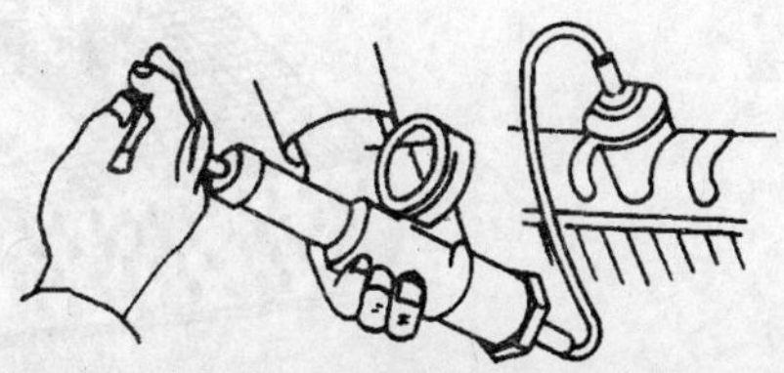

图4-13 散热器的就车检查

② 水槽检查。拆下散热器后，用膨胀式橡胶塞堵住进水管口和出水管口，从加水口向散热器内充入 30～80kPa 的压缩空气，将散热器浸入水槽，若有气泡冒出，说明散热器有泄漏。

（2）散热器芯管堵塞的检查

从加水口向散热器内加入热水，用手触试散热器芯管各处温度，若有温度不升高的部位，说明散热器芯管该部位堵塞。判断散热器芯管是否堵塞，也可以拆下上储水室，再用根据芯管尺寸和断面形状制造的专用通条来检查。所有芯管都不允许有堵塞现象，个别因中部堵塞而确实无法疏通的，允许存在堵塞的芯管不超过两根。散热器芯管若存在压扁或通条不能通过现象，应更换芯管。

（3）散热器盖的检查

使用专用手动打压器给散热器盖加压，当打压器上的压力表读数突然下降时，说明蒸汽放出阀打开。蒸汽阀的开启压力应符合规定，如 CA6110 型柴油发动机为 29.428kPa。

（4）散热器的修理

散热器常见故障是因机械损伤、化学腐蚀、芯管堵塞等原因，导致泄漏、外观变形和散热性能下降。散热器芯管有堵塞时，应使用专用通条进行疏通。散热片有变形或倒伏时，应及时进行整形、扶正。散热器的贮水室若有凹陷变形时，可在凹陷处焊一钩环，拉平后再解焊。散热器泄漏一般发生在芯管与贮水室的接合部，散热器泄漏部位可用锡焊或粘接方法修复。

在使用中，散热器最常见的故障是芯管损伤。芯管的修理方法主要有以下两种。

① 接管法。用尖嘴钳拆去已损坏的芯管上的散热片，剪下已损坏的一段芯管，从芯管的一端插入通条并使通条穿过剪去部分的上、下剪口，如图 4-14 所示，用尖嘴钳将上、下剪口整理平直；从废旧散热器上选取一根可以使用的芯管拆下，剪取一段比剪除的损坏部分长约 10mm 的芯管作为接管，将接管两端稍微扩口并套接到需修理的芯管上，再插入通条将接口处整理平直；在接口处涂一层氧化锌铁溶液，用气焊加热，并用锡焊焊合接口；焊接修理后，尽可能将散热片予以恢复和整理平直。

② 换管法。将散热器夹装在专用修理架上，用通条插入需更换的芯管中并来回拉动以清除芯管内的水垢；如图 4-15 所示，将电阻加热器插入需更换的芯管，给电阻加热器通 24V 直流电加热，通电约 1min 加热器烧红后，芯管上的焊锡开始熔化，这时再用气焊将芯管上下底板连接处的焊锡加热使之熔化，当芯管分离松动后迅速切断电阻加热器电源，并趁热用手钳将芯管和电阻加热器一起抽出；清理各连接部位的污垢，将表面挂有焊锡的新散热器芯管（或从废旧散热器上拆下的、可以使用的芯管）插入芯管孔内，用焊锡将芯管焊牢，最后修整损坏的散热片。

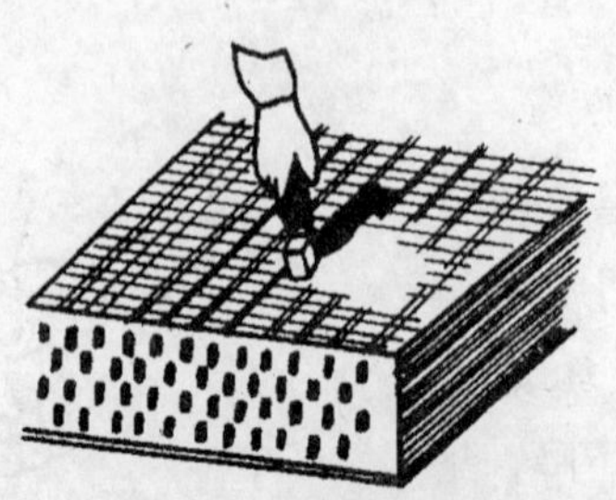

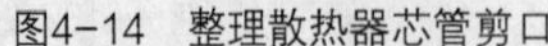

图4-14 整理散热器芯管剪口

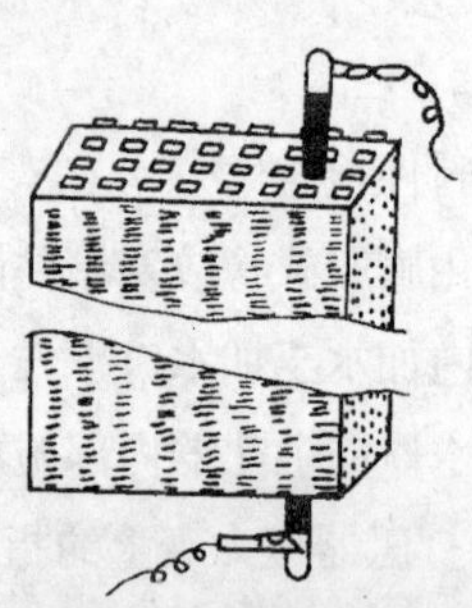

图4-15 用电阻加热器加热散热器芯管

2. 检修水泵、节温器

（1）水泵拆装

水泵的结构比较简单，但进行解体修理时仍应注意结构上的差别和工艺上的要求，一般拆装程序如下。

① 拆下驱动带，拆下风扇带轮紧固螺母和垫片，用拉器拆下风扇带轮和轮毂，并注意收好半圆键。

② 拆下泵盖固定螺栓，取下泵盖和衬垫。

③ 对于叶轮压配在水泵轴上的结构，使用拉器从水泵轴上拆下叶轮。对于用螺栓将叶轮紧固在水泵轴上的结构，应先拧下螺栓，再用拉器拆下叶轮。

④ 采用两个球轴承支承水泵轴的结构，应预先测量轴承定位卡环外径；若外径小于泵壳上的水封座孔，可将叶轮和水泵轴一起从泵盖一侧压出；若卡环外径大于泵壳上的水封座孔，可用拉器将叶轮从水泵轴上拆下。采用整体式泵轴和轴承结构，如果轴承中部装有卡环，应从轴承座中间切槽处撑开卡环后再压出泵轴。

⑤ 采用石墨密封圈的水封，可用芯轴向泵盖一侧顶出水封。一些国产汽车发动机水泵采用组合式水封，水封零件安装在叶轮中，拆下卡环即可取出各零件。

⑥ 水泵的装配按分解相反顺序进行。装配后，用手转动带轮，应灵活无卡滞现象；用手摇动带轮，泵轴不应有明显的松旷；检查泄水孔应通畅；最后应从滑脂嘴注入适量的指定润滑脂。如果有条件，水泵经过修理后，应在实验台上进行流量检验。

（2）水泵常见故障与修理

水泵常见故障是漏水、轴承松旷和泵水量不足。

① 漏水。泵壳裂纹导致漏水时一般有明显的痕迹，裂纹较轻时可用粘接法修理，裂纹严重时应更换。在水泵正常时，水泵壳上的泄水孔不应漏水，如果泄水孔漏水说明水封密封不良，其原因可能是密封面接触不紧密或水封损坏，应分解水泵进行检查，清洁水封密封面或更换水封。水泵泄水孔位置如图 4-16 所示。

② 轴承松旷。在发动机怠速运转时，若水泵轴承有异响或带轮转动不平衡，一般是轴承松旷所致；发动机熄火后，用手扳动带轮进一步检查其松旷量，若有明显松旷，应更换水泵轴承；若水泵轴承有异响，但用手扳动带轮无明显松旷，则可能是水泵轴承润滑不良所致，应从滑脂嘴加注润滑脂。

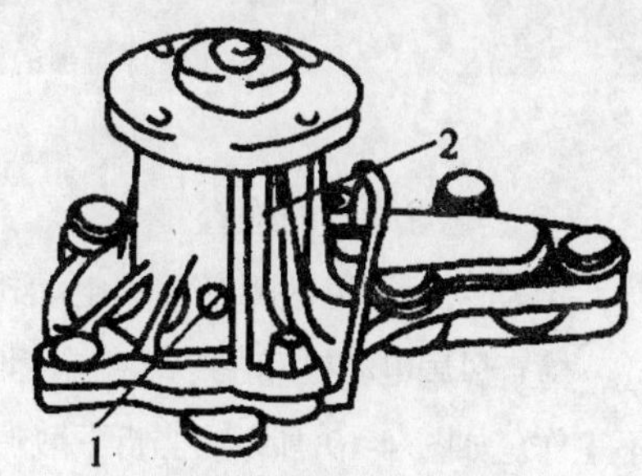

图4-16 水泵泄水孔位置
1—泄水孔 2—泵壳

③ 泵水量不足。水泵泵水量不足一般是因水道堵塞、叶轮与轴滑脱、漏水或传动带打滑，可通过疏通水道、重装叶轮、更换水封、调整风扇传动带松紧度来排除故障。

（3）节温器的检查

节温器一般安装在发动机水套出水口处，拆下节温器后，将其浸入水中，如图 4-17 所示，逐渐将水加热，检查节温器主阀门开启温度。如果节温器主阀门开启温度不符合要求，或在常温下关闭不严，应更换节温器。

（4）实训操作注意事项

① 水泵的拆装不能用手锤直接敲击零件，应选用拉压工具。

② 拆下驱动带，拆下风扇带轮上的紧固螺母和垫片，用拉器拆下风扇带轮和轮毂，注意收好半圆键。

③ 拆卸叶轮压配在水泵轴上的结构时，使用拉器从水泵轴上拆下叶轮。拆卸用螺栓将叶轮紧固在水泵轴上的结构时，应先拧下螺栓，再用拉器拆下叶轮。

3. 检修风扇及控制系统

（1）风扇传动带松紧度的调整

风扇、水泵和发电机一般由曲轴通过 1 根传动带驱动。若传动带过紧，将使水泵轴承和传动带的磨损加剧；传动带过松，将会出现传动带打滑现象。因此，应经常检查并及时调整风扇传动带松紧度。

检查风扇传动带松紧度时，用拇指压在风扇与电动机两带轮中间的传动带上，施加一定的压力（一般为 40N），传动带的挠度应符合规定（一般为 12～15mm），否则应调整风扇传动带松紧度。也可用两手指夹住传动带使其扭转，扭转角度一般应在 90° 以下，否则应调整传动带松紧度。

风扇传动带松紧度的调整如图 4-18 所示，松开电动机在移动支架上的固定螺栓，用撬棒向外或向内移动电动机，即可改变风扇传动带的松紧度。调整后，拧紧电动机在移动支架上的固定螺栓。

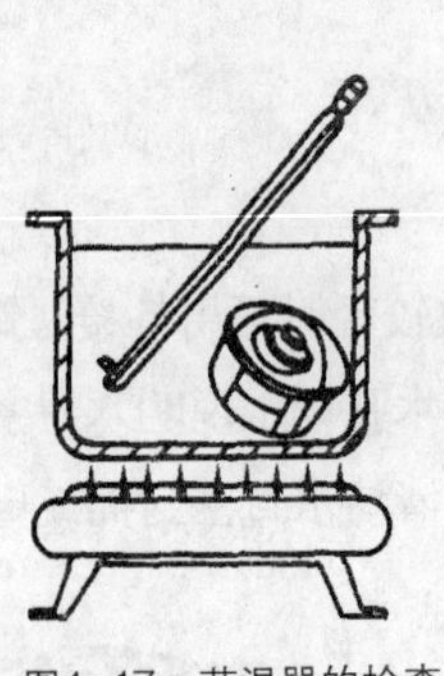

图4－17 节温器的检查

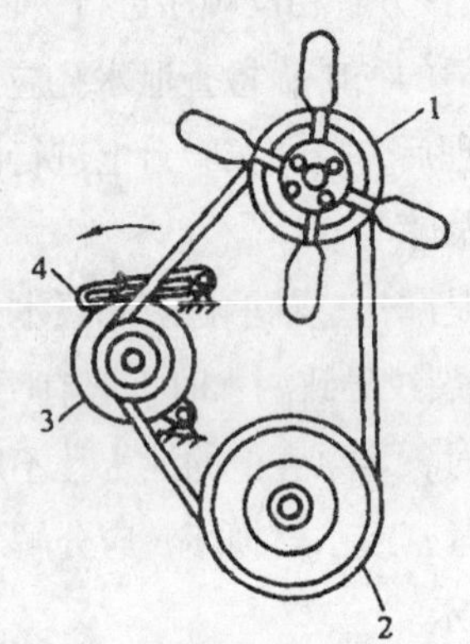

图4－18 风扇传动带松紧度的调整
1—风扇带轮 2—曲轴带轮 3—电动机 4—移动支架

（2）电动风扇的检查

电动风扇常见故障是风扇电动机或温控开关故障。

检查风扇电动机应在冷却液温度低于 83℃的状态下进行。此时将点火开关转置“ON”，风扇电动机应不工作。如图 4-19 所示，当拆下散热器上的温控开关线束插头并使其搭铁时，风扇电动机应转动；接上温控开关线束插头时，风扇电动机应停止工作。若不符合上述要求，说明风扇电动机或其电路有故障。

进一步检查风扇电动机可按如图 4-20 所示，在电路中串联万用表检查风扇电动机的工作电流，如果风扇能够平稳运转且工作电流在 5～8A 范围内，说明风扇电动机良好。

就车检查温控开关时，首先使发动机运转，直到冷却液温度达到风扇电动机开始工作的最低温度（约 90℃）以上。此时拆下温控开关线束插头，用万用表检查温控开关线束插头与搭铁之间的导通情况，如图 4-21 所示，正常应导通；然后拆下散热器盖，用温度计直接测量散热器内的冷却液温度，当冷却液温度下降到83℃以下时，温控开关线束插头与搭铁之间应不导通。若不符合上述要求，说明温控开关不良，应更换。

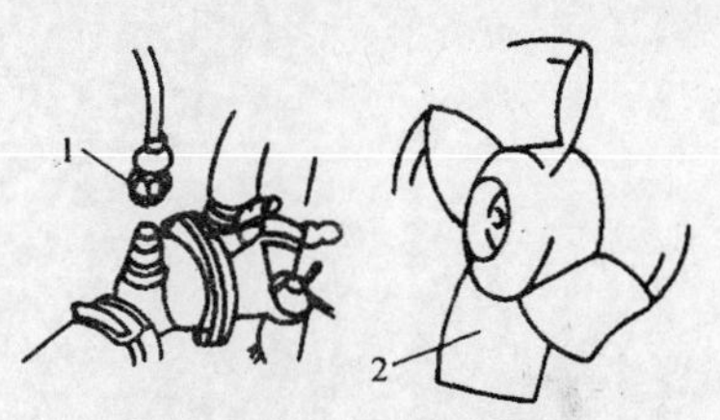

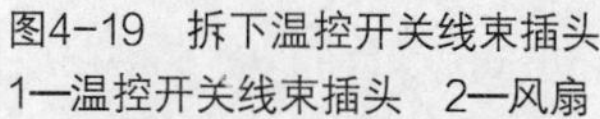
图4-19 拆下温控开关线束插头
1—温控开关线束插头 2—风扇

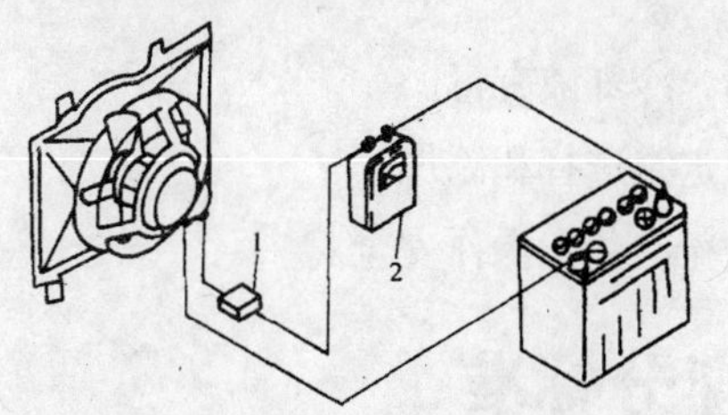

图4-20 风扇电动机的检查
1—接线盒 2—万用表

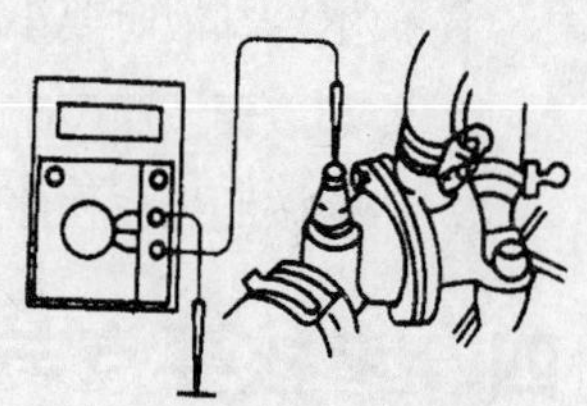

图4-21 检查风扇温控开关

（3）电控风扇的检查

电控风扇控制系统发生故障时，主要对电源电路、风扇电动机及其电路、风扇继电器线圈电阻及继电器电路进行检查。

4. 添加与更换冷却液

（1）加注或更换冷却液

为保证汽车安全行驶，出车前应在发动机冷机状态下检查冷却系统的冷却液是否足够。带膨胀水箱的冷却系统，膨胀水箱内的液面应在上限标记与下限标记之间，若液面低于下限标记，应打开散热器盖，添加冷却液。

不同的冷却液不允许混合使用；在冷却液温度较高时，不要打开散热器盖，以免冷却液喷出造成人员烫伤。

冷却液可以长期使用，但时间过长，添加剂会因受热而变质。因此，汽车每行驶40000km（或两年）或冷却液中出现锈红色，就应更换冷却液。

更换冷却液时，应放净散热器、膨胀水箱及气缸体水套中的冷却液。放水阀一般设在散热器底部，有些发动机气缸体上也设有放水阀。将冷却系统的冷却液放完后，拧紧放水阀，从散热器加水口向冷却系统中加注新的冷却液，直到液面达到规定位置为止。加满新的冷却液后，应使发动机怠速运转几分钟，除检查发动机有无渗漏之处，停机后还应检查冷却液液面有无变化。

（2）清除冷却系统水垢

冷却系统中的水垢是由于冷却水中有可溶性矿物盐和泥沙等杂质，这些杂质受热析出或变硬而形成的。冷却系统积垢严重，会使热量传递困难，影响发动机正常工作。因此，定期清除冷却系统水垢是必不可少的维护作业项目。

冷却系统积垢较轻时，可拆下节温器，将清水沿正常循环相反的方向从出水口压入水套和散热器，直到流出的水清洁为止。

如果冷却系统积垢严重，应用化学方法清除。将冷却系统除垢剂按规定的比例稀释后加入冷却系统，发动机工作达到一定时间后，再改用清水冷却，即可清除冷却系统的水垢。使用化学方法除

垢，必须按使用说明中的要求进行操作。

（3）操作注意事项

① 放出冷却液时要小心，冷却液有毒。

② 冷却液要按照厂家规定来选择和添加。

③ 严格按照操作程序进行，注意操作安全。

四、考核要点与评分标准

散热器的检修考核要点及评分标准见表4-1。

表4-1　　散热器的检修考核要点及评分标准

序号	考核内容	配分	评分标准	考核记录	得分
1	正确使用工具、仪表	10	使用不当，一项扣5分		
2	正确进行散热器检查	40	操作不熟练，一次扣2分 操作错误，扣10分		
3	正确进行散热器维修	40	操作不熟练，一次扣3分 操作错误，扣5分		
4	整理工具、清理现场	10	违章每项扣2分		
	安全操作方面		因操作不当发生事故，记0分		
5	分数合计	100			

水泵、节温器的检修考核要点及评分标准见表4-2。

表4-2　　水泵、节温器的检修考核要点及评分标准

序号	考核内容	配分	评分标准	考核记录	得分
1	正确使用工具、仪表	10	使用不当，一项扣5分		
2	正确进行水泵的拆装	30	操作不熟练，一次扣2分 操作错误，扣10分		
3	正确对节温器进行检查	30	操作不熟练，一次扣3分 操作错误，扣5分		
4	正确实施水泵的修理	20	（口述）错误，一次扣5分		
5	整理工具、清理现场	10	违章每项扣2分		
	安全操作方面		因操作不当发生事故，记0分		
6	分数合计	100			

风扇及其控制系统的检修考核要点及评分标准见表4-3。

表4-3　　风扇及其控制系统的检修考核要点及评分标准

序号	考核内容	配分	评分标准	考核记录	得分
1	正确使用工具、仪表	10	使用不当，一项扣5分		
2	正确进行风扇的拆装	40	操作不熟练，一次扣2分 操作错误，扣10分		

续表

序号	考核内容	配分	评分标准	考核记录	得分
3	正确进行风扇的检修	40	操作不熟练，一次扣3分 装配错误，扣5分		
4	整理工具、清理现场	10	违章每项扣2分		
	安全操作方面		因操作不当发生事故，记0分		
5	分数合计	100			

冷却液的添加与更换考核要点及评分标准见表4-4。

表4-4　冷却液的添加与更换考核要点及评分标准

序号	考核内容	配分	评分标准	考核记录	得分
1	正确使用工具、仪表	10	使用不当，一项扣5分		
2	正确阐述冷却液的使用	25	（口述）错误一处扣3分		
3	正确加注、更换冷却液	25	操作不熟练，一次扣2分 操作错误，扣10分		
4	清除冷却系统水垢	30	操作不熟练，一次扣3分 操作错误，扣5分		
5	整理工具、清理现场	10	违章每项扣2分		
	安全操作方面		因操作不当发生事故，记0分		
6	分数合计	100			

五、小结

本项目详细介绍了汽车发动机冷却系各零部件结构、原理，散热器的检修方法，水泵、节温器的检修方法、风扇及控制系统的检修方法、冷却液的添加与更换方法及注意事项。

六、习题及思考题

1. 简述散热器的构造与原理。
2. 如何进行散热器密封性的检测？
3. 如何对散热器进行修理？
4. 叙述水泵的工作原理与检修内容。
5. 如何对节温器的性能进行检测？
6. 简述风扇的构造、组成及工作原理。
7. 模拟检修电控风扇故障。
8. 如何对风扇传动带松紧度进行调整。
9. 简述冷却液作用及分类。
10. 冷却液中的添加剂都有哪些？它们的作用分别是什么？

项目五
发动机润滑系统检修

一、项目要求

1. 掌握发动机润滑系统的组成、各零部件的结构及工作原理。

2. 掌握判断润滑油品质及润滑油的添加与更换的方法。

3. 熟悉滤清器的原理，能够独立进行机油滤清器的更换。

4. 掌握机油泵的检测和维修的方法。

5. 了解润滑系统润滑油压力的最常见的故障及原因，学会分析、判断润滑系统润滑油压力的故障原因及排除方法。

二、相关知识

（一）概述

润滑系统的功用是润滑发动机各零部件的摩擦表面，以减少各零部件摩擦表面的摩擦与磨损，并带走摩擦表面上的磨屑等杂质，冷却摩擦表面，提高气缸的密封性。此外，还可防止零件被腐蚀。润滑系统的功用包括润滑、清洗、冷却、密封、防锈、缓冲等。

发动机工作时，由于各运动零部件的位置、相对运动速度、承受机械载荷和热负荷等不同，对润滑强度的要求也不同。为保证润滑可靠，并尽可能简化润滑系统的结构，在发动机润滑系统中，根据各部位的工作特点采取了不同的润滑方式，润滑方式可分为压力润滑、飞溅润滑和定期润滑 3 种。

（1）压力润滑

利用机油泵，将具有一定压力的润滑油源源不断地送往摩擦表面。例如，曲轴主轴承、连杆轴承及凸轮轴轴承、摇臂等处形成油膜以保证润滑。

（2）飞溅润滑

利用发动机工作时运动零件飞溅起来的油滴或油雾来润滑摩擦表面的润滑方式称为飞溅润滑。可使裸露在外面承受载荷较轻的气缸壁，相对滑动速度较小的活塞销，以及配气机构的凸轮表面、挺柱等得到润滑。

（3）定期润滑

对于负荷较小的发动机辅助装置则只需定期、定量加注润滑脂进行润滑。例如水泵及发电机轴承等。它不属于润滑系的工作范畴。近年来在发动机上采用含有耐磨润滑材料（如尼龙、二硫化钼等）的轴承来代替加注润滑脂的轴承。

润滑系统主要由油底壳、机油泵、油道（主油道和分支油道）、滤清器（集滤器、粗滤器和细滤器）、限压阀、机油压力传感器和机油压力表等组成。

（二）典型发动机润滑系统

1. 上海桑塔纳轿车发动机润滑系统

采用复合式润滑系统的上海桑塔纳轿车 JV 型 1.8L 汽油发动机润滑油路如图 5-1 所示。发动机工作时，机油经集滤器、机油泵、机油滤清器，之后会有以下 3 种润滑路径。

① 主油道——主轴承——连杆轴承——活塞销——喷溅至活塞；

② 发动机前端第一条斜向油道——中间轴；

③ 主油道的垂直油道——凸轮轴轴径——气缸盖回油孔——曲轴箱。

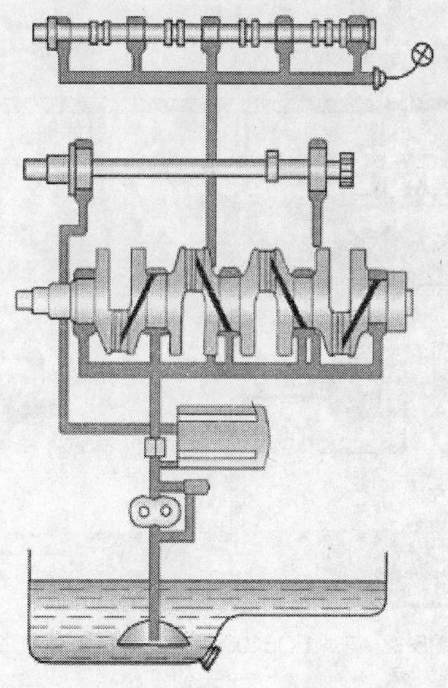

图5-1　上海桑塔纳轿车发动机润滑油路

报警系统装有两个报警开关分别为低压报警开关（即机油压力传感器），装在气缸盖后端；高压报警开关，装在机油滤清器支架上。

要求：发动机在机油温度为 353K，转速为 800r/min 时，机油压力不低于 30kPa；在 2000r/min

时，机油压力不低于 200kPa。

打开点火开关，仪表板上的机油压力警告灯开始闪烁。发动机启动后，当机油压力大于 30kPa 时，限压阀打开，警报灯熄灭；发动机低速运转时，机油压力低于 30kPa，则低压油压开关触点闭合，机油压力警告灯闪烁。

当发动机转速超过 2150r/min 时，机油压力未达到 180kPa，高压报警开关的触点断开，机油压力警告灯闪烁，报警蜂鸣器也同时发出响声。

2. 东风 EQ6100-1 型发动机润滑系统

东风 EQ6100-1 型发动机润滑系统采用的是综合润滑方式。曲轴主轴颈、连杆轴颈、凸轮轴轴颈、凸轮轴止推凸缘、正时齿轮、分电器传动轴等均采用压力润滑；活塞、活塞环、活塞销、气缸壁、气门、挺杆、凸轮等采用飞溅润滑。

东风 EQ6100-1 型发动机润滑油路如图 5-2 所示。润滑系统工作情况如下。

发动机工作时，机油经集滤器后，大部分机油被机油粗滤器滤去较大的机械杂质，流入纵向主油道执行压力润滑任务；小部分机油（10%～15%），经机油细滤器滤去较细的杂质和胶质后流回油底壳（即细滤器与主油道并联）。

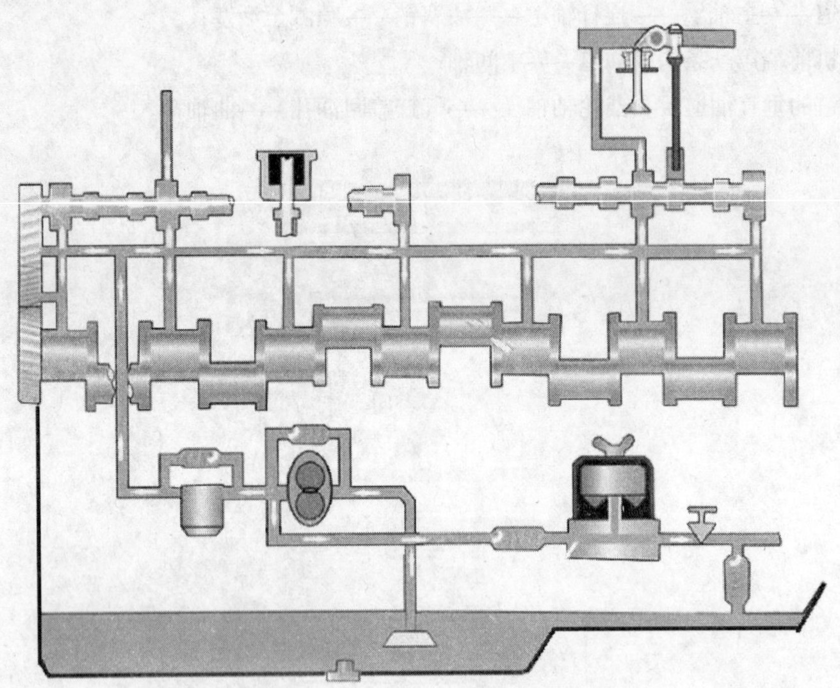

图5-2 东风EQ6100-1型发动机润滑油路

当机油泵输出压力较低时，低压限压阀关闭，机油泵输出的润滑油全部进入主油道。

① 进入主油道的机油，通过七条并联的横向油道分别润滑主轴径和凸轮轴径。经主轴径机油从曲轴中的斜向油道润滑连杆轴径。

② 机油从凸轮轴的第二、第四轴径处，经两个上油道通向摇臂支座，润滑摇臂轴、推杆球头和

气门端部。

③ 第三横向油道通向汽油泵传动轴；第一条横向油道通过喷油嘴，喷射出去的机油用来润滑正时齿轮副。

④ 在第一、第二横向油道之间接出的油管通到空气压缩机曲轴中心的油道，对其连杆润滑后的机油由回油管回到油底壳中。

（三）主要零部件介绍

1. 机油滤清器

润滑油在流到摩擦面之前，所经过的滤清器滤芯越细密，滤清次数越多，将使润滑油流动阻力越增大，为此在润滑系统中一般装用几个不同滤清能力的滤清器——集滤器、粗滤器和细滤器，分别并联和串联在主油道中（与主油道串联的滤清器称为全流式滤清器，与主油道并联的则称为分流式滤清器），这样既能使润滑油得到较好的滤清，而又不至于造成很大的流动阻力。

（1）集滤器

集滤器一般是滤网式的，装在机油泵之前，防止粒度大的杂质进入机油泵。目前汽车发动机所用的集滤器分为浮式集滤器和固定式集滤器两种。

浮式集滤器能吸入油面上较清洁的润滑油，但油面上的泡沫易被吸入，使润滑油压力降低，润滑不可靠。固定式集滤器装在油面下面，吸入的润滑油清洁度稍逊于浮式，但可防止泡沫吸入，润滑可靠，结构简单，故基本取代了浮式集滤器。例如，奥迪 100 型轿车以及依维柯轻型车的发动机都采用了固定式集滤器。

（2）粗滤器

粗滤器用以滤去润滑油中粒度较大（直径为 0.05mm 以上）的杂质。它对润滑油的流动阻力较小，故可串联于机油泵与主油道之间，即属于全流式滤清器。

粗滤器根据滤清元件（滤芯）的不同，可以有各种不同的结构形式。汽车发动机常用的有金属片缝隙式和纸质式粗滤器。金属片缝隙式粗滤器由于质量大，结构复杂，制造成本高等缺点，已基本被淘汰，目前国产汽车发动机都采用纸质式粗滤器。图 5-3 所示为东风 EQ6100-1 型发动机的纸质滤芯式粗滤器。滤清器壳体由铸铁上盖 1 和板料压制的外壳 3 组成。滤芯 4 用经过树脂处理的微孔滤纸制成。滤芯的两端由环形密封圈 2 和 6 密封。润滑油由上盖 1 的下孔（进油孔）流入，通过滤芯滤清后，经上盖的上孔（出油孔）流入主油道。当滤芯被积污堵塞，其内外压差达到 0.15～0.17MPa 时，旁通阀的球阀 12 即被顶开，大部分润滑油不经滤芯滤清，直接进入主油道，以保证主油道所需的润滑油量。

（3）细滤器

细滤器用以清除直径在 0.001mm 以上的细小杂质。由于这种滤清器对润滑油的流动阻力较大，故多做成分流式，即与主油道并联，只有少量润滑油通过细滤器。因此，细滤器属于分流式滤清器。

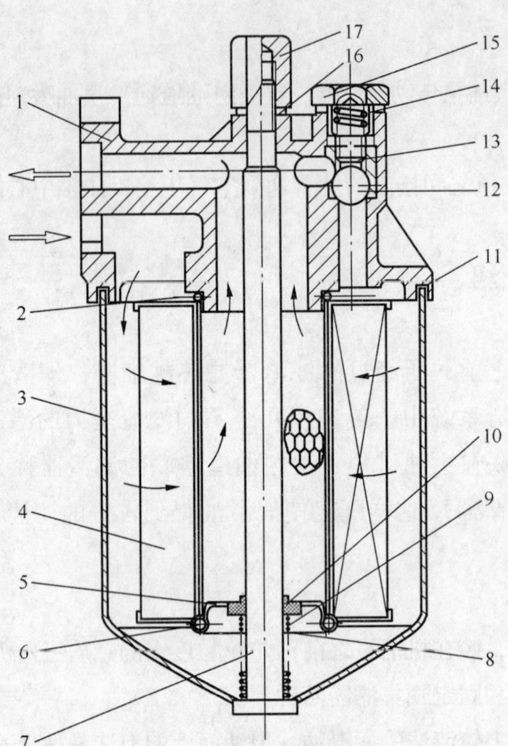

图5-3 纸质滤芯式机油粗滤器

1—上盖 2、6—滤芯密封圈 3—外壳 4—纸质滤芯 5—托板 7—拉杆 8—滤芯压紧弹簧 9—压紧弹簧垫圈 10—拉杆密封圈 11—外壳密封圈 12—球阀 13—旁通阀弹簧 14、16—密封垫圈 15—阀座 17—螺母

细滤器按清除杂质的方法来分，可分为过滤式机油细滤器和离心式机油细滤器两种类型。过滤式机油细滤器存在着滤清能力与通过能力的矛盾，目前广泛采用离心式机油细滤器。

EQ6100-1 型发动机离心式机油细滤器构造如图 5-4 所示。滤清器外壳 1 上固定着带中心孔的转子轴 3。转子体 14 与转子体端套 6 连成一体，其上压入两个衬套 13，套在转子轴上可以自由转动。压紧螺母 12 将转子盖 8 与转子体紧固在一起。转子下面装有止推轴承 4。转子上面装有支承垫圈 9，并用弹簧 10 压紧，以限制转子轴向移动。整个转子用滤清器盖 7 盖住，压紧螺套 11 将盖 7 固定在外壳 1 上。转子下端装有两个按中心对称水平安装的喷嘴 5。发动机工作时，从油泵来的润滑油进入滤清器进油孔 B。若油压低于 0.1MPa，进油限压阀 19 不开启，润滑油则不进入滤清器而全部供入主油道，以保证发动机可靠润滑。当油压高于此值时，进油限压阀被顶开，润滑油沿壳体中的转子轴内的中心油道，经出油孔 C 进入转子内腔，然后经进油孔 D、油道 E 从两喷嘴喷出。于是转子在喷射反作用力的推动下高速旋转。当油压为 0.3MPa 时，转子转速高达 5000～6000r/min，由于转子内腔的润滑油随着转子高速旋转，润滑油中的机械杂质在离心力的作用下被甩向转子壁。因此，洁净的润滑油由进油孔 D 进入，再经喷嘴喷出。喷出的润滑油经滤清器出油孔 F 流回油底壳。

在发动机工作中如润滑油温度过高，可旋松调整螺钉 17，润滑油通过球阀，经管接头 20 流向机油散热器。当油压高于 0.4MPa 时，旁通阀 18 打开，润滑油流回油底壳。

离心式机油滤清器滤清能力高，通过能力好，不受沉淀物影响，无需更换滤芯，只需定期清洗即可；但对胶质滤清效果较差。这种滤清器由于出油无压力，一般只用作分流式细滤器。在有些小功率发动机上也有用它作为全流式离心细滤器的。

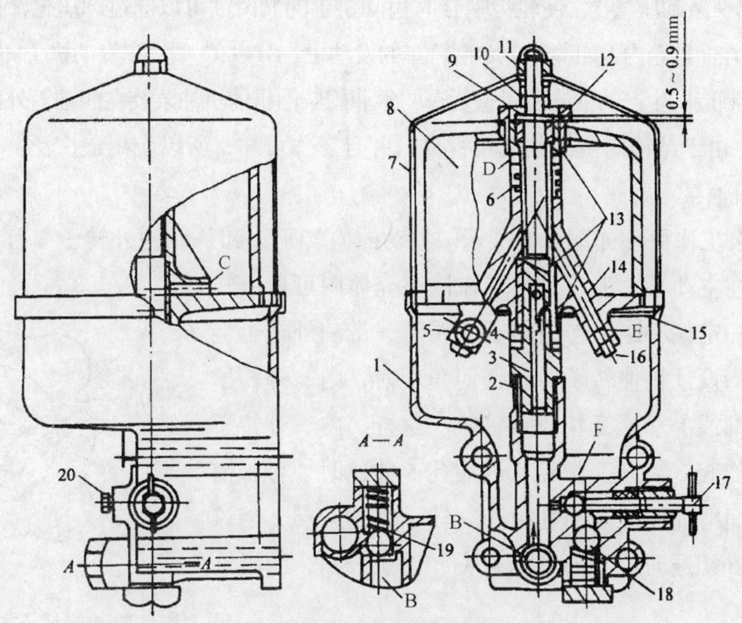

图5-4 离心式机油细滤器

1—壳体 2—锁片 3—转子轴 4—止推轴承 5—喷嘴 6—转子体端套 7—滤清器盖 8—转子盖 9—支承垫圈 10—弹簧 11—压紧螺套 12—压紧螺母 13—衬套 14—转子体 15—挡板 16—螺塞 17—调整螺钉 18—旁通阀 19—进油限压阀 20—管接头

A—局部图 B—滤清器进油孔 C—出油孔 D—进油孔 E—通喷嘴油道 F—滤清器出油孔

（4）复合式滤清器

双级复合式机油滤清器内装有粗滤与细滤两个滤芯（即双级滤芯），且两个滤芯安装在同一个壳体内（即为复合式）。双级复合式机油滤清器可分为可拆式和整体式两种。

2. 机油泵

机油泵的结构形式通常采用齿轮式和转子式两种。

（1）齿轮式机油泵

齿轮式油泵又分为外接齿轮式和内接齿轮式，一般把前者称为齿轮式机油泵。齿轮式机油泵的工作原理如图 5-5 所示。

在油泵壳体内装有一对外啮合齿轮（一个主动齿轮和一个从动齿轮）。齿轮与壳体内壁之间的间隙很小，壳体上有进油口。发动机工作时，齿轮按图中所示箭头方向旋转，进油腔 1 的容积由于轮齿向脱离啮合方向运动而增大，腔内产生一定的真空度，润滑油便从进油口被吸入并充满进油腔。齿轮旋转时把齿间所存的润滑油带到出油腔 2 内。由于出油腔一侧轮齿进入啮合，出油腔容积减小，油压升高，润滑油便经出油口被送到发动机润滑油道中。机油泵通常由凸

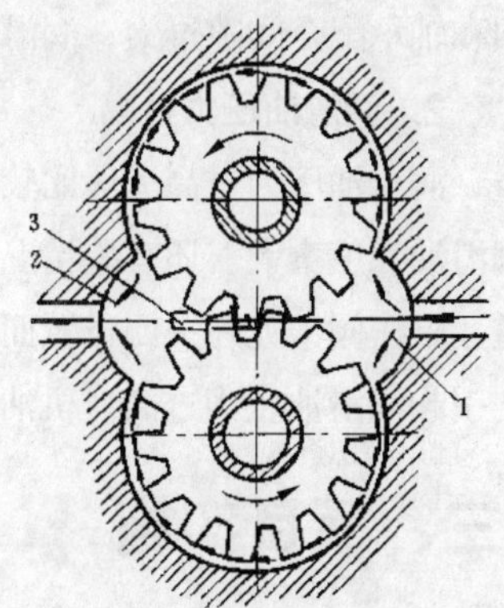

图5-5 齿轮式机油泵工作原理

1—进油腔 2—出油腔 3—卸压槽

轮轴上的斜齿轮或曲轴前端齿轮驱动。在发动机工作时，机油泵不断工作，从而保证润滑油在润滑油路中不断循环。当齿轮进入啮合时，啮合齿间的润滑油，由于容积变小在齿轮间产生很大的推力。为此，在泵盖上铣出一条卸压槽 3，使轮齿啮合时齿间挤出的润滑油可以通过卸压槽流向出油腔。

机油泵一般装在曲轴箱内（如奥迪 100 型轿车的发动机、BJ492Q 型汽车发动机），也可以装在曲轴箱外，例如南京汽车制造厂生产的依维柯轻型货车的索菲姆柴油机的机油泵装在曲轴箱外面的附件箱内。

齿轮式机油泵由于结构简单，制造较容易，并且工作可靠，所以应用最广泛。

（2）转子式机油泵

转子式机油泵工作原理如图 5-6 所示。主动的内转子 2 和从动的外转子 3 都装在油泵壳体 4 内。内转子固定在主动轴 1 上，外转子在油泵壳体内可自由转动，二者之间有一定偏心距。当内转子旋转时，带动外转子旋转。转子齿形齿廓设计得使转子转到任何角度时，内、外转子每个齿的齿形齿廓线上总能互相成点接触。这样，内、外转子间便形成四个工作腔。某一工作腔从进油孔 5 转过时，容积增大，产生真空，润滑油便经进油孔吸入。转子继续旋转，当该工作腔与出油孔 6 相通时，腔内容积减小，油压升高，润滑油经出油孔压出。

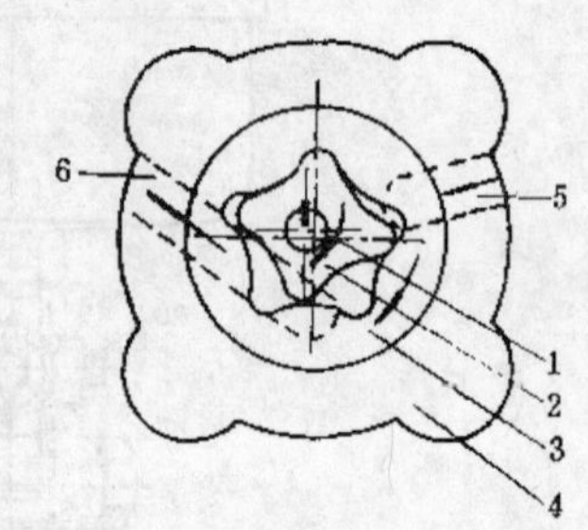

图5-6 转子式机油泵工作原理
1—主动轴 2—内转子 3—外转子
4—油泵壳体 5—进油孔 6—出油孔

转子式机油泵结构紧凑，吸油真空度较高，泵油量较大，且供油均匀。当机油泵安装在曲轴箱外且位置较高时，用此种机油泵较为合适。

（四）机油压力常见的故障

润滑系统润滑油压力常见的故障是润滑油压力过低或过高。

1. 润滑油压力过低

造成润滑油压力过低的原因有：润滑油泵零件磨损，使泵油压力过低；润滑系统各个密封面（油道、衬垫、油管接头）及各个阀门处不密封而漏油；各个阀门调整不当，限压弹簧折断或过软；轴颈和轴承配合间隙过大；润滑油黏度太低或数量不足；滤清器破损而渗漏过大等。

2. 润滑油压力过高

润滑油压力过高一般比较少见，主要是由于所使用润滑油黏度过大，或因发动机温度过低而使润滑油黏度增大。还有些情况就是加注的润滑油不清洁，机油滤清器失去作用，污垢和杂质堵塞油道，限压阀卡死在关闭位置而失去调节作用；限压阀调整不当，弹簧压力过高，阀门难以开启等都会引起润滑油压力过高。机油压力表有故障也可能指示出过高的油压。

三、项目实施

（一）实施要求

汽车发动机实验台、汽车发动机常用拆装工具、专用拆装工具、零部件存放台、盆、机油滤清器、机油指示灯或油压表、汽车发动机常用润滑油样品（含汽油机润滑油与柴油机润滑油各种牌号）、机油壶、润滑油、棉纱等。

（二）实施步骤

1. 添加与更换润滑油

（1）润滑油的检查

随着发动机使用时间的延长，润滑油质量也逐渐降低。因此必须定期检查，发现质量不符合使用要求时，应立即更换。

润滑油的检查，通常是观察润滑油外观和油斑痕迹来确定润滑油能否继续使用。

① 若从外观上发现润滑油中有大量呈黄白色乳化油膜，说明润滑油中已混入大量水分，黏度降低，添加剂遭到破坏。

② 油斑痕迹检查就是把机油尺擦净后，插入曲轴箱再取出，把黏附在油尺上的润滑油滴落在白色滤纸上，观察油滴的扩散情况和油斑核心部分的颜色，以判明润滑油的质量。如油滴扩散的范围较大，且外围的颜色较浅，中心区无明显痕迹，则说明润滑油中杂质颗粒小，清净分散性能良好；如果油滴中心部分颜色呈褐黑色或墨黑色，一般来说，润滑油已变质。正常的润滑油颜色还与润滑油及其添加剂种类有关，使用滤纸油斑法需有一定的经验。

发动机润滑油若使用不当，会使发动机在较短时间内损坏。因此对润滑油的使用必须高度重视。更换润滑油时，应趁热放出废润滑油及油中的机械杂质和氧化物，并拆下滤清器、油底壳、集滤器、曲轴箱、通风装置等进行清除。

（2）检查润滑油液面位置

应定期抽出机油尺检查润滑油的油面位置。机油尺上有上刻度线和下刻度线，适宜的润滑油面位置应在这两条刻度线之间。

检查时汽车要停放在平地上，发动机熄火 3min 后（待润滑油流回油底壳），抽出机油尺并将其擦净，再插回到底，重新抽出机油尺，在机油尺上就可以观察到润滑油液面位置。若润滑油液面处于机油尺下刻度线的下方，应从加油口加注润滑油，直到油夜面位置符合要求为止。若油面位置超过上刻度线，应放出多余的润滑油。

添加润滑油时，一定要添加相同牌号的润滑油，以免引起润滑油变质。若无同一牌号的油，则应全部更换。

（3）更换润滑油

汽车在完成走合里程后以及每行驶 10000km，或每半年应更换一次润滑油。更换时，在发动机熄火后的热机状态下，拧下油底壳底部的放油螺栓，放尽发动机内的旧润滑油，再装回放油螺栓，从加润滑油口加注新的润滑油，直到润滑油面位置符合要求为止。

（4）检查润滑油压力

在驾驶室仪表盘上有机油压力表的汽车，可由机油压力表上直接读取润滑油压力。驾驶室仪表盘上装有润滑油压力报警灯的汽车，润滑油压力报警灯亮即表示润滑油压力过低。若进一步检测润滑油压力，则需要拧下安装在主油道上的润滑油压力传感器，利用其联接螺纹口，安装一个机油压力表，由此表读取主油道的润滑油压力。

（5）疏通油道

油道脏污甚至堵塞，会影响润滑油在油道中的正常流动，若发现油道堵塞或发动机大修装复前，应彻底清洗并疏通油道。

对曲轴内的油污，可用铁丝缠上干净的布条蘸汽油或煤油清洗，清洗后用压缩空气吹净，不得使纤维物和污物留在油道内。拆下主油道的螺塞，用小毛刷或铁丝缠上干净的布条蘸汽油或煤油插入主油道来回拉动清洗，保证主油道清洁畅通。

（6）操作注意事项

① 正确使用工具、量具。

② 拆装步骤要正确，注意保证机件不被损坏。

③ 注意各零部件的结构特点，各部位的调整应遵守调整技术要求。

④ 检查润滑油压力，更换、添加润滑油时，注意润滑油及各部件的清洁。

2. 更换机油滤清器

根据制造厂的建议，在新发动机首次更换润滑油时，应同时更换机油滤清器。以后，对于大多数发动机，每隔一次更换润滑油时，应更换机油滤清器。而对于某些发动机，应参考制造厂技术说明书中建议的润滑油的更换期限。

在发动机运转一段时间以后，用手触摸机油滤清器，就可知道它是否在起作用。如果机油滤清器发热，说明正在通过润滑油；如果机油滤清器只是微温的，可能有堵塞，使润滑油不能通过滤清器。在汽车发动机上，滤芯和外壳常常是作为一个整体进行更换的。某些重负荷的机油滤清器有一个分开的筒形滤芯，当更换内部滤芯时，滤清器外壳仍保留在车上。下面是更换整体机油滤清器和外壳的方法。

① 排完润滑油并装上排油孔塞以后，将机油盘放到机油滤清器下面，用手逆时针方向拧松滤清器一圈至两圈，在润滑油从滤清器排入放油盘之前，不要拆下滤清器。

② 拧出螺钉，将滤清器卸下，放入到放油盘中，使密封垫端面朝上，不要将旧的滤清器密封垫留在发动机上。要消除发动机上滤清器安装凹座中的淤泥，并将发动机机油滤清器密封垫的表面清洗干净。

③ 将新滤清器与旧滤清器进行比较，如果新旧滤清器的尺寸不同，在安装以后，一定要使滤清器与车架和悬挂装置留有足够的间隙。

④ 检查新滤清器的密封端面，它的尺寸应与旧滤清器的尺寸相同。在新滤清器的密封垫表面涂上一层清洁的润滑油。

⑤ 将滤清器固定到发动机上的螺纹孔内。如果滤清器安装的位置有可能使它在安装前加油，那就先加满新的清洁的润滑油。要确保密封垫处在滤清器合适的位置上。然后用手拧紧滤清器，直到密封垫与发动机密封面接触。滤清器放入发动机时应小心不要拧歪了。

⑥ 现在可用手再拧半圈或规定的圈数，将滤清器拧紧，以确保紧密牢固。不要用扳手拧紧滤清器，除非扳手是专用工具。要擦净滤清器和安装面。

⑦ 将润滑油装入曲轴箱。然后启动发动机，注意观察机油指示灯或油压表，如果30s后，灯光

不亮或压力表不指示出油压值，就要立即停机并检查原因。

⑧ 如果润滑油压力正常，使发动机运转几分钟，然后关闭，检查机油滤清器和排油孔塞周围是否渗漏。

⑨ 在润滑标签上，记录下里程表上的读数和更换机油滤清器的日期。最后，还要用机油尺检查曲轴箱内是否注满润滑油，必要时添加润滑油。

⑩ 操作注意事项

a. 在润滑油从滤清器排入放油盘之前，不要拆下滤清器。

b. 要先向滤清器内加注干净润滑油后，才能安装滤清器。

c. 安装滤清器时，不要用扳手拧紧滤清器，除非扳手是专用工具。

3. 检测与调整机油压力

为保证发动机工作时润滑油压力维持在规定范围内，对润滑油压力过高或过低的现象应查明原因，予以排除。若属于机油泵工作性能下降，造成油压偏低，可通过机油压力调节装置进行适当的调整。各车型发动机的压力调整部位各不相同，但均以改变弹簧弹力大小或增减垫片的方法予以实现（限压阀门工作正常时）。EQ6100 型发动机机油泵上有限压阀、主油道上无调压装置，生产厂家对限压阀已进行调整，只取限压作用，不取调压作用，也无专用调整螺钉。其限压阀的结构如图 5-7 所示，工作过程如图 5-8 所示。

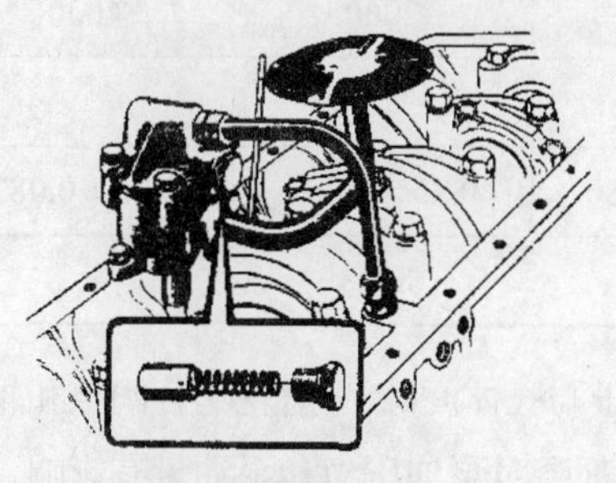

图5-7 机油泵限压阀

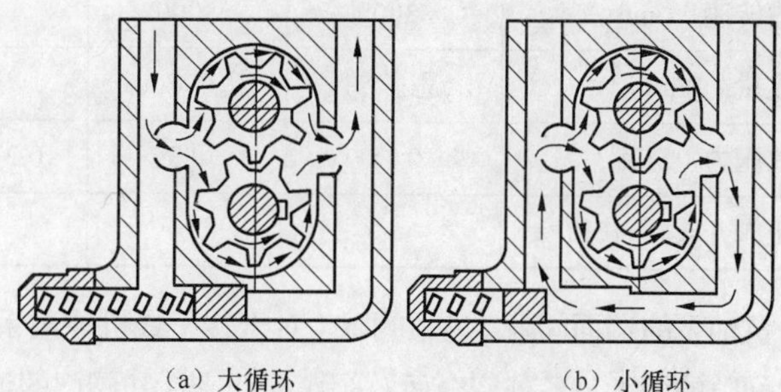

(a) 大循环 (b) 小循环

图5-8 限压阀工作原理

当机油泵内压力过高时，限压阀打开，起泄油降压作用，使润滑油在机油泵内进行小循环，即主油道压力高于 0.38～0.42MPa 时，油压克服弹簧弹力顶开栓塞，使一部分润滑油经回油道流回进油孔，进行小循环，降低主油道压力；若油压低于上述值时，则柱塞自行关闭回油道。此时，机油泵压出的润滑油全部进入主油道进行大循环。

当发动机主油道压力过低时，应从以下方面分析考虑（切忌随意去增加机油泵限压阀弹簧的弹力），并予以排除。

① 检查机油压力表本身、机油压力传感器的工作是否正常；机油压力过低报警指示灯及电路有无损坏、搭铁现象等，造成压力指示值不准确。若接通点火开关，发动机未曾启动，机油压力表即有压力值，就说明机油压力表或机油压力传感器有问题。

② 应检查各轴承间隙是否过大，机油细滤器进油限压阀开启压力是否过低或失灵，使机油泵的

润滑油大部分经细滤器流回油底壳，而使主油道压力过低。

③ 若上述正常，应检查主油道或油管有无破裂而使润滑油泄漏严重。

④ 检查润滑油黏度是否过低或变质。

⑤ 应检查机油泵盖与齿轮端面的轴向间隙是否过大，必要时，减薄垫片或研磨泵盖。并检查限压阀柱塞或钢球是否磨损过度。

⑥ 若以上均正常，但主油道压力在工作时仍然偏低。此时，可在限压阀螺塞处减少一片厚度适当的垫片，达到适量提高主油道压力的目的。

4. 检修机油泵

机油泵是润滑系统中重要组成部件，它的功用是将润滑油达到一定压力后输送到各润滑表面，从而使润滑油产生润滑作用。

评定机油泵工作性能好坏的指标是：机油泵的泵油压力、泵油量、机械部分传动灵活性、是否晃动、有无声响。确定上述指标应在专用设备上进行。进行试验时应在一定黏度、温度下，并维持一定转速，其泵油压力和泵油量才能获得可靠数值。部分车型机油泵压力标准值见表 5-1。

表 5-1 机油泵压力标准

	丰田 2Y、3Y		标志 505		
泵的转速（r/min）	300	3000	850	2000	4000
排放量（L/min）	超过 2.1	超过 33.6			
排放压力（MPa）	0.15	0.3	0.27 ± 0.086	0.33 ± 0.086	0.38 ± 0.083
减压阀开放压力（MPa）	0.4		0.528		

机油泵的端面间隙、齿顶间隙（对于转子式机油泵系外转子与壳体间隙）、齿轮啮合间隙和轴与轴承间隙的增大，各处密合面及阀座的严密性和阀门的调整等都会对泵油压力和泵油量有影响。在不同条件下，各种因素所起作用程度有所不同。一般情况下，因各处密合面及阀座严密性丧失对机油泵工作性能的影响远远超过其他因素的影响。由于机油泵在工作时，其本身润滑条件较好，故使用寿命相对来说比较长。因而在修理之前，最好是经过检查后，并确认不能维持最低指标时，才进行拆卸修理及保养，以节约时间和材料。

（1）转子式机油泵的检修

下面以丰田 Y 系列发动机机油泵为例，介绍转子式机油泵的检修。

丰田 Y 系列发动机机油泵（见图 5-9）采用旋轮线转子式油泵内装减压阀，并由分电器传动轴传动。

1）转子式机油泵的拆卸（从发动机上拆下机油泵总成）

① 首先必须支顶好汽车，确认汽车支承牢固，然后再开始操作。

② 放好接油盒，拧出放油螺塞，将润滑油排放干净。然后再拆卸左右侧加强板。

③ 拆卸油底壳。先将固定螺栓拆下，然后将专用工具刮刀插入气缸体和油底壳之间，刮除涂上

的密封材料，然后拆下油底壳。

④ 拆卸机油滤网。先拆下 4 个螺栓，然后再拆下 O 形环和滤网。最后拆机油泵固定螺栓并拉出机油泵总成，如图 5-10 所示。

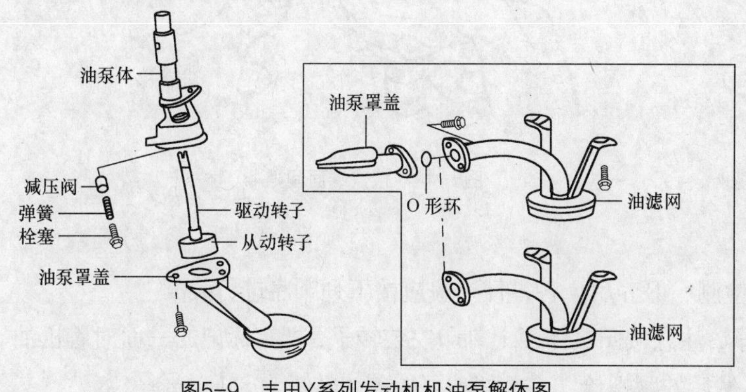

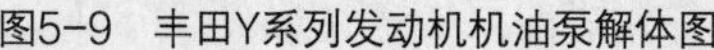
图5-9 丰田Y系列发动机机油泵解体图

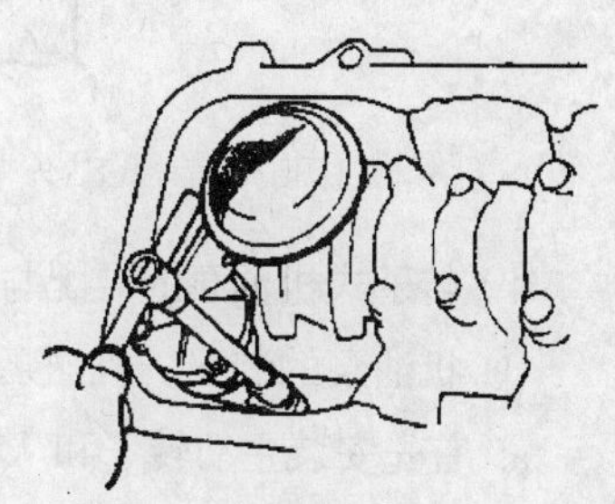
图5-10 机油泵的拆卸与安装

2）转子式机油泵的分解

首先拆卸减压阀。拆下减压阀栓塞、弹簧和阀门，然后拆卸油泵罩壳，拆下 3 个螺栓和油泵罩壳，再拆下转子和转套。

3）转子式机油泵的检修

① 检查减压阀。检查减压阀是否有刻痕或已经损坏，用发动机润滑油在阀心上涂上一层油，并检查其是否能依靠自重缓慢地降落到阀孔内（见图 5-11），阀心在阀体内的移动应平顺，否则应更换阀门或泵总成。

② 检查泵体间隙。泵体间隙即外转子与泵体之间的间隙。用塞尺纵向插入进行检测，如图 5-12 所示。如超出极限值（见表 5-2），应更换机油泵转子副或泵体。如果是泵体磨损过大而失圆，超出极限值，则应更换泵体。

③ 检查内外转子间隙。内外转子间隙即内外转子齿顶的间隙，用塞尺进行检测，如图 5-13 所示。内外转子间隙对机油泵的性能指标影响较大，如间隙大于最大值（见表 5-2），应更换油泵转子副。

④ 检查端面间隙。端面间隙即内外转子端面与泵盖之间的间隙，用塞尺按图 5-14 所示进行测量。如果间隙大于允许值（见表 5-2），可以将泵体置于平面上进行修磨；若间隙过大，则更换机油泵转子副或泵体。

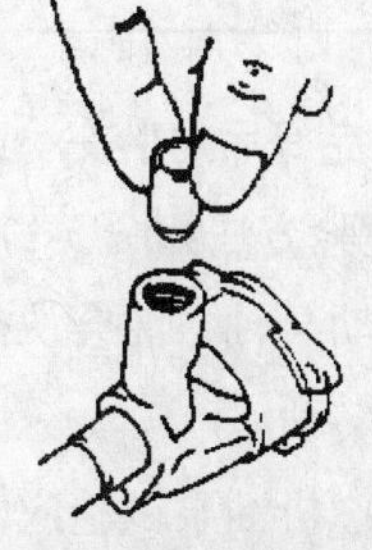
图5-11 检查阀心

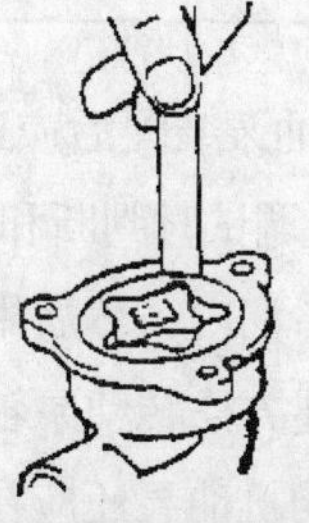
图5-12 检查外转子与泵体间隙

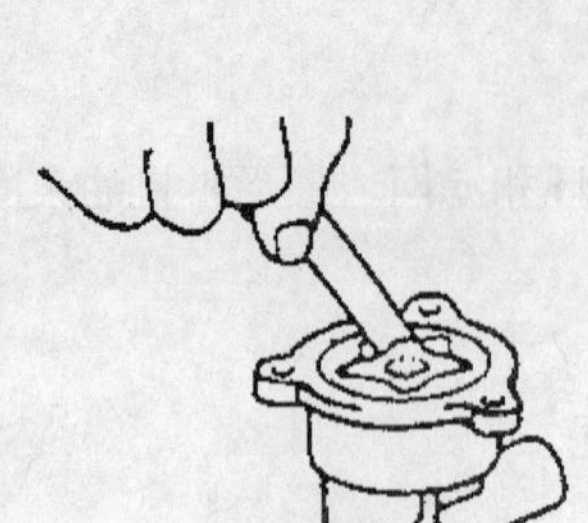

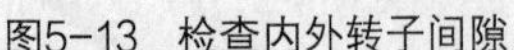

图5-13 检查内外转子间隙

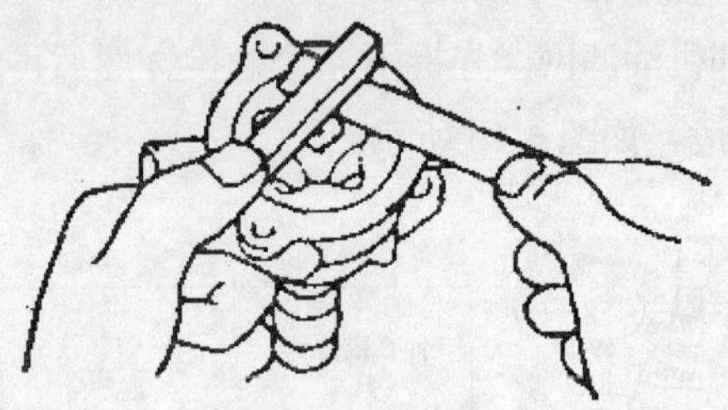

图5-14 检查端面间隙

4）转子式机油泵的装配与试验

① 机油泵的装配。机油泵经过检测、保养后，各零件一般应按下列顺序进行装配。

a. 首先安装主动转子和从动转子，注意按照泵体面上刻印安装转子，把有标记的一面对着机油泵的泵体（向上），如图 5-15 所示，然后拧紧螺栓，安装好油泵罩盖（转矩为 8N · m）。

b. 安装减压阀。如图 5-16 所示，插入减压阀和弹簧，然后安装和拧紧栓塞（转矩为 37.5N · m）。

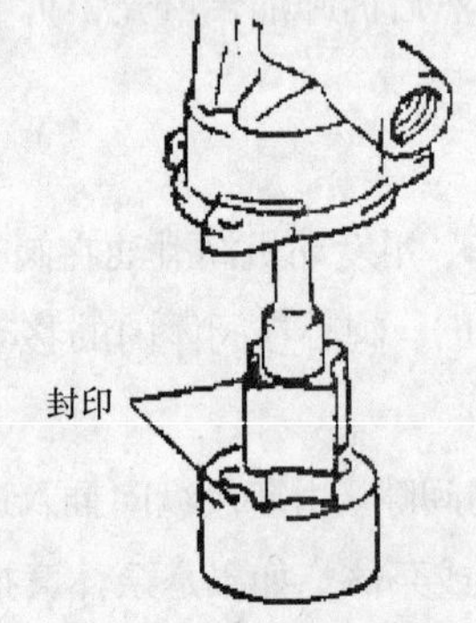

图5-15 安装主动转子和从动转子

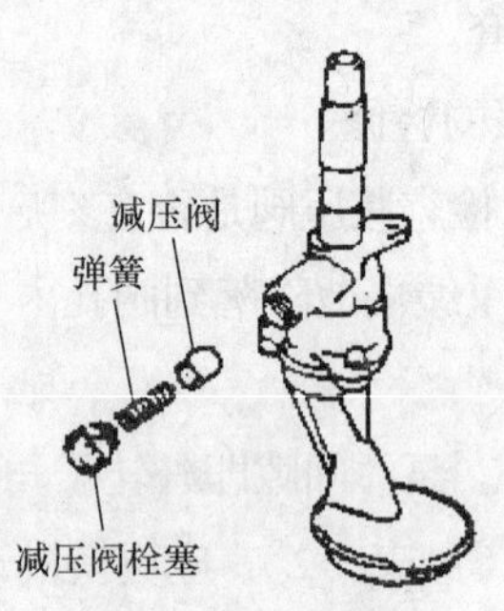

图5-16 安装减压阀

表 5-2 丰田汽车发动机机油泵各间隙数值表 （单位：mm）

车型 / 项目	Y 系列		K 系列		R 系列	
	标准值	最大值	标准值	最大值	标准值	最大值
泵体间隙	0.10～0.15	0.2	0.10～0.16	0.2	0.10～0.16	0.2
内外转子间隙	0.07～0.12	0.3	0.04～0.16	0.2	0.07～0.12	0.2
端面间隙	0.03～0.07	0.15	0.03～0.09	0.15	0.03～0.09	0.15

② 机油泵试验。机油泵装配后应进行总成试验，确认完好后再装车。这样一方面避免不必要的返工，另一方面也有利于调试时判断和分析故障，简便的检验方法如图 5-17 所示。将吸油口尾端（机油滤网）浸入清洁的润滑油内，然后用起子顺时针方向转动泵轴，油会从排油孔中溢出。用大拇指堵住出油孔，继续按上述方法转动泵轴，此时该轴应难以转动。

如有条件，装配好的机油泵还应在试验台上进行测试。机油泵试验应使主要的试验条件与发动机正常工作条件相同，这样才能正确反映机油泵的技术状态。机油泵试验时，主要的试验条件如下。

a. 机油泵转速。转速对机油泵的影响是比较大的，试验证明，当压力不变时，转速对泵油量的变化成近似直线关系。因此应根据不同机油泵所要求的转速进行试验。

b. 试验压力。润滑油在发动机内工作时有一定阻力，试验时应该用人为的方法给它加一定阻力，使其在与发动机内流通时阻力一样。试验压力一般与工作压力相同，但也有一些发动机要求机油泵的试验压力与工作压力不相同，必须根据不同发动机调整不同的试验压力。其油压标准为：怠速时，油压大于 0.3MPa；当转速达到 3000r/min 时，油压为 2.5～5.0MPa。

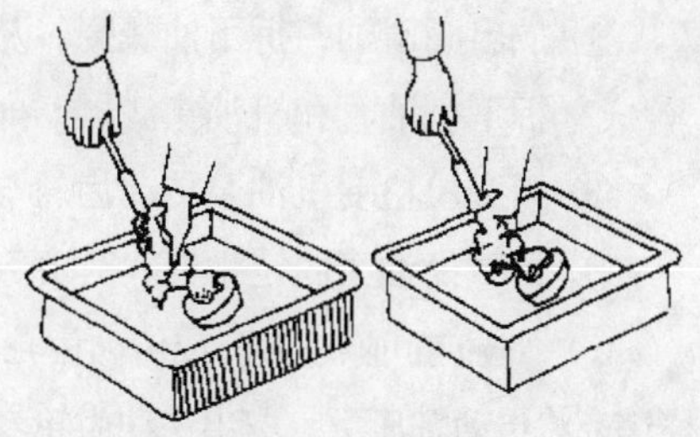

图5-17　机油泵的检验与校正

c. 润滑油黏度。发动机在工作时各摩擦面的温度很高，油温为 80℃～90℃，这时润滑油较室温下的润滑油稀得多。为了达到相同的条件，可以在试验润滑油中添加一定比例的润滑油。

d. 室内温度。根据要求室内温度保持在 20℃进行，一般上下温度差在 10℃左右时试验结果影响不大。

5）转子式机油泵的安装

机油泵的一切项目检查完，达到标准后，再往机体上安装。

① 安装机油滤网。首先将分电器的调速轴凸起部分对准机油泵的驱动转子槽，然后安装，其转矩为 18.5N · m；再安装油滤网，即用四个螺钉装上一个 O 形环和滤网。

② 安装油底壳。

a. 去除所有的密封材料，并注意不能使接合表面沾上油类。用剃刀片和衬垫刮刀，去除密封衬垫表面和密封槽上的旧密封材料；彻底地去除所有疏松材料；用无沉淀溶剂清洗两者的密封表面。注意：不能使用一般溶剂代替，否则将会损伤漆面。

b. 在油箱上涂上 No.102 黏合密封材料或同等物。安装一个被切割成 3mm 开口的喷嘴。注意：切勿在表面上涂上过量的黏合密封材料。在接近油道时应格外注意，零件必须在应用范围的 15min 之内组装完毕，否则必须去除黏合密封材料重新再涂一次，然后马上从管上拆除喷嘴并重新安上盖子。最后拧紧固定螺栓，其转矩为 13N · m。安装左右侧加强板，降下汽车，灌注适量润滑油，启动发动机并检查泄漏现象。

（2）齿轮式机油泵的检修

下面以桑塔纳汽车发动机机油泵为例，介绍齿轮式机油泵的检修。

齿轮式机油泵是靠工作容积增大时所形成的低压而吸油的。因此，机油泵的故障及供油压力主要取决于机油泵各零件的磨损情况。机油泵经过长期使用，技术状态将逐渐变坏。产生主、从动齿轮的磨损，轴与轴孔的磨损，齿轮顶与泵盖接触处的磨损等。这些磨损都会影响齿轮的正常啮合，使间隙增大，产生供油量减少和供油压力下降等故障。由于机油泵传动齿轮是螺旋斜齿轮，在与凸轮轴斜齿轮啮合运动时将产生轴向力。轴向力会使齿轮的端面与泵壳、泵盖之间发生磨损，使机油泵轴向间隙增大。所以在进行机油泵分解前，应用塞尺或微分表检查机油泵传动齿轮与机油泵壳尾端的轴向间隙。

1）齿轮式机油泵的分解

桑塔纳汽车发动机机油泵的分解步骤如下。

① 放出润滑油，拆下油底壳，从发动机机件上拆下机油泵总成。

② 拆下机油管和机油集滤器。

③ 用塞尺检变机油泵传动齿轮与机油泵壳尾端轴向间隙。

④ 拆下机油泵固定螺钉，分开泵簧和泵壳，揭下衬垫取出从动轮。

⑤ 如轴向间隙过大，或传动齿轮磨损过大需拆开更换时，用锉刀将传动齿轮横销铆端锉去。铳出横销，将传动轴压下，取出主动齿轮。拆装传动齿轮和主动齿轮时应用专用工具，不允许用铳头铳出。

⑥ 清洗全部零件。

2）零件的检验和修理

① 泵壳的检验和修理。机油泵泵壳主要缺陷是油泵轴孔磨损、螺孔损坏和泵体裂纹等。油泵壳主动轴孔与轴的配合间隙应为 0.03～0.075mm，最大不得超过 0.20mm。间隙超过规定，或晃动泵轴有明显松旷感觉时，应将主动轴镀铬加粗，或用镶套法修复。机油泵壳上螺纹损坏，应进行焊补，重新钻孔攻丝修复。壳体裂纹应焊修或更换。

② 泵盖的检验与维修。齿轮式机油泵驱动齿轮啮合时产生的轴向力一般都朝下，它使齿轮端面与泵盖内表面磨损。泵盖如有磨损和翘曲，凹陷超过 0.05mm，应以车、刨、研磨等方法进行修复。泵盖上装有限压阀时，还应检验弹簧是否过软，阀体是否有失圆、麻点，封闭是否严密等。发现问题，均应修复或更换。

③ 主动轴和从动轴的检验与修理。主动轴的弯曲，一般用千分表检查，指针摆差不能超过 0.06mm，否则应进行较正。主动轴与轴套孔配合间隙，一般汽油机为 0.03～0.075mm，最大不超过 0.15mm。从动轴如有明显单面磨损，可将其压出，把磨损面调转 180°，再压入孔内继续使用。主动轴上端铆固的传动齿轮与泵壳尾端之间的间隙一般为 0.025～0.075mm，最大不超过 0.15mm，超过时应在泵壳尾端焊修或加垫调整。另外，对主动轴横销及主、从动齿轮键和键槽要进行检查，如有损坏和松动均应修复。

④ 齿轮的检验与修理。主、从动传动齿轮与传动齿轮齿面上如有毛刺，可用油石磨光。主、从动齿轮啮合间隙可用窄的塞尺在互成 120° 处分三点测量。啮合间隙的标准值为 0.05mm（桑塔纳）。磨损最大不得超过 0.20mm。齿隙的增大，主要是由于齿轮的磨损或主动轴与泵壳、从动轴与齿轮轴孔之间的磨损引起的。如果齿轮磨损超过允许程度，应成对更换齿轮。

3）齿轮式机油泵装配与试验

装配时按拆卸相反的顺序进行，边装边复查各部位的配合情况，如齿轮的啮合间隙，主、从动轴与壳体的配合主、从动轴与齿轮轴孔的配合等。特别是应检查调整主、从动齿轮与泵盖之间的间隙，一般应在 0.05mm 左右，最大不得超过 0.15mm。若此间隙过大，机油泵工作时，润滑油便从此间隙泄漏，使供油压力降低。可通过减薄泵盖与壳体之间的衬垫加以调整。检查方法是：在主动齿轮与泵盖之间，加入一小段熔丝，装上泵盖拧紧螺丝，然后拆下泵盖，测量被压以后熔丝厚度，即为间隙。装配时还应检查和调整传动齿轮和泵壳尾端之间的间隙，其最大间隙不得超过主、从动齿轮与泵盖的间隙，否则将会使主、从动齿轮端面与泵盖磨损加剧。

4）齿轮式机油泵装复后的检验

具体方法与转子式机油泵类同。机油泵装车后，再检查润滑油压力。当发动机温度正常时，观察润滑油压力表指示的压力数值是否符合标准（润滑油温度约为80℃，发动机转速约为2000r/min，最低油压为0.21MPa）。如不符合标准，应检查调整限压阀，其方法是：若润滑油压力减小，可在限压阀螺塞与正时齿轮盖之间减少金属垫片，增大弹簧张力，使润滑油压力增加；若润滑油压力过大，可在限压阀螺塞与正时齿轮盖之间加垫片，减弱弹簧张力，使润滑油压力减小。如果由于球阀关闭不严而影响润滑油压力，应更换新件。若机油泵和限压阀均无故障，而压力仍达不到规定数值，应检验润滑系统润滑油是否过稀，机油滤清器和油道是否堵塞，机油表和传感器是否良好，主轴承和连杆轴承间隙是否过大等。机油泵常见故障及排除方法见表5-3。

表5-3 机油泵常见故障及其排除方法

故障现象	故障原因	排除方法
漏油	气缸盖、气缸体或油泵损伤或拆裂	需要维修
	油封不良	更换油封
	密封衬垫不良	更换密封衬垫
油压低	漏油	必须维修
	减压阀故障	维修减压阀
	油泵故障	维修油泵
	发动机润滑油量不足	更换发动机润滑油
	曲轴轴承不良	更换轴承
	连杆轴承不良	更换轴承
	机油滤清器堵塞	更换机油滤清器
油压高	减压阀故障	维修减压阀

四、考核要点与评分标准

润滑油的添加与更换考核要点及评分标准见表5-4。

表5-4 润滑油的添加与更换考核要点及评分标准

序号	考核内容	配分	评分标准	考核记录	得分
1	正确使用工具、仪表	10	使用不当，一项扣5分		
2	正确检查润滑油油面位置	30	操作不熟练，一次扣2分 操作错误，扣10分		
3	正确检查润滑油压力	30	操作不熟练，一次扣3分 操作错误，扣5分		
4	正确疏通油道	20	操作不熟练，一次扣3分 操作错误，扣5分		
5	整理工具、清理现场	10	违章每项扣2分		
	安全操作方面		因操作不当发生事故，记0分		
6	分数合计	100			

机油滤清器的更换考核要点及评分标准见表5-5。

表 5-5 机油滤清器的更换考核要点及评分标准

序号	考核内容	配分	评分标准	考核记录	得分
1	正确使用工具、仪表	10	使用不当，一项扣 5 分		
2	正确进行机油滤清器更换	40	操作不熟练，一次扣 2 分 操作错误，扣 10 分		
3	正确进行机油滤清器装复后的检查	40	操作不熟练，一次扣 3 分 步骤错误，扣 5 分		
4	整理工具、清理现场	10	违章每项扣 2 分		
	安全操作方面		因操作不当发生事故，记 0 分		
5	分数合计	100			

润滑油压力的检测与调整考核要点及评分标准见表 5-6。

表 5-6 润滑油压力的检测与调整考核要点及评分标准

序号	考核内容	配分	评分标准	考核记录	得分
1	正确使用工具、仪表	10	使用不当，一项扣 5 分		
2	正确检查润滑油压力	40	操作不熟练，一次扣 2 分 操作错误，扣 10 分		
3	正确运用不分解总成判断润滑油压力故障原因	40	操作不熟练，一次扣 3 分 装配错误，扣 5 分		
4	整理工具、清理现场	10	违章每项扣 2 分		
	安全操作方面		因操作不当发生事故，记 0 分		
5	分数合计	100			

机油泵的检修考核要点及评分标准见表 5-7。

表 5-7 机油泵的检修考核要点及评分标准

序号	考核内容	配分	评分标准	考核记录	得分
1	正确使用工具、仪表	10	使用不当，一项扣 5 分		
2	正确熟练检查与装配机油泵	40	操作不熟练，一次扣 2 分 装配错误，扣 10 分		
3	正确运用不分解总成判断机油泵工作性能	40	操作不熟练，一次扣 3 分 装配错误，扣 5 分		
4	整理工具、清理现场	10	违章每项扣 2 分		
	安全操作方面		因操作不当发生事故，记 0 分		
5	分数合计	100			

五、小结

本项目详细介绍了汽车发动机润滑系统的主要零部件结构、原理，润滑油品质的检查，添加与更换润滑油的方法，更换机油滤清器方法及注意事项，检测与调整机油压力方法，机油泵检修方法等。

六、习题及思考题

1. 如何判断润滑油的品质?
2. 更换润滑油的步骤是什么?
3. 简述机油滤清器的工作原理及分类。
4. 如何更换机油滤清器?
5. 如何检查发动机主油道压力?
6. 如何检查润滑油压力过低故障?
7. 如何检查润滑油压力过高故障?
8. 如何通过润滑油尺检查机油质量?
9. 简述机油泵的构造与工作原理。
10. 如何检修机油泵的零部件?
11. 如何进行机油泵的装配与试验?

项目六

发动机总装配与调整

一、项目要求

1. 掌握装配发动机总成各相关零部件的装配方法。
2. 掌握正时同步带及其相关件、发动机外部装置的安装方法。
3. 掌握发动机总成在汽车上的安装的操作全过程。
4. 掌握发动机基本设定和读取测量数据块的方法和步骤。
5. 掌握检查、校准点火正时的方法，能根据现象特征判断点火提前角过大或过小。

二、相关知识

（一）装配与调整的基本要求

复检各零件、辅助总成，性能试验合格；易损零件、紧固锁止件需全部换新（如自锁螺母、弹簧垫片等）；严格保持零件、润滑油道清洁，做好预润滑剂必须清洁、品质符合发动机工作要求；不许互换配合位置的零件，应严格按照标记装配；零件的平衡配重位置正确，固定可靠；尽量使用专用器具装配，按规定紧固力矩、紧固方法顺序紧固螺栓。

装配间隙必须符合技术条件，可根据具体情况适当调整。如活塞的配缸间隙，若选择购买多个厂家的活塞，应根据其产品质量规律，总结调整出适合各厂家活塞的配缸间隙值。对于变形的零件配合间隙调到公差下限，无变形的调整到公差上限等。电控系统各接头、线柱要保持清洁，接触可靠。燃油系统中的O形密封圈必须更换，而且不得使用含硅密封胶。

发动机总成的装车。将发动机总成装到车上，并连接好各管路及红路。具体操作可按拆卸的相反顺序进行，其注意要点：不要碰伤变速器输入轴；将发动机装入支架座上，旋紧紧固螺栓；调好离合器踏板自由行程及节气门、阻风门拉索，安装好排气管；连接起动机接线时，导线不得碰到发动机。

（二）点火正时

发动机安装好后，启动发动机，需检查、调整点火正时。

在发动机的压缩冲程终了，活塞达到行程的顶点时，点火系统向火花塞提供高压火花以点燃气缸内的压缩混合气做功，这个时间就是点火正时。

发动机工作时点火时刻对发动机的性能有很大的影响。由于混合气燃烧有一定的速度，即从火花塞间隙出现火花，到燃烧室中的混合气大部分燃烧完毕，气缸内的压力上升到最高值，是需要一定时间的。虽然这段时间很短，不过千分之几秒，但由于发动机转速很高，在这样短的时间内曲轴需要转过较大的角度。若恰好在活塞到达上止点时点火，混合气开始燃烧时活塞已开始向下运动，使气缸容积增大，燃烧压力降低，发动机功率下降；若点火过早，则活塞正在向上止点运动过程中，混合气开始燃烧，气缸内气体压力迅速升高，而且气体压力作用的方向与活塞运动的方向相反，发动机有效功减小，发动机功率也将下降。

因此，应当在活塞到达压缩行程上止点之前点火，使气体压力在活塞达到上止点后 10°～15°时达到最高值，这样混合气燃烧产生的热能，在做功行程中得到充分利用，可以提高发动机的功率。

三、项目实施

（一）实施要求

桑塔纳轿车整车一辆、AJR 发动机一台、常用和专用工具、举升设备、专用的故障诊断仪 V. A. G1551 或 V. A. G1552、专用传输线、正时灯等。

（二）实施步骤

1. 装配发动机总成

由于发动机结构的不同，以及修理厂技术装备条件的差异，因此不可能有完全相同的发动机装配工艺。发动机的装配与其分解一样，应按照各制造厂维修手册中规定的程序去做。现仍以上海桑塔纳轿车发动机为例，说明其装配的步骤及方法。

（1）曲轴飞轮组的装配

① 将清洗过的机体安装在专用支架 VW540 上，或倒置于工作台上。

② 将 5 道上主轴瓦安装在机体的主轴承座内。在安装过程中，不要触摸主轴瓦的工作表面和背面，也不要触摸主轴承座表面。在主轴瓦的工作表面上涂少许润滑油。

③ 把擦拭干净的曲轴小心平稳地放在上主轴瓦上。

④ 将下主轴瓦安装在主轴承盖上。主轴承盖上有编号，靠近带轮的为第 1 道主轴承，靠近飞轮端的为第 5 道主轴承。第 3 道主轴承为止推轴承，其下主轴瓦为翻边轴瓦。第 4 道下主轴瓦有油槽，其余几道下主轴瓦均没有油槽。在下主轴瓦的工作表面涂上润滑油，并按主轴承盖上的编号及安装方向从机体前端起将主轴承盖逐个装在机体上。

⑤ 拧紧主轴承螺栓。分两次或三次从中间向两侧交替拧紧主轴承螺栓，最后拧紧力矩达到 65N · m。主轴承安装完毕后，用手扳动曲柄臂，曲轴应转动自如。

⑥ 在机体后端面安装中间支板和曲轴后油封座。在中间支板与后油封座之间垫以新的密封衬垫。使用专用工具 2003/2A 和 2003/1 将后油封压入后油封座内，要将油封压到底。

⑦ 在机体前端面上安装曲轴前油封支座，在前油封支座与机体端面之间垫上新的密封衬垫。将曲轴前油封外围和唇部涂上润滑油，在曲轴的自由端套上导向套，油封经导向套推入前油封支座，再用压套将油封压到底。

⑧ 使用专用工具 VW207C 在曲轴后端安装滚针轴承，轴承标记朝外，轴承外端面压入轴承安装孔端面以内 1.5mm。

⑨ 在曲轴后端安装飞轮。在飞轮螺栓上涂 D6 黏合剂后紧固，拧紧力矩为 75N · m，分两次拧紧。

⑩ 按照拆卸时所作的记号装复离合器压盘和离合器片。

（2）活塞连杆组的装配

① 组装同一气缸的活塞、连杆和活塞销。组装时注意使活塞顶上的箭头标记和连杆体上的铸造标记朝同一个方向。首先将活塞置于温度为 60℃～80℃的热水中加热，取出后迅速擦净活塞销孔，将活塞销推入一个销孔，然后在连杆小头衬套上涂一层润滑油并把连杆小头伸入活塞内，迅速使活塞销通过连杆小头衬套直至另一活塞销孔边缘。

② 安装活塞销挡圈。

③ 用活塞环装卸钳在活塞上安装事先选配好的活塞环。安装时将活塞环上有“TOP”记号的一面朝上。两道气环和油环衬环的开口相互错开成 120°，而油环的上、下刮片的开口相互错开成 180° 并与衬环开口各错开成 90°。

④ 将连杆上、下轴瓦分别安装在连杆大头和连杆盖上。安装过程中不要触摸轴瓦的工作表面和背面。

⑤ 在活塞环、活塞裙部、连杆上轴瓦工作表面、气缸壁面及曲柄销表面上涂适量润滑油，将活塞连杆组按其编号装入相应的气缸内。活塞顶上的箭头标记必须朝向曲轴带轮一端。

⑥ 把连杆大头装到曲柄销上，扣上连杆盖，穿入连杆螺栓，拧上螺母，用 30N · m 的力矩紧固，接着再转动 180°。连杆盖上的铸造标记与连杆体上的铸造标记应在同一侧。连杆螺栓若为预应力螺栓，只允许重复使用一次，重复使用时在螺栓头上打上标记，下次遇有标记的螺栓必须更换。

（3）机油泵及其他零件的安装

① 组装机油泵。按机油泵拆卸的相反顺序组装机油泵。机油泵盖紧固螺栓的拧紧力矩为 10N · m。集滤器和吸油管组件的紧固螺栓的拧紧力矩也是 10N · m。组装时更换所有衬垫。

② 将机油泵和集滤器组件安装到机体上。首先使第 1 缸的活塞处于上止点的位置，然后将机油泵的传动轴经机体上的定位套插入支承套中，再拧紧把机油泵固定到机体上的紧固螺栓，拧紧力矩为 20N · m。

③ 安装油底壳。在机体底平面上放上新油底壳密封衬垫，再放上油底壳，依次拧紧油底壳紧固螺栓，拧紧力矩为 20N · m。

（4）气缸盖及相关件的装配

① 用专用工具将气门导管从气缸盖顶面压入气门导管安装孔中，并检查气门导管与气门杆的配

合间隙，使其符合标准值。

② 将气缸盖安放在专用支架上，安装气门杆油封。注意，一定要把油封安装到位，以防油封变形。在气门杆上涂少许润滑油并按原顺序从气缸盖底面将气门插入气门导管中。装上气门弹簧和弹簧座并用专用工具压紧气门弹簧，装上锁夹。

③ 安装凸轮轴。在确认凸轮轴轴向间隙符合规定的情况下，将液压挺柱表面涂上润滑油，按照拆卸时所作的标记装入相应的挺柱孔内。在凸轮轴承座孔和凸轮轴颈涂上润滑油，把凸轮轴放在轴承座孔上，安放时第 1 缸凸轮必须朝上。装上轴承盖，先对角拧紧第 2、4 轴承盖的紧固螺栓，然后再拧紧第 1、3、5 轴承盖的紧固螺栓，拧紧力矩均为 20N · m。

④ 安装凸轮轴油封。将油封外圈和唇部涂少许润滑油，放入专用导向套筒 10-203 内，平整压入，但不要压到头，否则会堵塞回油孔。

⑤ 安装凸轮轴正时同步带轮。先在凸轮轴上装上半圆键，再装上同步带轮，拧紧固定螺栓，拧紧力矩为 80N · m。

⑥ 将机体正放，放上新的气缸盖衬垫，衬垫上标有“Open”字样的一面朝气缸盖。再将专用定位导向的螺栓拧人机体结合面两端的螺纹孔中。转动曲轴使各缸活塞均不在上止点位置。放上气缸盖，在气缸盖的 10 个螺栓孔中放入气缸盖螺栓并随手拧紧。然后旋出定位导向螺栓，拧入气缸盖螺栓。按照拆卸气缸盖的逆顺序分四次拧紧气缸盖螺栓。第一次拧紧力矩为 40N · m，第二次为 60N · m，第三次为 75N · m，最后再用扳手拧紧 1/4 圈。

⑦ 安装气缸盖罩。按照拆卸气缸盖罩的相反顺序将气缸盖罩安装在气缸盖顶面上。安装时，气缸盖罩密封条及衬垫必须更换新件。气缸盖罩的紧固螺栓的拧紧力矩为 10N · m。

（5）正时同步带及其相关件的安装

① 安装同步带后护罩。紧固螺栓涂 D6 黏合剂，拧紧力矩为 30N · m。

② 安装水泵及水泵带轮。紧固带轮螺栓的拧紧力矩为 20N · m。

③ 安装张紧轮。

④ 在曲轴前端安装曲轴正时同步带轮。紧固螺栓涂 D6 黏合剂，拧紧力矩为 80N · m。

⑤ 安装同步带轮，紧固螺栓的拧紧力矩为 60N · m。

⑥ 将同步带套在曲轴和中间轴的带轮上，同时将曲轴 V 形带轮用一只螺栓固定在曲轴正时同步带轮上。

⑦ 将凸轮轴正时同步带轮上的标记与气缸盖罩平面上的标记对齐（见图 6-1）。

⑧ 使曲轴带轮的上止点记号与中间轴带轮上的记号对齐（见图 6-2）。

⑨ 将同步带装到凸轮轴正时同步带轮上。

⑩ 按顺时针方向转动张紧轮，使同步带张紧。用拇指和食指捏住凸轮轴带轮和中间轴带轮中间的同步带刚好可以转 90°（见图 6-3）即为合适。转动曲轴两周，检查调整是否合适，如果确认调整无误，则拧紧张紧轮紧固螺母，拧紧力矩为 45N · m。

⑪ 拆下曲轴 V 形带轮，安装同步带上、下护罩。

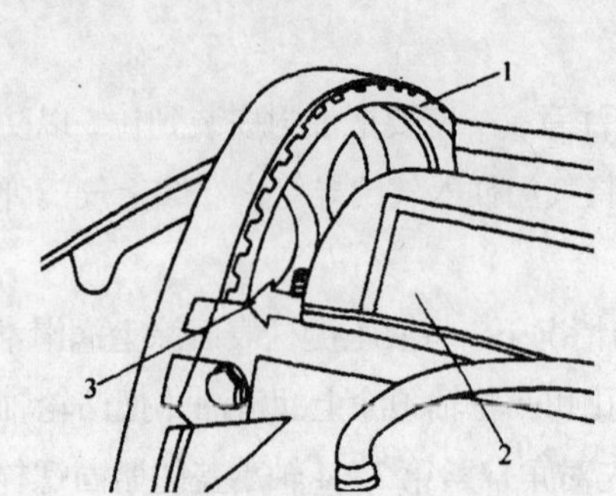

图6-1 凸轮轴带轮标记与气缸盖罩平面标记对齐
1—凸轮轴正时同步带轮 2—气缸盖罩 3—标记

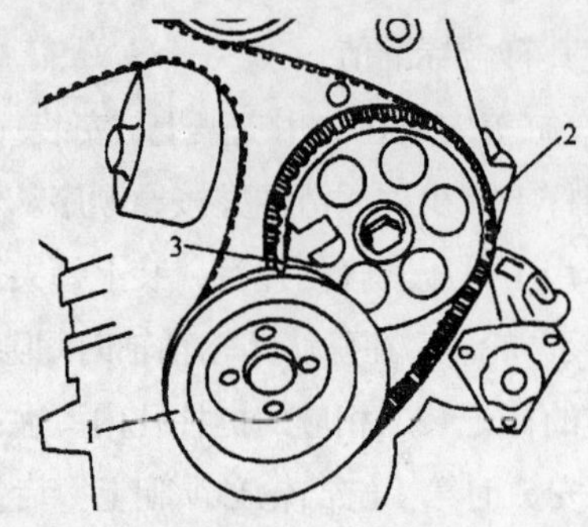

图6-2 曲轴带轮与中间轴带轮上的记号对齐
1—曲轴带轮 2—中间轴带轮 3—对齐记号

⑫ 安装曲轴 V 形带轮，其紧固螺栓的拧紧力矩为 20N · m。

⑬ 安装电动机及 V 形带。检查和调整 V 形带的松紧程度，用拇指在电动机处压下 12mm，在水泵处压下 10mm 左右即为合适。

（6）安装喷油器总成

① 在 2 个 O 形环上加涂一层薄薄的汽油，然后把它们装到喷油器上（见图 6-4）。

② 左右转动喷油器将其安装到供油管上。共安装 4 个喷油器。

③ 安装保持架到每个喷油器上（见图 6-5）。

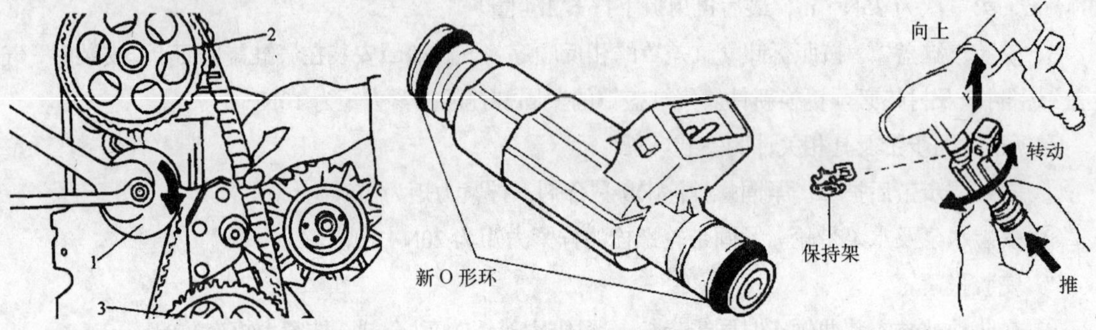

图6-3 同步带松紧度的调整与检查
1—张紧轮 2—凸轮轴带轮 3—中间轴带轮

图6-4 喷油器总成

图6-5 安装保持架到每个喷油器上

④ 将喷油器和供油管总成安装在进气歧管上。

⑤ 用螺栓将供油管固定到进气歧管上。

⑥ 检查喷油器应平滑旋转（见图 6-6）。

提示

若喷油器不能平滑旋转，更换 O 形环。喷油器接头向上。

⑦ 拧紧将供油管固定在进气歧管上的螺栓（见图 6-7），拧紧力矩为 15N · m。

⑧ 连接燃油管分总成。

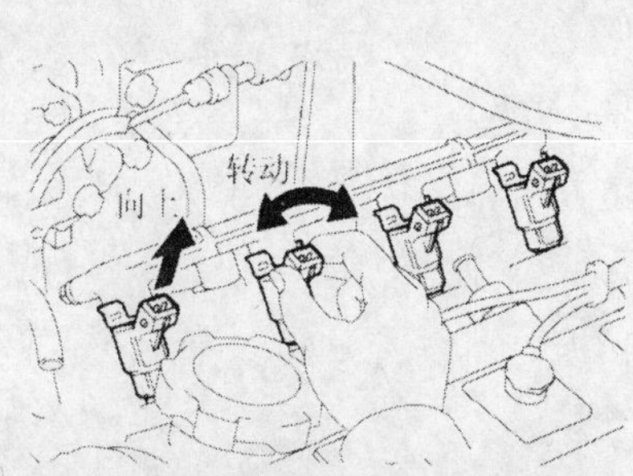

图6-6　检查喷油器

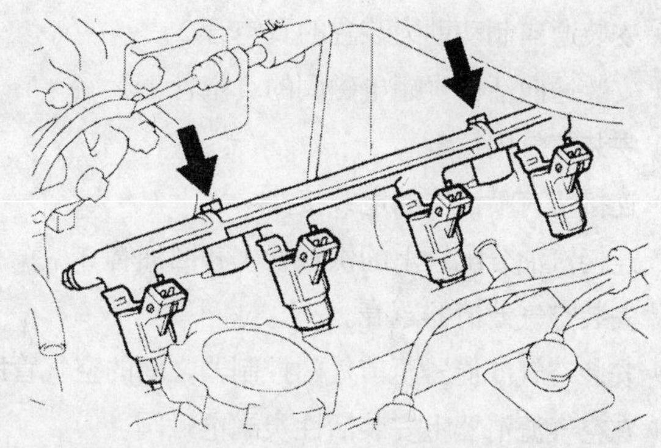
图6-7　供油管固定螺栓位置

（7）发动机外部装置的安装

① 安装机油滤清器座及机油滤清器。机油滤清器座的紧固螺栓的拧紧力矩为 25N·m。

② 安装进、排气歧管。

③ 安装火花塞，连接导线。

④ 安装起动机，其紧固螺栓的拧紧力矩为 20N·m。

⑤ 安装各传感器（曲轴位置传感器、冷却液温度传感器、爆燃传感器等）。

（8）操作注意事项

① 发动机的安装工艺直接影响发动机性能的优良，所以操作过程应严格按照工艺规程完成。

② 气缸盖螺栓安装顺序按照拆卸顺序的逆顺序操作，用扭力扳手从中间向两端分 4 次交叉拧紧气缸盖螺栓。

2．在汽车上安装及调试发动机总成

（1）发动机总成在汽车上的安装

① 使用小吊车 V.A.G1202 和发动机吊架 2024A 吊住发动机的吊耳，小心地将发动机吊入发动机舱。

② 带上发动机与车身紧固螺栓。

③ 紧固发动机与变速器的紧固螺栓。

④ 紧固所有发动机与车身的连接螺栓。

⑤ 连接车身上的搭铁线。

⑥ 连接启动机电线。

⑦ 把排气歧管和前排气管的连接螺栓安装并紧固。

⑧ 把动力转向油泵安装到支架上，并将其固定在发动机舱内。

⑨ 安装动力转向油泵的 V 形带轮。

⑩ 安装变速器上的车速传感器插头、倒车灯开关。

⑪ 安装气缸盖通向暖风热交换器的冷却液管 2。

⑫ 安装位于发动机底部通向暖风热交换器的冷却液管子。

⑬ 安装通向制动助力装置的真空管 2。

⑭ 安装通向活性炭罐电磁阀的真空管 1。

⑮ 安装节气门拉索。

⑯ 连接所有喷油器的电线接头。

⑰ 连接汽油分配管上的供油管 1 和回油管 2。

⑱ 安装空气滤清器罩壳。

⑲ 安装空气滤清器至节气门控制器之间的空气管路。

⑳ 在空气滤清器上安装活性炭罐电磁阀。

㉑ 连接活性炭罐电磁阀（ACF 阀）的电线接头。

㉒ 连接空气流量计的电线接头，连接各传感器及组件电线接头，连接中央及各缸高压线。

㉓ 紧固电动冷却风扇的 4 个紧固螺栓，安装电动冷却风扇和散热器。

㉔ 安装散热器的上水管，紧固散热器的上水管的夹箍。

㉕ 连接散热器左侧的热敏开关接头。

㉖ 连接电动冷却风扇的电线接头。

㉗ 安装散热器的下水管，紧固散热器下水管夹箍，加注冷却液。

㉘ 旋住冷却液储液罐盖。

㉙ 加注发动机润滑油。

㉚ 安装蓄电池在车架上。

㉛ 连接蓄电池接线。

㉜ 检查压缩压力。

㉝ 检查发动机冷却液是否泄漏。

㉞ 检查发动机润滑油是否泄漏。

（2）发动机的调试

修理后的零部件，虽然其尺寸精度与表面粗糙度、形位误差都符合技术要求，但其表面仍具有一定的误差，再加上装配误差的影响，使零件的实际接触面积减小，单位压力增加，在大载荷的情况下，会产生剧烈的磨损，甚至发生黏着和烧蚀。发动机装配后，为了提高配合零件的表面质量，使其能承受大的载荷，减少初期磨损量，延长发动机寿命，应及时对各机构的间隙以及运动要求调整到最佳状态，以得到最好的动力性和经济性，所以发动机装配后，应进行磨合。

1）冷磨

冷磨是由外部动力驱动总成或机构的磨合。对发动机而言，冷磨的目的是对关键的部位（如凸轮轴颈与轴承，气缸与活塞环，曲轴颈与轴承等）进行的使表面平整光滑，建立能适应发动机正常工作的承载与表面质量要求的磨合过程。

冷磨时，将发动机装在磨合架上，不装火花塞或喷油器。磨合时，一般采用低黏度的润滑油，这是因为它的流动性好，导热作用强，可降低表面温度，避免磨合时发生熔着磨损；加强了清洗作用，使磨屑得以及时清除，也易补充到间隙小的部位。冷磨时，常在较稀的车用润滑油中加入 15%～20%

的煤油或轻柴油。为改善磨合质量，缩短磨合时间，可在润滑油中添加硫、磷、石墨、二硫化铝等添加剂。

影响冷磨的重要因素是开始磨合时的转速，这是因为要保证主要摩擦表面得到充分的润滑。磨合的转速以 550～600r/min 为适宜，然后在此基础上逐步增加，每一级以 100～200r/min 递增。磨合的负荷最好是从无到有，从小到大，逐渐增加。整个冷磨时间不得少于 2h。冷磨以后，放出全部润滑油，加入清洗油，再转动几分钟，彻底清洗零件表面和润滑油道，放出清洗油。

2）热试

热试是将冷磨后的发动机装上全部附件后启动，以自身的动力运转，除进一步磨合外，主要是对发动机的工作进行检查调整。

热试时，转速不能过高，一般为 1000～1400r/min，时间不少于 1.5h，水温应保持为 75℃～85℃。热试中，应仔细观察各处的衬垫、油封、水封及接头有无漏电、漏油、漏水、漏气现象；查看机油压力表、水温表读数是否正常；调整点火系统、供油系统，使怠速和各种转速时运转均应平稳；检查发动机各部分有无不正常响声；测量气缸压力应符合要求。热试后应检查气缸壁磨合情况和曲轴轴颈与主轴承和连杆轴承的磨合情况；检查各道螺栓、螺母的紧固锁止情况；重新调整气门间隙；更换润滑油和细滤器滤芯；重新按规定转矩将气缸盖螺栓再依次拧紧一次。在拆检过程中发现的缺陷，应予以修复、排除。

（3）发动机大修的竣工验收

按照国标《汽车发动机大修竣工技术条件》的规定，发动机修复后，必须保证动力性能良好，燃料消耗正常，附件工作正常，各部件润滑良好，怠速运转稳定，不得有漏电、漏油、漏水、漏气等现象。

发动机在水温 75℃～80℃时，气缸压力应符合规定，各缸压力差，汽油机应不超过各缸平均压力的 8%，柴油机应不超过 10%，机油压力及进气管真空度均应符合规定。发动机在 5s 内能启动，低、中、高转速运转稳定、均匀，加速性能良好，不允许有缺火和过热现象。发动机运转稳定后，不允许有异响。发动机最大功率和最大转矩均不得低于原标准的 90%，发动机最低燃料消耗率不得高于原厂规定。

发动机的排放限值应符合国家有关规定。发动机外表应按规定涂漆，检验合格的发动机应加装限速片或对限速装置作相应的调整，并加铅封。

（4）操作注意事项

① 在安装时，应检查发动机和变速器之间的定位销是否安装好。

② 更换所有的自锁螺母。

③ 更换所有已经按照拧紧力矩紧固过的螺栓。

④ 更换所有密封圈和衬垫。

⑤ 在变速器输入轴上涂薄薄的一层 G000100 润滑脂。分离轴承的导向套不必润滑。

⑥ 必要时检查离合器膜片各分离杠杆的同轴度。

⑦ 检查曲轴后部滚针轴承是否安装上。

⑧ 如果气缸盖和气缸体都没有更换，则可以使用原来排出的冷却液。

⑨ 安装发动机支架，摇动发动机使其安装到位。

⑩ 调整节气门拉索，使其活动灵活。

⑪ 在不拧紧螺栓的情况下，调整排气管。

⑫ 当拔下接头时，会导致故障的存储。查询故障存储器，必要时删除故障存储。

⑬ 发动机主要螺栓螺母拧紧力矩见表6-1。

表6-1 发动机主要螺栓螺母拧紧力矩

部位	螺栓螺母型号	拧紧力矩/（N·m）
一般螺栓螺母	M6	10
	M8	20
	M10	45
	M12	65
发动机支承与副梁螺栓		40 ± 5
发动机支架与发动机支架螺栓		40 ± 5
发动机扭力臂		23 ± 3
前排气管与排气歧管连接螺栓		25 ± 2.5
管子支承与车头连接螺栓		65 ± 6

3. 检验与调整点火正时

（1）校对点火正时

为保证发动机工作时点火系统能及时点燃混合气，在安装分电器时通常需人工校对点火正时，实质就是设定初始点火提前角。不同类型发动机校对点火正时的方法略有差别，基本步骤如下。

① 转动曲轴，使发动机第一缸活塞处于压缩上止点位置。

② 转动分电器轴或分电器壳体，使分火头指向分电器壳体上的第一缸标记；然后对正分电器壳体与气缸体上的标记，将分电器总成插入安装孔并固定分电器。

③ 盖上分电器盖，将第一缸高压线插入分电器盖第一缸插孔，顺时针方向按点火顺序插好其他各缸高压线。

④ 启动发动机，检查点火正时。

（2）点火正时的检查与调整

1）点火正时的检查

点火正时的检查可用经验方法检查，也可用正时灯检查。

① 用经验方法检查。启动发动机，使冷却水温上升到 70℃～80℃，在发动机怠速运转时突然加速。如转速不能随节气门的打开而立即增高，并感到“发闷”，或在排气管中有“突突”声，则说明点火过迟；如发动机内出现金属敲击声，则说明点火过早。

点火正时也可在汽车行驶中进行检查。发动机冷却液温度达到 70℃～80℃，在平坦的道路上以直接挡行驶时，突然将加速踏板踩到底，如在车速急增时能听到微弱的敲击声，且很快消失，说明点火时间正确；如有明显的金属敲击声，说明点火过早；如加速时感到发闷，且无敲击声，说明点火过迟。

② 用正时灯检查。用正时灯检查点火正时时，将正时灯接在发动机上，使发动机怠速运转，将正时灯对准正时标记，当第一缸点火时，正时灯闪亮，可观察到正时标记指示的点火提前角。正时灯是利用灯光闪频与飞轮运动频率同步原理制成的，即曲轴转两圈，第一缸点火的同时，正时灯闪亮，照亮点火时飞轮转到的位置，就给人以飞轮或带轮不动的感觉。

2）点火正时的调整

点火过早或点火过晚，均会导致发动机动力性、经济性和排放污染性下降。为此，在使用中，应根据发动机使用条件、燃料及技术状况等的变化，适当调整初始点火提前角。调整时，松开分电器壳体夹板紧固螺钉，顺分电器轴旋转方向转动分电器壳体可减小初始点火提前角（延迟点火），逆分电器轴旋转方向转动分电器壳体可增大初始点火提前角（提前点火）。调整后，拧紧分电器壳体夹板紧固螺钉。

四、考核要点与评分标准

发动机总成的装配考核要点和评分标准见表 6-2。

表 6-2 发动机总成的装配考核要点和评分标准

序号	考核内容	配分	评分标准	考核记录	得分
1	正确使用工具、仪表	10	使用不当，一项扣 5 分		
2	正确进行发动机曲轴飞轮组、活塞连杆组、气缸盖及相关零部件的装配	30	操作不熟练，一次扣 3 分 操作错误，扣 5 分		
3	正确进行喷油器总成、机油泵及其他零件的安装	20	操作不熟练，一次扣 3 分 操作错误，扣 5 分		
4	正确进行正时同步带及其相关件、发动机外部装置的安装	30	操作不熟练，一次扣 3 分 操作错误，扣 5 分		
5	整理工具、清理现场	10	违章每项扣 2 分		
	安全操作方面		因操作不当发生事故，记 0 分		
6	分数合计	100			

发动机总成在汽车上的安装及调试考核要点和评分标准见表 6-3。

表 6-3 发动机总成在汽车上的安装及调试考核要点和评分标准

序号	考核内容	配分	评分标准	考核记录	得分
1	正确使用工具、仪表	10	使用不当，一项扣 5 分		
2	完成发动机总成在汽车上的安装	40	操作不熟练，一次扣 2 分 操作错误，扣 5 分		

续表

序号	考核内容	配分	评分标准	考核记录	得分
3	操作或叙述发动机总成的调试	40	操作不熟练，一次扣2分 操作错误，扣5分		
4	整理工具、清理现场	10	违章每项扣2分		
	安全操作方面		因操作不当发生事故，记0分		
5	分数合计	100			

点火正时的检验与调整考核要点及评分标准见表6-4。

表6-4 点火正时的检验与调整考核要点及评分标准

序号	考核内容	配分	评分标准	考核记录	得分
1	正确使用工具、仪表	10	使用不当，一项扣5分		
2	校对点火正时	40	操作不熟练，一次扣2分 操作错误，一处扣10分		
3	点火正时的检查与调整	40	操作不熟练，一次扣3分 操作错误，一处扣5分		
4	整理工具、清理现场	10	违章每项扣2分		
	安全操作方面		因操作不当发生事故，记0分		
5	分数合计	100			

五、小结

本项目以上海桑塔纳轿车发动机为例，详细介绍了其发动机总成的装配步骤及方法，在汽车上安装及调试发动机总成的步骤、方法及注意事项，就车检查、调整点火正时等。

六、习题及思考题

1. 简述曲轴飞轮组的装配步骤。
2. 简述活塞连杆组的装配步骤。
3. 简述发动机总成的装配步骤。
4. 简述发动机安装在汽车上时的注意事项。
5. 什么是发动机的冷磨、热试?
6. 发动机大修的竣工验收检查项目有哪些?
7. 什么是点火正时?
8. 怎样就车调整点火正时?

Chapter 7

项目七

| 汽油发动机燃料供给系统检修 |

一、项目要求

1. 掌握汽油发动机燃料供给系统的结构组成及其工作原理。
2. 掌握燃料供给系统油压的测量方法并通过油压的测量进行故障分析。
3. 掌握喷油器的检测方法（电阻测试、数据流测试）、工艺流程和技术规范。
4. 掌握电动燃油泵的检测方法和检测项目。

二、相关知识

（一）概述

汽油发动机燃料供给系统的功用是将汽油经过雾化和蒸发（气化）并和空气按一定比例均匀混合成可燃混合气，再根据发动机各种不同工况的要求，向发动机气缸内供给不同质（即不同浓度）和不同量的可燃混合气，以便在临近压缩终了时，点火燃烧而放出热量，燃气膨胀做功，最后将气缸内废气排至大气中。

目前汽油机的燃料供给系统有化油器式燃料供给系统、汽油喷射式燃料供给系统、液化石油气燃料供给系统以及其他混合燃料供给系统等。化油器式燃料供给系统是汽油机传统的供给系统，现已经逐渐被汽油喷射式燃料供给系统取代。

（1）可燃混合气成分的表示方法

① 空燃比。将实际吸入发动机中的空气的质量与燃料的质量比值称为空燃比，用符号 R 表示。（多为欧美国家采用）

② 过量空气系数α的计算公式为

$$\alpha=\frac{\text{燃烧1kg燃料实际供给的空气量}}{\text{理论上完全燃烧1kg燃料时需要的空气量}}$$

（2）可燃混合气成分对发动机性能的影响

① 标准混合气α=1

理论上能够完全燃烧的混合气，其中所含的氧气正好使全部燃料燃烧完毕。

② 稀混合气α>1

实际上可以完全燃烧的混合气，其中所含的氧气能保证燃料全部燃烧完毕。

③ 浓混合气α<1

混合气中汽油含量较多，汽油分子密集，火焰燃烧速度快，热量损失小。其他条件相同的情况下，浓混合气燃烧，气缸内平均压力高、功率大。

④ 燃烧极限

当可燃混合气太稀（α≥1.4）或太浓（α≤0.4）时，虽能点燃，但火焰无法传播，导致发动机运转不稳定，直至熄火。

（3）汽油机燃料供给系统的基本组成

汽油机燃料供给系统由汽油供给系统、空气供给与废气排出系统、电子控制系统等几部分组成。

1）汽油供给系统的主要功用是向气缸内供给燃烧时所需的一定量的燃油，主要由油箱、电动燃油泵、燃油滤清器、喷油器、压力调节器、输油和回油管路等组成，其工作原理如图 7-1 所示。

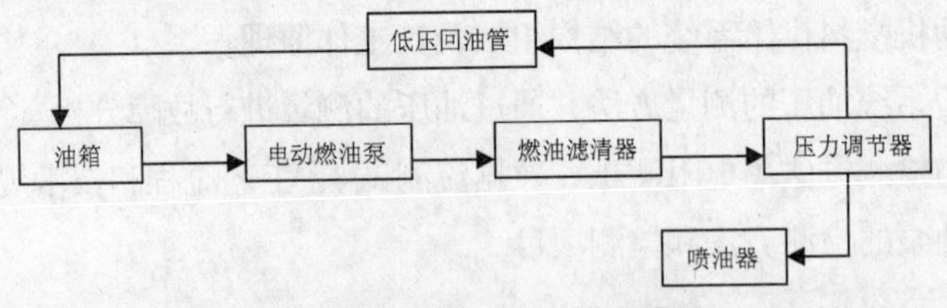

图7-1　汽油供给系统工作原理图

2）空气供给与废气排出系统的主要功用是为发动机可燃混合气的形成提供必要的空气，并测量和控制空气量，其主要由空气滤清器、进排气管、排气消声器等组成。

3）电子控制系统的主要功用是根据各传感器输送来的信号，计算确定喷油量，以获得最佳的空燃比。格局转速、进气歧管的绝对压力、水温等传感器输送来的信号，决定最佳点火提前角。检测电控系统各部件故障，并将故障内容存储和输出，同时控制仪表板上的故障指示灯亮，提示驾驶员。电子控制系统由电控单元、传感器、执行器 3 部分组成。

① 电控单元。接收来自各个传感器传来的信号，并完成对这些信息的处理和发出指令，控制执行器的动作。

② 传感器。传感器把各种反映发动机工况和汽车运行状况的参数（非电量参数）转变为电信号（电压或电流）提供给电控单元，使电控单元正确地控制发动机运转或汽车运行。

③ 执行器。执行器用来完成电控单元发出的各种指令，是电控单元指令的执行者。

（4）电控燃油喷射系统的分类

1）按喷射器安装位置不同，可分为单点喷射和多点喷射。

① 单点喷射（SPI）：几个气缸共用一个喷油器，又称节气门体喷射（TBI）。

② 多点喷射（MPI）：每一个气缸各自有一个独立的喷油器。按喷油器的安装位置不同，又可分为气缸外喷射和气缸内喷射。

气缸内喷射是将燃料喷入每缸的进气歧管内，在由进入的新鲜空气带入气缸。气缸内喷射是将燃料直接喷入气缸内，需较高的喷射压力。

2）按控制方式不同（有无反馈信号对控制结果进行修正）分为开环控制和闭环控制。

3）按进气量检测方法不同，分为间接测量和直接测量。

4）按多点喷射的喷油间隔不同可分为同时喷射、分组喷射和顺序喷射。

（二）具体零部件介绍

1. 电动燃油泵

（1）电动燃油泵的类型

电动燃油泵的作用是给电控燃油喷射系统提供具有一定压力的燃油。电动燃油泵的电动机和燃油泵连成一体，密封在同一壳体内。电动燃油泵按安装位置不同，可分为内置式和外置式两种。

内置式电动燃油泵安装在油箱中，具有不易产生气阻、不易泄漏、噪声小、安装管路较简单等优点，应用广泛。外置式电动燃油泵串接在油箱外部的输油管路中，优点是容易布置，安装自由度大，但噪声大，且燃油供给系统易产生气阻，所以只有少数车型上应用。

目前各车型装用的电动燃油泵按其结构不同，有涡轮式、滚柱式、转子式和侧槽式。内置式电动燃油泵多采用涡轮式，外置式电动燃油泵则多数为滚柱式。

（2）涡轮式电动燃油泵的构造

涡轮式电动燃油泵如图 7-2 所示，涡轮式电动燃油泵主要由燃油泵电动机、涡轮泵、出油阀、卸压阀等组成。油箱内的燃油进入电动燃油泵内的进油室前，首先经过滤网初步过滤。

涡轮泵主要由叶轮、叶片、泵壳体和泵盖组成，叶轮安装在燃油泵电动机的转子轴上。

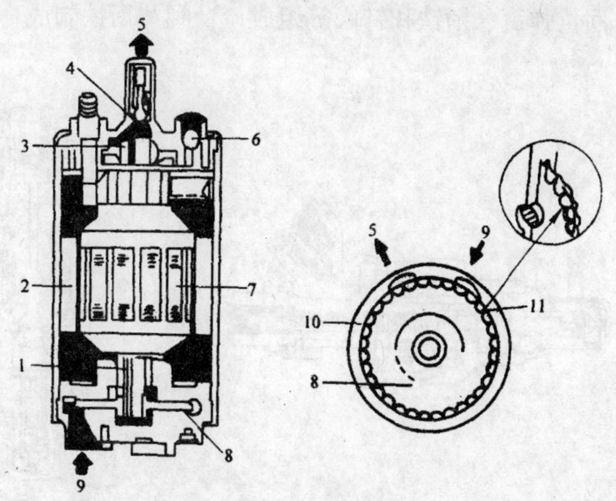

图7-2 涡轮式电动燃油泵

1—前轴承 2—电动机定子 3—后轴承 4—出油阀 5—出油口 6—卸压阀
7—电动机转子 8—叶轮 9—进油口 10—泵壳体 11—叶片

燃油泵电动机通电时，将驱动涡轮泵叶轮旋转，由于离心力的作用，使叶轮周围小槽内的叶片贴紧泵壳，并将燃油从进油室带往出油室。由于进油室燃油不断被带走，所以形成一定的真空度，将油箱内的燃油经进油口吸入；而出油室燃油不断增多，燃油压力升高，当油压达到一定值时，则顶开出油阀经出油口输出。电动燃油泵工作中，燃油流经燃油泵内腔，对燃油泵电动机起到冷却和润滑的作用。燃油泵不工作时，出油阀关闭，使油管内保持一定的残余压力，以便于发动机启动和防止气阻产生。卸压阀安装在进油室和出油室之间，当燃油泵输出油压达到 0.4MPa 时，卸压阀开启，油泵内的进、出油室连通，油泵工作只能在其内部循环，以防止输油压力过高。涡轮式电动燃油泵具有泵油量大、泵油压力较高（可达 600kPa 以上）、供油压力稳定、运转噪声小、使用寿命长等优点，所以应用最为广泛。

（3）滚柱式电动燃油泵

滚柱式电动燃油泵如图 7-3 所示，滚柱式电动燃油泵主要由燃油泵电动机、滚柱式燃油泵、出油阀、卸压阀等组成。滚柱式电动燃油泵的输油压力波动较大，在出油端必须安装阻尼减振器，这使燃油泵的体积增大，所以一般都安装在油箱外面，即属外置式。

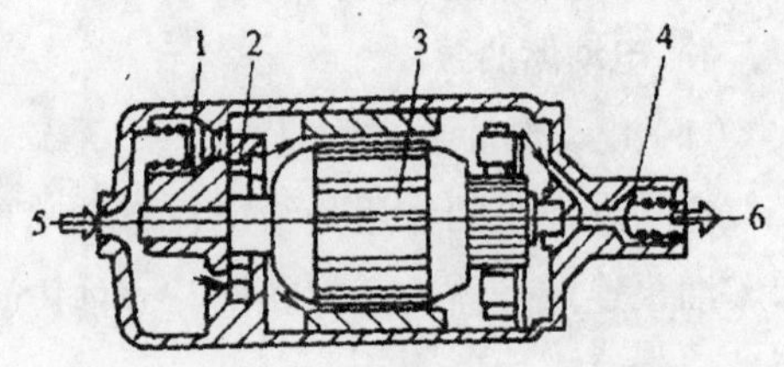

图7-3 滚柱式电动燃油泵

1—卸压阀 2—滚柱式燃油泵 3—燃油泵电动机 4—出油阀 5—送油口 6—出油口

阻尼减振器主要由膜片和弹簧组成，它可吸收燃油压力波的能量，降低压力波动，以便提高喷油控制精度。

2. 喷油器

电控燃油喷射系统的执行元件是喷油器。喷油器的功用是根据 ECU 的指令，控制燃油喷射量。电控燃油喷射系统全部采用电磁式喷油器，单点喷射系统的喷油器安装在节气门体空气入口处，多点喷射系统的喷油器安装在各缸进气歧管或气缸盖上的各缸进气道处。

按喷油器的结构不同，喷油器可分为孔式和轴针式两种，如图 7-4 所示。喷油器主要由滤网、线束插接器、电磁线圈、回位弹簧、衔铁和针阀等组成，针阀与衔铁制成一体。轴针式喷油器的针阀下部有轴针伸入喷口。

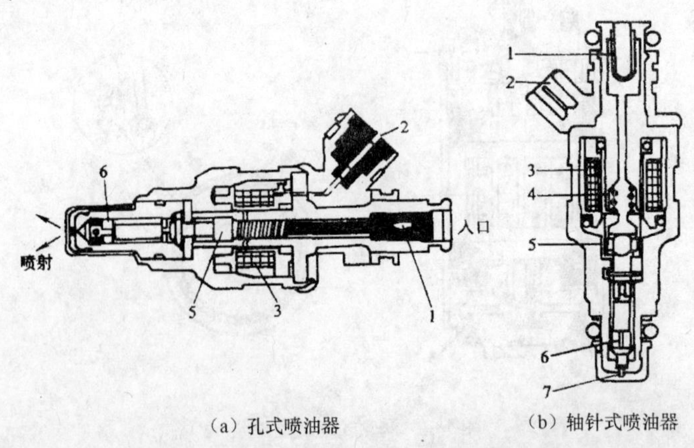

（a）孔式喷油器 （b）轴针式喷油器

图7-4 喷油器的结构

1—过油滤网 2—线束插接器 3—电磁线圈 4—回位弹簧 5—衔铁 6—针阀 7—轴针

喷油器不喷油时，回位弹簧通过衔铁使针阀紧压在阀座上，防止滴油。当电磁线圈通电时，产生电磁吸力，将衔铁吸起并带动针阀离开阀座，同时回位弹簧被压缩，燃油经过针阀并由轴针与喷口的环隙或喷孔中喷出。当电磁线圈断电时，电磁吸力消失，回位弹簧迅速使针阀关闭，喷油器停止喷油。在喷油器的结构和喷油压力一定时，喷油器的喷油量取决于针阀的开启时间，即电磁线圈的通电时间。回位弹簧弹力对针阀密封性和喷油器断油的干脆程度会产生影响。

单点燃油喷射系统的喷油器一般都采用下部送油式，即进油口设在喷油器侧面，而不是在喷油器顶部，这样可降低喷油器的高度，以便在节气门体内的安装。此外，各车型装用的喷油器，按其线圈的电阻值不同，可分为高阻（电阻值为 13～16Ω）喷油器和低阻（电阻值为 2～3Ω）喷油器两种类型。

三、项目实施

（一）实施要求

数字万用表，常用工具、组合工具、燃油压力表、AJR 电控发动机实验台、故障诊断仪、良好的或故障的燃油泵、良好的或故障的喷油器、喷油器检测清洗机等。

（二）实施步骤

1. 就车检查燃油泵

电控燃油喷射系统的电动燃油泵通常在点火开关关闭 10s 以上再打开时（不启动发动机），或关闭点火开关使发动机熄火时，都会提前或延长工作 2～3s。若燃油泵及其电路无故障，在此情况下，在油箱处仔细听察，均能听到电动燃油泵工作的声音。也可以拆开电动燃油泵的线束插接器，直接用蓄电池给燃油泵通电检查。对诊断座上带有燃油泵测试端子的汽车，可采用如下方法检查电动燃油泵。

① 用专用导线将诊断座上的燃油泵测试端子跨接到 12V 电源上。如丰田车系诊断座上有+B 端子（电源端子）和 FP 端子（燃油泵测试端子），将两端子跨接即可。

② 将点火开关转至“ON”位置，但不要启动发动机。

③ 拧开油箱盖应能听到燃油泵工作的声音，或用手捏进油软管应感觉有压力。

④ 若听不到燃油泵工作声音或进油管无压力，应检修或更换该燃油泵。

⑤ 若有燃油泵不工作故障、但按上述方法检查正常，应检查燃油泵电路导线、继电器、易熔线和熔体有无断路。

2. 检查喷油器

（1）就车检查喷油器

① 就车喷油器检查方法。在发动机工作时，用手触试或用听诊器检查喷油器针阀开闭时的振动或声响，如果感觉无振动或听不到声响，说明喷油器或其电路有故障。

② 喷油器电阻检查方法。拆开喷油器线束插接器，用万用表测量喷油器两端子之间的电阻，低阻值喷油器应为 2～3Ω，高阻值喷油器应为 13～16Ω，否则应更换该喷油器。各缸喷油器阻抗之差不能超过 1Ω，否则将喷油器更换。

③ 喷油通电的检查。喷油器拆下后，通 12V 电压时，应可听到接通和断开的声音。此项试验，

通电时间应不大于 4s，再次试验应间隔 30s，以防喷油器发热损坏。

④ 测量喷油器供电电压。打开点火开关时，端子 1 对地电压应等于蓄电池电压，如图 7-5 所示。如果符合要求，则应检查端子 1 到附加熔丝 S 间的线路有无断路或接触不良。

（2）喷油器检测

1）把要检测的喷油嘴从汽车上拆下来，按顺序做好记号。

2）把喷油器检测清洗机电源接通 220V 交流电，并打开电源开关。

3）给喷油器检测清洗机加检测液 1.6L。未达到标准液面的，从加液口进行加注，直至低位指示灯熄灭为止，若过量时高位指示灯亮。

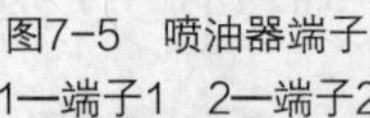

图7-5 喷油器端子

1—端子1 2—端子2

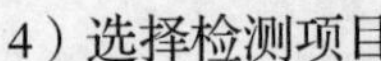

4）选择检测项目

① 检测喷油器的滴漏。根据喷油器的型号选择接头并连接好，然后检查 O 形密封圈（如果有损坏需更换），将喷油器安装在测试架上，按“油泵”键，将压力调至被检车出厂时的规定压力（最好高于 10%），观测喷油器是否有滴漏现象，如发现 1min 滴漏大于一滴（或按技术标准），则需更换喷油器。

② 检测喷油器的常喷油量、喷油角度、雾化程度、喷油均匀度。关闭回油开关，确认油泵处于正常供油压力，然后按“选择”键进入清洗检测程序，再按手动键，15s 后观测试管的喷油量应为 38mL 至 45mL（或按技术标准），均匀度误差不超过 5%，否则更换或者清洗。

注意

此检测参数为最主要及基本参数，因此，无论喷油器其他检测如何，只要该数据偏差在 9%以上，则该喷油器必须清洗或建议全组更换。

③ 检测喷油器的在各工作环境中的工作状态。按选择键进入检测程序，可任意设定高、中、低速模拟状态，按“手动”键，观测喷油角度及雾化状态，喷油角度要一致（或按喷油器制造厂提供技术标准），雾化要均匀，无射流现象，并根据数据检测喷油器均匀度，不合格者立即更换或进行清洗。

5）自动检测清洗分析

使用自动检测清洗分析，先按“油泵”键启动油泵，并把压力调至被检车系统油压规定的范围（最好高于 10%），然后按“自动检测”键，在自动检测清洗分析过程中其他任意键处于锁死状态，只有按“复位选择”键，系统才可恢复到初始状态。

① 自动检测喷油角度、雾化程度和自动测试清洗。回油开关关闭，喷油器常喷 15s，显示窗显示时间按 15s 循环至 0，此时可观察喷油角度、喷油雾化程度，实现常喷测试，如发现有射流和喷油角度异常需更换。

停止常喷 60s，观察阻塞和滴漏，显示窗显示时间 60s，前 30s 观测测试数据，回油键打开；后 30s 回油键打开，回油结束同时回油开关关闭。常喷检测结束，程序自动进入常规检测。

② 检测怠速喷油量。选择喷油转速（模拟多点喷射怠速工作）750 r/min、喷油脉宽 3ms、喷油时间 160s、计数喷油次数 2000/次，如喷油均匀度小于 9%为合格。反之须更换或清洗。

③ 检测最大工况时的喷油量。选择喷油转速（模拟多点喷射最大工况）2400r/min、喷油脉宽

12ms、喷油时间 25s、计数喷油次数 1000/次，可测定喷油器状况。

④ 检测高速喷油量。选择喷油转速（模拟多点喷射高速工作）3000r/min、喷油脉宽 6ms、喷油时间 20s、计数喷油次数 1000/次，可测定喷油器状况。

6）可编程序检测清洗分析

按“选择”键一次，转速信号灯，脉宽信号灯喷油次数信号灯，喷油时间信号灯循环显示。当信号灯亮时，表示处于当前工作状态选项。按住“+”或“−”，选择好合适转速、脉宽、喷油时间、喷油次数，然后按“手动”键。程序即记录下此时选择数据并执行命令。

7）超声波清洗

① 超声波清洗。把要检测的喷油器与脉冲输入信号线相连接，将超声波电源线与主机开关插座连接，然后把喷油器插在超声波清洗槽架上，清洗液加至规定高度（液面高度一般是清洗槽深度的二分之一），按下超声波清洗机开关，再按主机面板上“手动”键，灯亮即可开始清洗。

② 正清洗。把清洗接头与喷油器连接并放置测试架上，然后把供油的压力调至 $4kg/cm^2$，按“选择”键进入清洗检测，再按“手动”键开始工作，清洗完毕后，关闭油泵，并拆下喷油器连接接头。

③ 反清洗。用喷油器滤网取出器从喷油器后部将滤网取出，如滤网破损，需更换。如需清洗，放在超声波清洗缸内，用超声波进行清洗。

3. 测量及故障分析油压

喷油器的喷油量取决于喷油器的喷孔截面、喷油时间和喷油压差。在 EFI 系统中，ECU 通过控制喷油器的喷油时间来实现对喷油量的控制。因此，要保证燃油喷射量的精确控制，在喷油器的结构尺寸一定时，必须保持恒定的喷油压差。若燃油系统压力过低，喷油器单位时间的喷油量减少；若油压力过高，喷油器单位时间的喷油量增大，从而影响电控喷油量，造成混合气变浓或变稀。

（1）燃油系统的压力释放

汽油喷射发动机为便于再次启动，在发动机熄火后，燃油系统内仍保持有较高的残余压力。在拆卸燃油系统内任何元件时，都必须首先释放燃油系统压力，以免系统内的压力油喷出，造成人身伤害或火灾。燃油系统压力的释放方法如下。

① 启动发动机，维持怠速运转。

② 在发动机运转时，拔下油泵继电器或电动燃油泵电源接线，使发动机自行熄火。

③ 再使发动机启动 2～3 次，即可完全释放燃油系统压力。

④ 关闭点火开关，装上油泵继电器或电动燃油泵电源接线。

（2）燃油系统压力预置

在拆开燃油系统进行维修之后，为避免首次启动发动机时，因系统内无压力而导致启动时间过长，应预置燃油系统残余压力。燃油系统压力预置可通过反复打开和关闭点火开关数次来完成，也可按下述方法进行。

① 检查燃油系统所有元件和油管接头是否安装良好。

② 用专用导线将诊断座上的燃油泵测试端子跨接到 12V 电源上，如日本丰田车系直接将诊断座上的电源端子“+B”与燃油泵测试端子“FP”跨接。

③ 将点火开关转至“ON”位置，使电动燃油泵工作约 10s。

④ 关闭点火开关，拆下诊断座上的专用导线。

（3）燃油系统压力测试及故障分析

通过测试燃油系统压力，可诊断燃油系统是否有故障，进而根据测试结果确定故障性质和部位。测试时需使用燃油压力表和专用管接头，测试方法如下。

① 检查油箱内燃油应足够。释放燃油系统压力。

② 检查蓄电池电压应在 12V 左右（电压高低直接影响燃油泵的供油压力），拆开蓄电池负极电缆线。

③ 将燃油压力表连接到燃油系统中。不同车型燃油压力表的连接方式有所不同，主要有两种连接方式：一种是日本丰田等车型，用专用管接头将油压表连接在输油管的进油管接头处，如图 7-6 所示。另一种是韩国大宇和美国通用等车型，用专用管接头将燃油压力表连接在燃油滤清器与输油管之间安装脉动阻尼器的位置（进行压力测试时拆下脉动阻尼器），如图 7-7 所示。

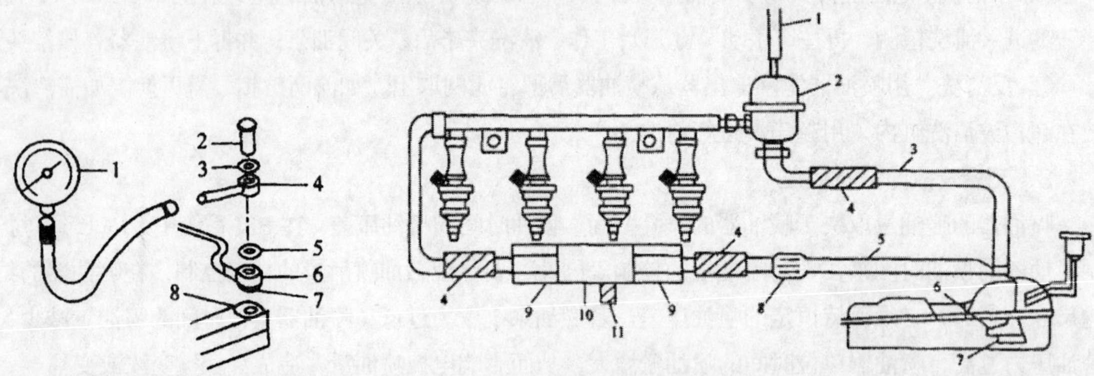

图7-6 燃油压力表的连接

1—燃油压力表 2—接头螺栓 3、5、7—垫片 4—燃油压力表接头 6—油管 8—燃油分配总管

图7-7 燃油压力表的连接

1—真空软管 2—燃油压力调节器 3—回油管 4—软管 5—压力油管 6—燃油泵 7—油泵滤网 8—燃油滤清器 9—管接头 10—三通管接头 11—油压表接头

④ 将溅出的汽油擦净，重新接好蓄电池负极电缆线。启动发动机并维持怠速运转。

⑤ 拆开燃油压力调节器上的真空软管，并用手指堵住进气管一侧的管口。检查油压表指示压力应符合标准：一般多点喷射系统压力应为 0.25～0.35MPa，单点喷射系统压力应为 0.07～0.10MPa。

若燃油系统压力过低，可夹住回油软管以切断回油管路，再检查燃油压力表指示压力，若压力恢复正常，说明燃油压力调节器有故障，应更换；若仍压力过低，应检查燃油系统有无泄漏，燃油泵滤网、燃油滤清器和油管路是否堵塞，若无泄漏和堵塞故障，应更换燃油泵。

若燃油压力表指示压力过高，应检查回油管路是否堵塞；若回油管路正常，说明燃油压力调节器有故障，应更换。

⑥ 如果测试燃油系统压力符合标准，使发动机运转至正常工作温度后，重新接上燃油压力调节器上的真空软管，检查燃油压力表指示压力应略有下降（约 0.05MPa），否则应检查真空管路是否堵塞或漏气；若真空管路正常，说明燃油压力调节器有故障，应更换。

⑦ 使发动机熄火，燃油泵停止工作，等待 10min 后，观察燃油压力表压力（即燃油系统残余压

力），多点喷射系统压力应不低于 0.20MPa，单点喷射系统压力应不低于 0.05MPa。若压力过低，应检查燃油系统是否有泄漏，若无泄漏，说明燃油泵出油阀、燃油压力调节器回油阀或喷油器密封不良。

⑧ 检查完毕后，释放燃油系统压力，并拆下燃油压力表，装复燃油系统。然后，预置燃油系统压力，并启动发动机检查有无泄漏。

四、考核要点与评分标准

就车检查燃油泵考核要点及评分标准见表 7-1。

表 7-1　就车检查燃油泵考核要点及评分标准

序号	考核内容	配分	评分标准	考核记录	得分
1	正确使用工具、仪表	10	使用不当，一项扣 5 分		
2	检查燃油泵	40	操作不熟练，一次扣 2 分 操作错误，扣 10 分		
3	正确判断故障位置	40	操作不熟练，一次扣 3 分 操作错误，扣 5 分		
4	整理工具、清理现场	10	违章每项扣 2 分		
	安全操作方面		因操作不当发生事故，记 0 分		
5	分数合计	100			

就车检查喷油器考核要点及评分标准见表 7-2。

表 7-2　就车检查喷油器考核要点及评分标准

序号	考核内容	配分	评分标准	考核记录	得分
1	正确使用工具、仪表	10	使用不当，一项扣 5 分		
2	喷油器电阻的检查	20	操作不熟练，一次扣 3 分 操作错误，扣 5 分		
3	喷油器通电的检查	15	操作不熟练，一次扣 3 分 操作错误，扣 5 分		
4	测量喷油器供电电压	15	操作不熟练，一次扣 3 分 操作错误，扣 5 分		
5	检查喷油器的滴漏	15	操作不熟练，一次扣 3 分 操作错误，扣 5 分		
6	喷油器的喷油量检查	15	操作不熟练，一次扣 3 分 操作错误，扣 5 分		
7	整理工具、清理现场	10	违章每项扣 2 分		
	安全操作方面		因操作不当发生事故，记 0 分		
8	分数合计	100			

油压的测量及故障分析考核要点及评分标准见表 7-3。

表 7-3 油压的测量及故障分析考核要点及评分标准

序号	考核内容	配分	评分标准	考核记录	得分
1	正确使用工具、仪表	10	使用不当，一项扣 5 分		
2	进行油压检查	40	操作不熟练，一次扣 2 分 操作错误，扣 10 分		
3	油压故障分析	40	操作不熟练，一次扣 3 分 装配错误，扣 5 分		
4	整理工具、清理现场	10	违章每项扣 2 分		
	安全操作方面		因操作不当发生事故，记 0 分		
5	分数合计	100			

五、小结

本项目详细介绍了汽油发动机燃料供给系的组成、功用、类型，电动燃油泵和喷油器的功用、结构，电动燃油泵检修步骤、方法，喷油器检修及清洗步骤及方法，燃料供给系的油压测量方法等。

六、习题及思考题

1. 简述电动燃油泵的构造与工作原理。
2. 如何就车检查电动燃油泵故障？
3. 简述喷油器的构造与工作原理。
4. 如何对喷油器进行检测？
5. 如何测量燃料供给系统的油压？
6. 如何根据油压来进行故障分析？

项目八

柴油发动机燃料供给系统检修

一、项目要求

1. 掌握柴油发动机燃料供给系统功用、组成及工作过程和其主要部件的功用、类型、结构与工作原理。

2. 掌握柱塞式喷油泵的维修和喷油泵的调试。

3. 掌握喷油器的检修、喷油器性能的检查及就车检查喷油器的方法。

4. 掌握喷油泵供油正时的检查与调整。

5. 了解当今电控共轨式燃油系统发展及特点。

6. 掌握电控共轨式燃油系统检测和自诊断方法。

二、相关知识

（一）概述

1. 传统柴油机燃料供给系统

（1）柴油机燃料供给系统功用

柴油机燃料供给系统是柴油机的重要组成部分，其主要功用是不断供给发动机经过滤清的清洁燃料和空气，根据柴油机不同工况的要求，将一定量的柴油以一定压力和喷油质量定时喷入燃烧室，使其与空气迅速混合并燃烧，做功后将燃烧废气排出气缸。

（2）柴油机燃料供给系统基本组成

柴油机燃料供给系统的基本组成如图 8-1 所示，主要由燃油供给装置、空气供给装置、混合气形成装置和废气排出装置 4 部分组成。

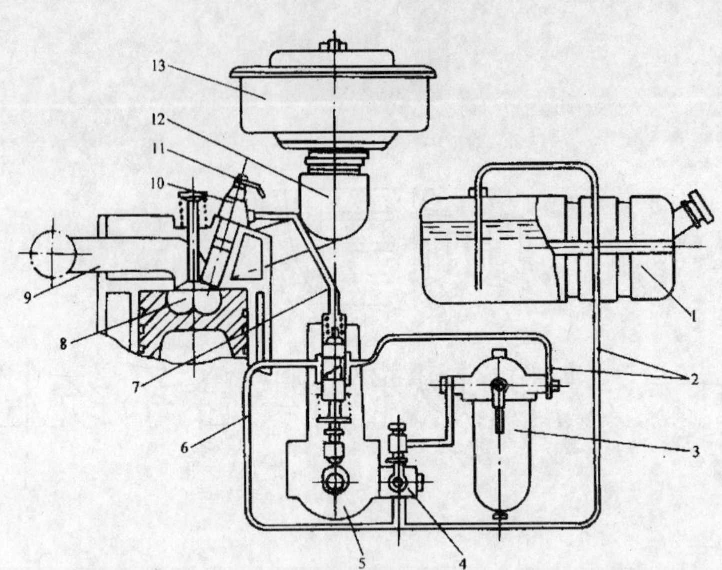

图8-1 柴油机燃料供给系统基本组成

1—油箱 2—低压油管 3—柴油滤清器 4—输油泵 5—喷油泵 6—喷油泵回油管 7—高压油管 8—燃烧室 9—排气管 10—喷油器 11—喷油器回油管 12—进气管 13—空气滤清器

① 燃油供给装置主要功用是完成燃料的贮存、滤清和输送工作，并以一定压力和喷油质量定时、定量地将燃料喷入燃烧室。根据发动机工作时的燃油压力不同，燃油供给装置可分为高压油路和低压油路两部分。低压油路主要包括油箱、输油泵、柴油滤清器和低压油管等，高压油路主要包括喷油泵、喷油器和高压油管等。

② 空气供给装置主要功用是供给发动机清洁的空气，包括空气滤清器和进气管等，在有些柴油发动机上，还装有进气增压装置。

③ 混合气形成装置主要功用是使燃油与空气混合形成混合气，由于柴油的蒸发性较差，柴油机在压缩上止点附近，燃油供给装置将柴油直接喷入燃烧室，在燃烧室内，柴油与空气边混合边燃烧，所以柴油机的混合气形成装置就是燃烧室。

④ 废气排出装置主要功用是在做功后排出气缸内的燃烧废气，包括排气管和排气消声器等。

柴油机的空气供给装置、废气排出装置与汽油机基本相同。

（3）柴油机燃料供给系统的工作过程

柴油机工作时，活塞式输油泵将柴油从油箱内吸出，并以 0.15～0.30MPa 的低压输送给柴油滤清器，清洁的柴油经低压油管进入柱塞式喷油泵；柱塞式喷油泵将柴油压力提高到 10MPa 以上，并根据发动机负荷的大小，将一定量的高压柴油经高压油管输送给喷油器，由喷油器将柴油喷入燃烧室。

输油泵的供油量远大于发动机消耗的油量，多余的柴油经喷油泵回油管流回油箱。喷油器间隙泄漏的少量柴油经喷油器回油管流回油箱。

2. 柴油机电控燃油喷射系统

（1）柴油机电控系统的功能

随着柴油机电控技术的发展，柴油机电控系统从最基本的燃油喷射控制，即供（喷）油量控制和供（喷）油正时控制，已扩展到包括对供（喷）油速率控制和喷油压力控制在内的多项目标控制的燃油喷射控制；并从单一的燃油喷射控制扩展到包括怠速控制、进气控制、增压控制、排放控制、启动控制、巡航控制、故障自诊断、失效保护、发动机与变速器的综合控制等在内的全方位集中控制。

（2）柴油机电控燃油喷射系统的组成

柴油机电控燃油喷射系统基本组成与其他电子控制系统一样，也是由传感器、ECU 和执行元件 3 部分组成。

1）传感器

传感器（包括信号开关）用来检测柴油机与汽车的运行状态，并将检测结果转换成电信号输送给 ECU。柴油机电控燃油喷射系统所用的传感器多数与汽油机电控系统相同。

① 加速踏板位置传感器。加速踏板位置传感器用来检测加速踏板所处位置，ECU 根据此传感器信号间接判断柴油机的负荷，作为控制柴油机喷油量和喷油正时的主控制信号。常用的加速踏板位置传感器有电位计式和差动电感式。

电位计式加速踏板位置传感器如图 8-2 所示，其结构和工作原理与汽油机电控系统中的节气门位置传感器基本相同。

差动电感式加速踏板位置传感器如图 8-3 所示，传感器主要由铁心、感应线圈和线束连接器等组成。推杆与加速踏板联动，铁心与推杆做成一体。当加速踏板的位置发生变化时，铁心在两个线圈中移动，使两个线圈内的自感电动势发生一增一减的变化，根据输出端线圈的电压信号即可确定加速踏板的位置。

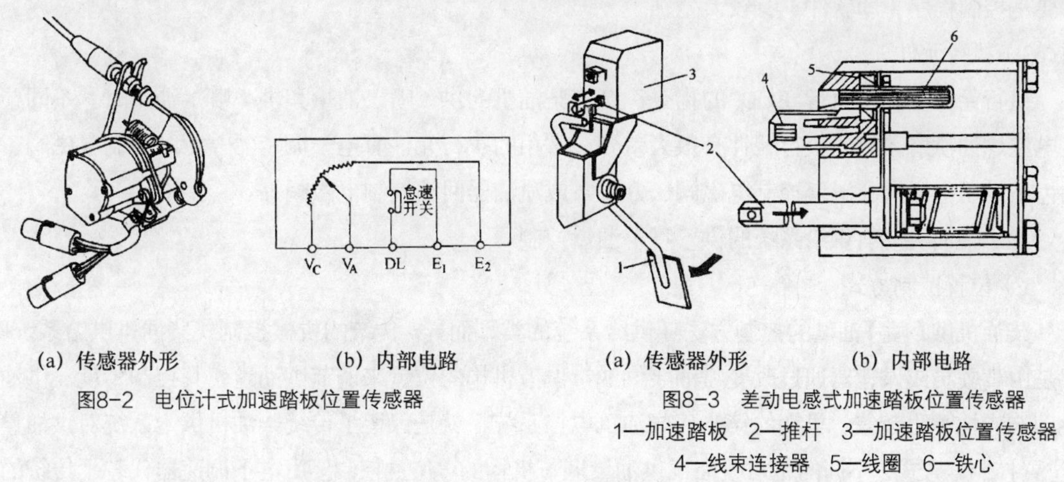

(a) 传感器外形　(b) 内部电路

图8-2　电位计式加速踏板位置传感器

(a) 传感器外形　(b) 内部电路

图8-3　差动电感式加速踏板位置传感器

1—加速踏板　2—推杆　3—加速踏板位置传感器

4—线束连接器　5—线圈　6—铁心

② 反馈信号传感器。柴油机电控燃油喷射系统一般对供（喷）油量和供（喷）油正时采用闭环控制，反馈信号传感器就是指闭环控制系统中用来检测控制系统执行元件实际位置的传感器。在柴油机电控燃油喷射系统中主要包括负荷传感器（如供油齿条位置传感器、滑套位置传感器、喷油压力传感器等）和正时传感器（如分配泵正时活塞位置传感器、着火正时传感器等）两大类。

在不同柴油机电控燃油喷射系统中，由于控制供（喷）油量和供（喷）油正时的执行元件不同，负荷传感器和正时传感器的名称、数量和类型也不同，传感器通常采用电位计式、差动电感式或电磁感应式，其结构原理与用于其他用途的同类传感器基本相同。在有些柴油机电控燃油喷射系统中，装用光电式着火正时传感器来检测气缸内混合气燃烧的开始时刻，光电式着火正时传感器的结构如图 8-4 所示。当气缸内的混合气燃烧时，传感器内的光敏晶体管产生电压信号输出，ECU 根据此信号判断实际着火开始时刻，并对喷油正时进行修正。

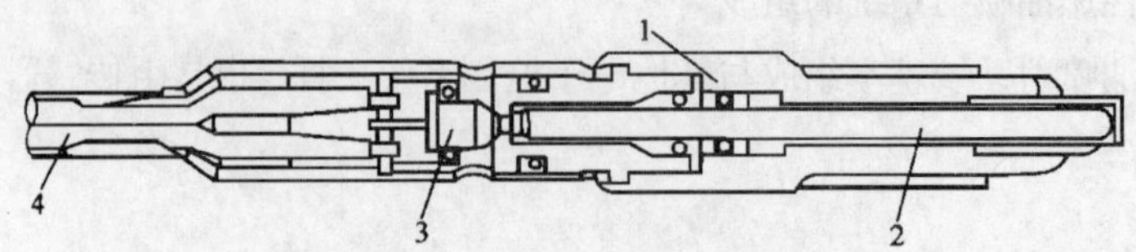

图8-4 光电式着火正时传感器

1—壳体 2—石英晶体棒 3—光敏晶体管 4—线束连接器

③ 燃油温度传感器。柴油的温度直接影响其黏度，燃油温度传感器用来检测柴油的温度变化，ECU 根据此传感器信号对喷油量进行修正。一般采用热敏电阻式，其结构原理与进气温度传感器基本相同。

④ 其他传感器和信号开关。发动机转速传感器（或凸轮轴/曲轴位置传感器）、车速传感器、冷却液温度传感器、制动开关、空调开关、E/G 开关（点火开关）等的功用、结构和工作原理与汽油机电控系统基本相同。

2）柴油机电控单元（ECU）

柴油机 ECU 的功用是根据各传感器输入信号和内存程序，计算出供（喷）油量和供（喷）油开始时刻，并向执行元件发出指令信号。柴油机 ECU 的结构与汽油机电控燃油喷射系统基本相同，主要是控制程序（即软件）有较大差别。

3）执行元件

执行元件主要是执行 ECU 的指令，调节柴油机的供（喷）油量和供（喷）油正时。不同柴油机电控燃油喷射系统的执行元件有很大差异。常用的执行元件有电子调速器、正时控制电磁阀、供油齿条控制电磁阀、滑套控制电磁阀、分配泵或喷油器回油控制电磁阀等。

（3）柴油机燃料供给系统的供（喷）油量控制

1）位置控制方式

柴油机供（喷）油量的控制方法随供给系统的类型而异。传统的机械控制式柴油机供给系统中，都是由驾驶员或调速器通过改变喷油泵供油量调节机构的位置来调节供油量，其控制精度、供油特性、响应性等比较差。早期的第一代柴油机电控系统，就是保留了传统柴油机供给系统对供油量的“位置控制”方式，不同的是对喷油泵供油量调节机构的“位置控制”用电子调速器代替了传统的机械离心式（或气动膜片式、复合式）调速器，即用发动机转速传感器和加速踏板位置传感器（也称负荷传感器）代替了原有的转速和负荷传感机构（如离心飞块、真空室等），用 ECU 控制的电子执行元件来代替机械离心式（或气动膜片式、液压式）调速执行机构和加速踏板传动机构。

第一代柴油机电控燃油喷射系统主要以电控直列柱塞泵或电控转子分配泵为特征。

2）时间控制方式

① 转子分配泵的供油量控制。早期的供油量“时间控制”主要用于转子分配泵上。转子分配泵通常是利用一个油量控制滑套的位置变化来控制高压腔与低压腔之间回油通道相通时间的变化，即

在机械控制的供油压力和供油开始时刻一定时，通过滑套的位置变化来改变停止供油（即回油）的时刻，从而实现供油量控制。因此，只要在回油（或称溢油）通道中安装一个由ECU控制的高速电磁阀来取代滑套控制回油通道的开闭，也就实现了供油量的“时间控制”。

② P—T 喷油器的供油量控制。后期的喷油量“时间控制”已应用在柴油机 P—T 燃油系统中。取消了原 P—T 燃油系统中结构复杂的调速器和喷油器中的计量装置，使燃油供给系统大为简化。P—T 喷油器的喷油量”时间控制”装置是在喷油器的回油通道中安装一个高速电磁阀，电磁阀为常开式。由低压输油泵经进油道向喷油器供油，电磁阀不通电保持开启时，即使凸轮驱动喷油器内的柱塞泵油，也不能建立足够的压力使喷油器喷油。只有当高速电磁阀接受ECU的指令通电时，电磁阀关闭喷油器回油道，随着柱塞泵油行程的进行，使喷油器内油压迅速升高，喷油器喷油开始，直至高速电磁阀再次断电打开回油通道时喷油结束。高速电磁阀关闭的时刻即是喷油开始时刻，高速电磁阀关闭的持续时间决定了喷油量。

3）时间—压力控制方式

第二代柴油机电控燃油喷射系统包括电控共轨式燃油喷射系统、电控单体泵燃油喷射系统和电控 P—T 喷油器燃油喷射系统，其中最典型的是电控共轨式燃油喷射系统。在高压共轨式燃油喷射系统中，各缸喷油器共用一个高压油轨（即高压油管），使系统元件减少，安装布置更方便。在电控共轨式喷油系统中，对喷油量的控制采用“时间—压力控制”或“压力控制”，用的最多的是“时间—压力控制”方式。

4）压力控制方式

在后期开发的柴油机电控共轨式燃油喷射系统中，为降低对供油压力的要求，喷油器喷油量的控制采用控制喷油压力的方法实现，即喷油量的“压力控制”方式。

（4）柴油机供（喷）油正时控制

传统柴油机燃料供给系统中，都是采用机械离心式或液压式供油提前角自动调节器来控制喷油泵的供油正时，间接实现对喷油器喷油正时的调节。而在柴油机电控燃油喷射系统中，一般都是由ECU根据柴油机转速、负荷等传感器信号对供（喷）油正时进行控制。

1）直列柱塞泵供油正对电控系统

直列柱塞泵供油正时电控系统的柴油机主要由正时控制器、电磁阀、柴油机转速传感器、正时传感器和ECU等组成。两个电磁阀分别安装在正时控制器进、回油路中，控制正时控制器工作的液压油来自柴油机润滑系统。正时控制器安装在喷油泵驱动轴与凸轮轴之间，受液压控制的正时控制器可使喷油泵凸轮轴相对驱动轴在一定范围内转动。柴油机转速传感器安装在喷油泵驱动轴上，ECU主要根据柴油机转速和负荷传感器信号确定基本供油提前角，再根据冷却液温度等传感器信号进行修正，并通过两个电磁阀控制正时控制器工作，来实现对喷油泵供油正时的控制。

2）转子分配泵供油正时电控系统

在第一代柴油机电控燃油喷射系统中，转子分配泵供油正时的控制通常是在原供油提前角自动调节器活塞两侧油腔之间增加一条液压通道，并由ECU通过电磁阀控制该液压通道来实现。ECU主要根据柴油机转速和负荷传感器信号确定基本供油提前角，再根据冷却液温度等传感器信号进行修正，并通过电磁阀控制正时活塞左右两侧油腔内的燃油压力差，以改变正时活塞的位置；正时活塞左右移动时，通过传动销带动转子分配泵内的滚轮架转动，从而改变喷油泵的供油正时。

（二）具体零部件介绍

1. 喷油泵

喷油泵又称高压油泵，其功用是接受输油泵输送来的低压柴油，对柴油进行加压后，按柴油机不同工况的要求，定时、定量地将高压柴油输送给喷油器。

柱塞式喷油泵是利用多个柱塞式分泵向发动机各气缸的喷油器提供高压油，其发展和应用的历史较长，工作可靠，在国产柴油机上应用较为普遍。柱塞泵燃油供给装置一般配用活塞式输油泵。

柱塞式喷油泵主要由柱塞分泵、油量调节机构、分泵驱动机构、泵体4部分组成。

（1）柱塞分泵

柱塞式喷油泵由与发动机气缸数相同的多个柱塞分泵组成，柱塞分泵的基本构造如图8-5所示。柱塞分泵主要由柱塞偶件和出油阀偶件组成。

柱塞偶件由柱塞7和柱塞套筒6组成。柱塞套筒安装在喷油泵体内，并用定位螺钉18固定，防止其周向转动；柱塞套筒上加工有两个油孔，均与喷油泵体上的低压油腔相通。柱塞与柱塞套筒精密配合，柱塞的圆柱表面加工有斜槽，斜槽的内腔与柱塞上面的泵腔有油孔连通。在柱塞下端固定有调节臂13，通过它可使柱塞在套筒内转动；在调节臂与喷油泵体之间装有柱塞弹簧8和弹簧座9，柱塞弹簧将柱塞推向下方，并使柱塞下端面与装在滚轮体10中的垫块、滚轮12与凸轮11保持接触；发动机工作时，发动机曲轴通过传动机构驱动喷油泵凸轮轴转动，凸轮轴上的凸轮和柱塞弹簧共同作用，驱使柱塞在柱塞套筒内做往复运动。出油阀偶件安装在柱塞偶件上部，并通过出油阀压紧座1和压紧垫片5使出油阀座4与柱塞套筒压紧，以保证密封。

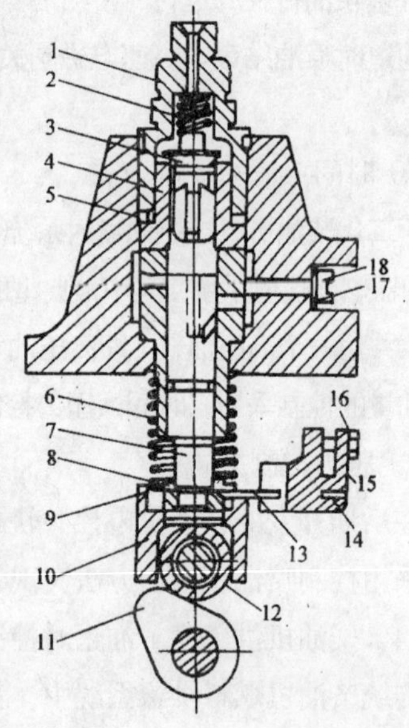

图8-5 柱塞分泵

1—出油阀压紧座 2—出油阀弹簧 3—出油阀 4—出油阀座 5—压紧垫片 6—柱塞套筒 7—柱塞 8—柱塞弹簧 9—弹簧座 10—滚轮体 11—凸轮 12—滚轮 13—调节臂 14—供油拉杆 15—调节叉 16—夹紧螺钉 17—垫片 18—定位螺钉

柱塞分泵泵油原理如图8-6所示，可分为吸油、压油和回油3个过程。发动机工作中，喷油泵凸轮轴上的凸轮转过最高位置时，柱塞在柱塞弹簧作用下向下移动；当柱塞上端面低于柱塞套筒上的油孔时，喷油泵低压油腔内的柴油被吸入柱塞上端的泵腔；当柱塞运动到最下端位置时，柱塞上端的泵腔内充满柴油，分泵完成吸油过程（见图8-6（a））。随喷油泵凸轮轴的继续转动，凸轮驱动柱塞上移，开始有部分柴油从泵腔挤回低压油腔，直到柱塞上端的圆柱面完全封闭柱塞套筒上的两个油孔为止，分泵压油过程（见图8-6（b））开始；此后柱塞继续上移，泵腔内油压升高，油压增高到一定值时，使克服出油阀弹簧的弹力，顶开出油阀，高压柴油经出油阀和高压油管输送给喷油器。在压油过程中柱塞上移，当柱塞上的斜槽与柱塞套筒上的油孔接通时，泵腔内的高压油经柱塞内的油孔、斜槽和柱塞套筒上的油孔流回低压油腔（见图8-6（c）），泵腔内的油压迅速下降，出油阀在其弹簧作用下立即关闭；在此回油过程中，柱塞仍向上移动，直到上止点为止，但不再向喷油器供油。

柴塞分泵每次泵出的油量取决于柱塞的有效行程，即从出油阀开启到柱塞上的斜槽与柱塞套筒上的油孔接通时柱塞向上移动的距离。使柱塞在柱塞套筒内转动，即可改变斜槽与柱塞套筒上油孔的相对位置，从而改变柱塞的有效行程。柱塞式喷油泵就是以此方法来实现发动机负荷调节的。

出油阀偶件的构造如图 8-7 所示。出油阀的圆锥面为密封面，通过出油阀弹簧将其压紧在阀座上。出油阀尾部与阀座间隙配合，为出油阀运动起导向作用。出油阀的尾部开有切槽，形成十字形横截面，以便喷油泵供油时使泵腔内的柴油流出。

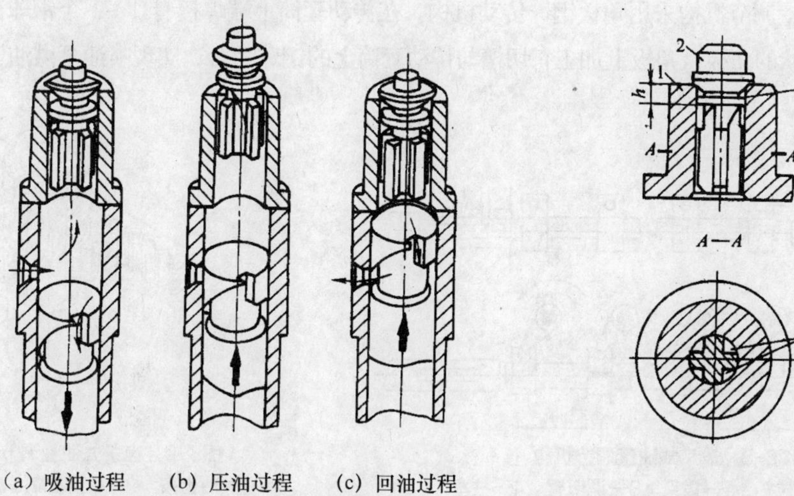

（a）吸油过程　（b）压油过程　（c）回油过程

图8-6　柱塞分泵泵油原理

图8-7　出油阀偶件

1—出油阀座　2—出油阀　3—减压环带　4—切槽

出油阀中部的圆柱部分称为减压环带。在分泵柱塞压油使油压达到一定值时，泵腔内的油压顶开出油阀，使出油阀密封锥面离开出油阀座，但泵腔内的柴油并不能立即泵出；只有当减压环带完全移出阀座导向孔时，即出油阀向上移动一段距离后，泵腔内的柴油才能进入高压油管，这样可防止喷油器喷前滴油。在停止供油、出油阀落座时，减压环带首先进入出油阀导向孔，切断高压油管与泵腔的通道，高压油管内的柴油停止回流，这样可保持高压油管内有一定的残余压力。此外，从减压环带开始进入阀座导向孔，直到出油阀密封锥面与阀座接触时，由于减压环带在高压油管中让出了其凸缘所占的容积，使高压油管内的油压迅速下降，从而使喷油器停油干脆。由此可见，减压环带具有防止喷油器喷前滴油、保持高压油管内有一定残余压力和使喷油器停油干脆等 3 方面的功用。

2）油量调节机构

油量调节机构的功用是执行驾驶员或调速器的指令，改变柱塞与柱塞套筒的相对位置，从而改变喷油泵的供油量，以适应发动机不同工况的要求。

柱塞式喷油泵常用的油量调节机构主要有拨叉式和齿条式两种。此外，在国产 P 型喷油泵上还采用了球销角板式油量调节机构。

① 拨叉式油量调节机构如图 8-8 所示。调节臂 3 压装在分泵柱塞 4 下端，其端头插入拨叉 2 的凹槽内，拨叉用拨叉固定螺钉 6 固定在供油拉杆上。当驾驶员或调速器推动供油拉杆轴向移动时，拨叉带动调节臂和分泵柱塞一起相对柱塞套筒转过一定角度，从而使喷油泵供油量改变。松开拨叉固定螺钉，

改变某一分泵的拨叉在供油拉杆上的位置，可实现对某一分泵供油量的调节，以便使各分泵供油均匀。

② 齿条式油量调节机构如图 8-9 所示。传动套筒 6 松套在柱塞套筒 2 的外面，传动套筒下端的切槽卡住柱塞 5 下端的凸块，齿圈 3 套装在传动套筒上端并用齿圈固定螺钉 4 固定，各分泵传动套筒上的齿圈均与供油齿条啮合，当供油齿条轴向移动时，即可改变喷油泵的供油量。松开齿圈固定螺钉，转动传动套筒，即可调节某一分泵的供油量。

③ 球销角板式油量调节机构与齿条式类似，不同的是齿条式油量调节机构采用齿条齿圈传动机构，而球销角板式油量调节机构采用角板钢球传动机构。在传动套筒上端焊接有 1～2 个钢球，供油调节杆为横截面呈角钢状的角板，角板上加工有切槽与传动套筒上的钢球啮合，实现喷油泵供油量的调节。

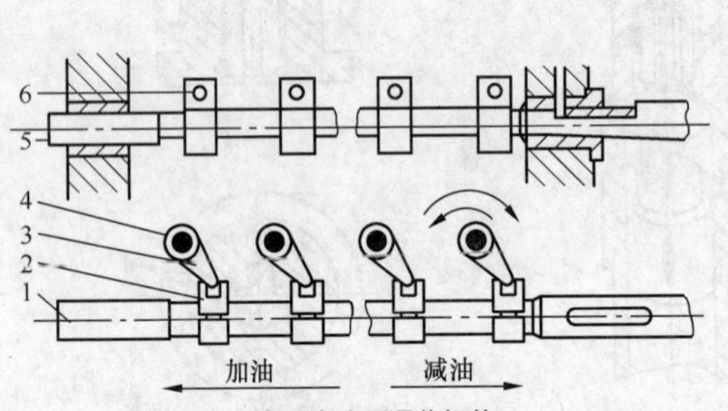

图8-8 拨叉式油量调节机构

1—供油拉杆 2—拨叉 3—调节臂 4—柱塞
5—供油拉杆衬套 6—拨叉固定螺钉

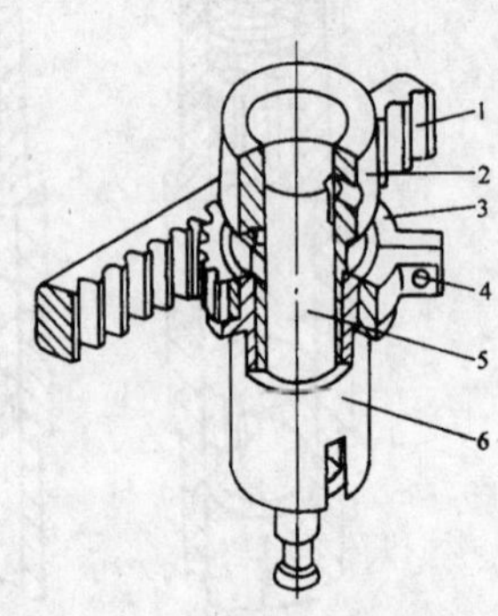

图8-9 齿条式油量调节机构

1—供油齿条 2—柱塞套筒 3—齿圈
4—齿圈固定螺钉 5—分泵柱塞 6—传动套筒

3）分泵驱动机构

分泵驱动机构的功用是驱动柱塞在柱塞套筒内往复运动，使喷油泵完成供油过程。分泵驱动机构主要包括喷油泵体、凸轮轴和滚轮体等。

凸轮轴通过两个轴承支承在喷油泵体内，其结构原理与配气机构所用的凸轮轴相似，如图 8-10 所示。凸轮轴上加工有驱动分泵的凸轮和驱动输油泵的偏心轮。改变前端盖与泵体之间的密封垫 1 的厚度，或改变轴承与轴肩之间的调整垫片 7 的厚度，可调整凸轮轴的轴向间隙。

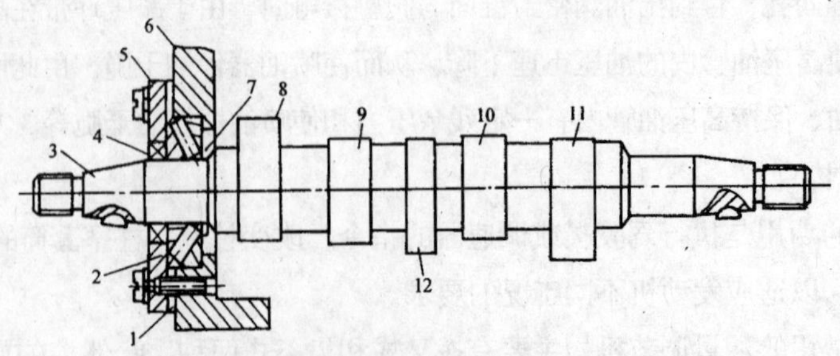

图8-10 喷油泵凸轮轴

1—密封垫 2—圆锥滚子轴承 3—连接锥面 4—油封 5—前端盖 6—泵体 7—调整垫片
8、9、10、11—凸轮 12—输油泵偏心轮

柱塞式喷油泵上装用的滚轮体主要有调整垫块式和调整螺钉式两种类型，分别如图 8-11 和图 8-12 所示。滚轮体相当于配气机构中的气门挺杆，其功用主要是将喷油泵凸轮的旋转运动转变为自

身的往复直线运动，从而推动分泵柱塞上行供油，并利用滚轮在喷油泵凸轮上的滚动以减轻磨损。为防止滚轮体在泵体导向孔内转动，其定位方法有两种：一种是在滚轮上轴向切槽，用拧在泵体上的螺钉插入切槽；另一种是采用加长的滚轮轴，使滚轮轴的一端插入泵体导孔中的轴向切槽内。

此外，滚轮体还可用来调整分泵供油提前角。分泵供油提前角是指分泵供油开始，至该气缸活塞到达压缩上止点时曲轴转过的角度，分泵供油提前角直接影响喷油器的喷油时刻，对发动机性能有很大影响。对调整垫块式滚轮体增加调整垫块厚度，对调整螺钉式滚轮体拧出调整螺钉（调整时先松开锁紧螺母，调整后再拧紧锁紧螺母），均可使滚轮体的有效高度增加，从而在喷油泵凸轮位置不变（即曲轴位置不变）时，使分泵柱塞升高，分泵供油提前角增大（供油时刻提前）；反之，降低滚轮体有效高度，分泵供油提前角减小（供油时刻推迟）。

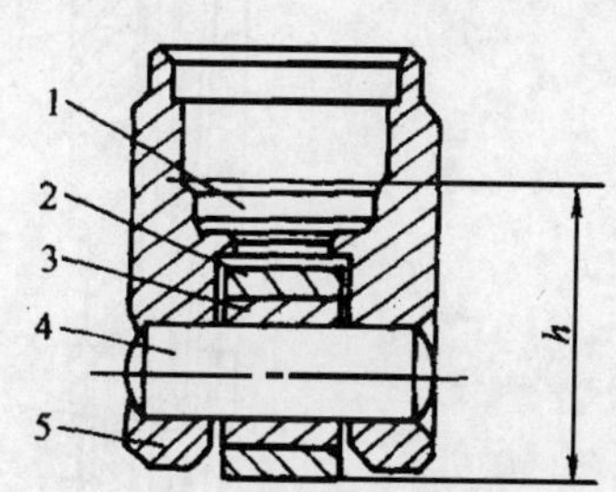

图8-11　调整垫块式滚轮体
1—调整垫块　2—滚轮　3—波轮衬套
4—滚轮轴　5—滚轮架

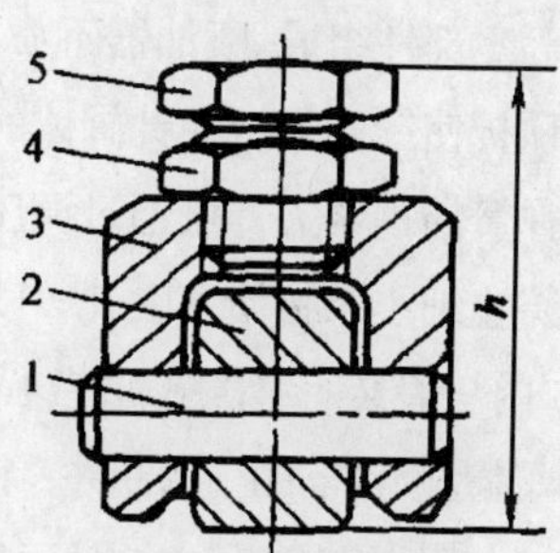

图8-12　调整螺钉式滚轮体
1—滚轮轴　2—滚轮　3—滚轮架
4—锁紧螺母　5—调整螺钉

4）泵体

泵体是喷油泵的基体，有分体式和整体式两种。分体式泵体分上、下两部分，用螺栓联接在一起，上体用来安装分泵，下体用来安装油量调节机构和驱动机构。整体式泵体具有较高的刚度，但拆装不便。

喷油泵和调速器的润滑有两种形式，一种是独立润滑，即在喷油泵和调速器内单独加注润滑油；另一种是压力润滑，即利用发动机润滑系统中的压力油进行润滑。

2. 喷油器

（1）柴油机喷油器的功用与类型

柴油机喷油器的功用是：将燃油雾化并合理分布到燃烧室内，以便与空气混合形成混合气。根据柴油机混合气形成与燃烧的要求，喷油器应有一定的喷射压力和射程（即喷射距离）以及合适的喷射锥角。此外喷油器停止供油时应干脆，不应有滴漏现象。

目前，车用柴油机上装用的喷油器均为“闭式”喷油器，即喷油器在不喷油时，喷孔被针阀关闭，将燃烧室与喷油器的油腔彻底分隔开。常用的闭式喷油器又可分为孔式和轴针式两种结构类型，如图 8-13 所示。

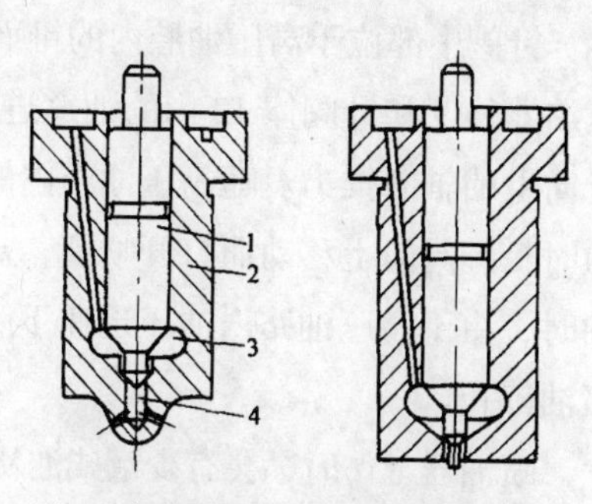

(a) 孔式喷油器　(b) 轴针式喷油器
图8-13　喷油器的类型
1—针阀　2—针阀体　3—高压油腔　4—压力室

孔式喷油器的针阀下端不伸出针阀体，喷油孔是直径为 0.2～0.8mm 的圆孔，喷油孔有 1～8 个不等。轴针式喷油器的针阀下端较长，延伸出一伸入针阀体下端孔的轴针，轴针与针阀体下端的孔形成环状狭缝，喷油器喷油时，柴油从环状狭缝中呈空心圆柱状（轴针为圆柱形）或空心圆锥状（轴针为倒锥形）喷入燃烧室。

（2）喷油器的构造

孔式喷油器与轴针式喷油器除针阀和针阀体结构略有不同外，其他结构及工作原理完全相同。

如图 8-14 所示，喷油器主要由针阀 11、针阀体 12、顶杆 8、调压弹簧 7、调压螺钉 5 及喷油器体 9 等零部件组成。喷油器不喷油时，调压弹簧通过顶杆使针阀紧压在针阀体的密封锥面上。调压弹簧的预紧力，可通过调压螺钉 5 来调整。为防止细小杂物堵塞喷孔，喷油器进油管接头 15 内一般装有缝隙式滤芯 16。

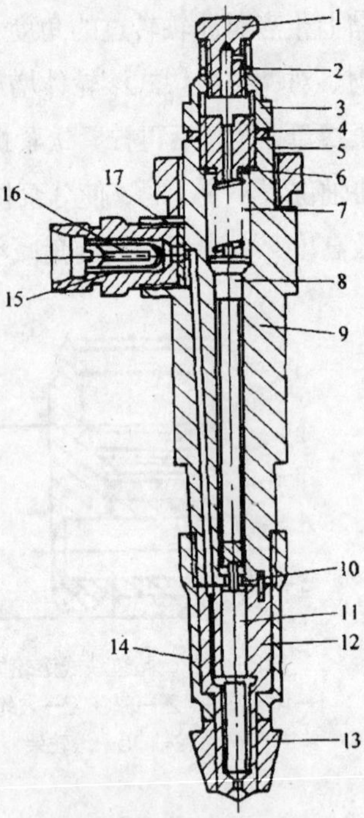

针阀与针阀体是喷油器的精密偶件，针阀上部的圆柱表面和针阀体相对应的内圆柱面配合精度很高，其配合间隙只有 0.0010～0.0025mm。配合间隙过大，会因漏油而导致油压下降，直接影响喷雾质量；但间隙过小，会导致针阀不能在针阀体中正常运动。

图8-14 柴油机喷油器

1—回油管螺栓 2—回油管衬垫 3—调压螺钉护帽 4—调压螺钉垫圈 5—调压螺钉 6—调压螺钉垫圈 7—调压弹簧 8—顶杆 9—喷油器体 10—定位销 11—针阀 12—针阀体 13—喷油器锥体 14—紧回螺套 15—送油管接头 16—滤芯 17—进油管接头衬垫

喷油器针阀的下端锥面与针阀体上相应的内锥面配合，实现喷油器内部的密封，也称为密封锥面。针阀上部的圆柱面及下端的锥面与针阀体的配合是经过精磨后再相互研磨以保证其配合精度的，所以喷油器精密偶件不能进行互换。

针阀中部位于高压油腔内的锥面为承压锥面。喷油泵供油时，高压柴油由进油管接头 15 经过喷油器体 9 和针阀体 12 内的油道进入喷油器高压油腔，油压作用在针阀的承压锥面上，给针阀一个向上的轴向推力。随高压油腔内的油压升高，当针阀所受的轴向推力足以克服调压弹簧的预紧力时，针阀向上移动而打开喷孔，高压柴油便从针阀体下端的喷油孔喷射出去。当喷油泵停止供油时，由于高压油路内油压迅速下降，针阀在调压弹簧的作用下及时回位，喷孔被关闭，喷油器喷油停止。

喷油器工作时，会有少量柴油从针阀与针阀体配合面之间的间隙漏出，这部分柴油对针阀可起到润滑作用，并沿顶杆周围的空隙上升，通过回油管流回柴油滤清器或油箱。

（三）电控共轨燃油系统

电控共轨燃油系统是 20 世纪 90 年代研制出的一种全新的燃油喷射系统，该系统正式问世时间还不长，但已显示出它的巨大的优越性和发展潜力。

电控共轨燃油系统的工作原理是：通过各种传感器和开关检测出发动机的实际运行状态，通过计算机计算和处理后，对喷油量、喷油时间、喷油压力和喷油率等进行最佳控制。典型的电控共轨燃油系统是图 8-15 所示的博世公司的第一代高压电控共轨燃油系统。该电控共轨系统的特点如下。

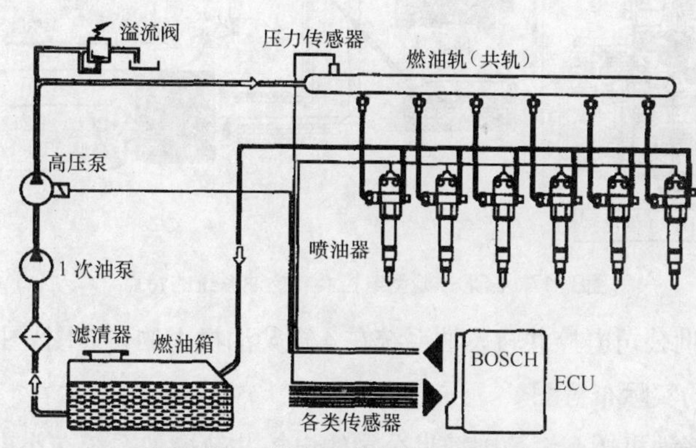

图8-15 博世公司的电控共轨燃油系统

① 共轨压力为 135MPa。

② 可以实现预喷射。

③ 闭环控制。

④ 可用于 3～8 缸轿车柴油机，可满足欧 3 排放法规。

日本电装公司开发成功的高压电控共轨燃油系统分为两种。适用于轿车柴油机的 ECD-U2（P）型电控共轨燃油系统（见图 8-16）、适用于中型和重型卡车柴油机的 ECD-U2 型电控共轨燃油系统（见图 8-17）。

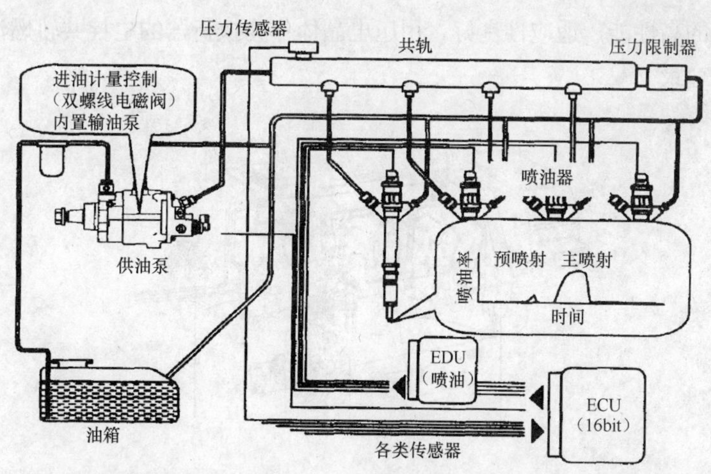

图8-16 ECD-U2（P）型电控共轨燃油系统

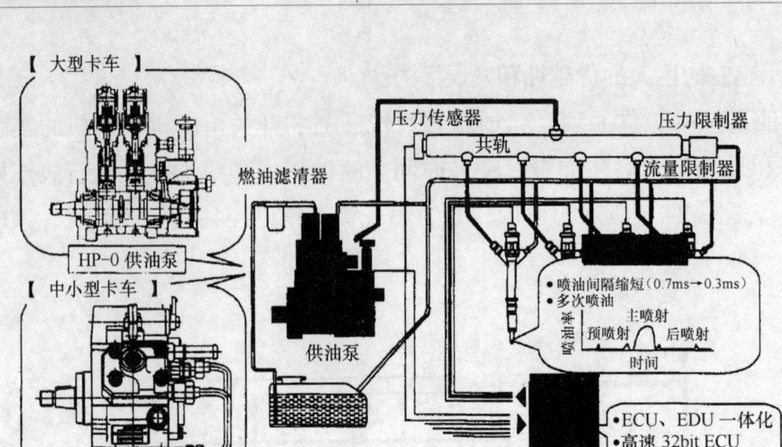

图8-17　ECD-U2型电控共轨燃油系统的特点

如图 8-18 所示是博世公司电控共轨燃油系统在 4 缸柴油机上的安装图。图 8-19 所示是 ECD-U2 电控共轨系统在卡车上的实际布置图。

由于欧洲大量使用柴油机轿车，德国博世公司的电控共轨燃油系统在小排量轿车柴油机上得到大量应用；日本电装公司也在匈牙利开设工厂，生产小型电控共轨系统——ECD-U2（P）系统供给欧洲的轿车柴油机市场。日本国内的轿车柴油机很少，所以，日本电装公司的电控共轨燃油系统大量应用于大排量的卡车柴油机。

第一代高压电控共轨燃油系统基本上是采用高速电磁阀作为执行器，承受的最高喷油压力以及系统的效率受到限制。为解决这一难题，许多公司正在开发采用压电晶体的电控共轨燃油系统，其中德国 FEV 公司以及西门子公司已经展示了他们的产品。

轿车业在短时间内面临排放法规的限制和客户越来越严格的要求。现代车用高速直喷发动机大多数采用 4 气门、涡轮增压、废气再循环（EGR）以及中冷技术，要求配套灵活的燃油喷射系统。西门子等公司研制的高性能、适应性良好、用压电晶体作为执行器的电控共轨燃油系统能够满足将来燃油喷射系统的要求。

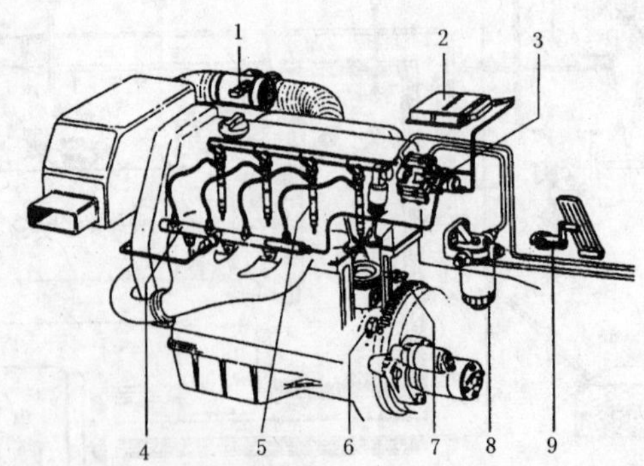

图8-18　装用博世电控共轨燃油系统的4缸柴油机

1—空气质量流量计　2—ECU　3—高压泵　4—共轨（高压存储器）　5—喷油器　6—曲轴转角传感器
7—冷却水温度传感器　8—燃油滤清器　9—加速踏板传感器

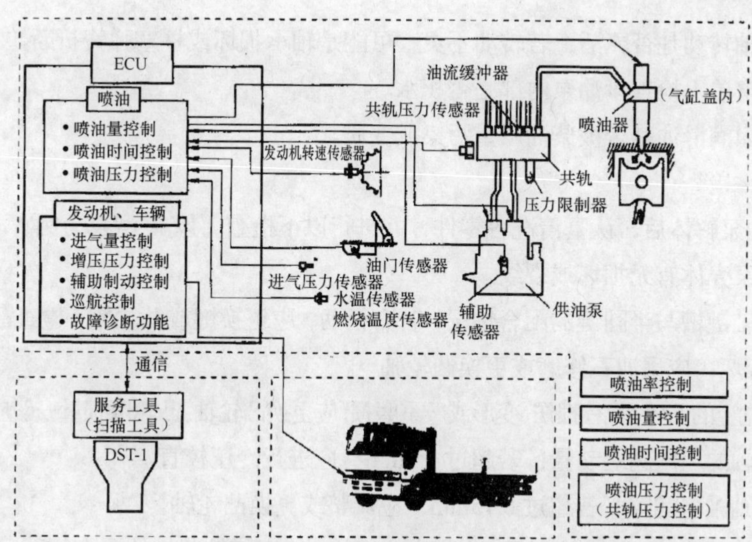

图8-19　ECD-U2电控共轨燃油系统在卡车上的实际布置图

直喷柴油机多年来已经作为卡车的主要配套动力。直喷柴油机在轿车中份额的增加与燃油喷射技术的发展关系非常紧密，电控共轨燃油系统的发展使其发生了根本的变化。

第一代蓄压式电控共轨系统出现在20世纪末。第二代高压电控共轨燃油系统在21世纪初就出现了。随着排放法规的日益苛刻，柴油机高压电控共轨燃油系统的技术必将以更快的速度向前发展。

三、项目实施

（一）实施要求

柴油发动机拆装台架、汽车发动机常用拆装工具、专用拆装工具、相关量具、零部件存放台、喷油泵、喷油器、喷油泵试验台及配用工具。

（二）实施步骤

1. 认知柴油发动机供给系统

根据场地和实训器材，由教师组织学生对各部件熟悉和认识，要求如下。

（1）认识柴油机燃料供给系统的输油泵、喷油泵、喷油器等主要部件。

（2）在认识上述主要部件的基础上，简单讲解柴油机燃料供给系统功用、组成及工作过程。

（3）操作注意事项。柴油供给系统的三组偶合件都是精密加工，实习认知时，注意不要用手直接接触偶合件的偶合面。

2. 检修喷油泵

（1）柱塞式喷油泵的维修

1）外部检查

用煤油或柴油认真清洗喷油泵外部，并进行以下外部检查。

① 观察泵体有无裂纹或可能导致漏油的损伤。

② 检查出油阀压紧座处有无漏油痕迹。

③ 检查凸轮轴转动是否灵活，若转动不灵，可能是轴承损坏或柱塞弹簧折断。

④ 拆开检查窗盖，检查喷油泵内部是否积水。

⑤ 检查泵体内润滑油是否被柴油严重污染或变质。

2）喷油泵零件检查

将柱塞式喷油泵解体后，认真清洗各零件，并进行以下检查（以 A 型泵为例）。

① 检查喷油泵壳体有无损坏或裂纹。

② 检查凸轮轴键槽与半圆键的配合情况，若有松动，应更换键或凸轮轴；检查凸轮轴端锥面和螺纹，若毛糙或损坏，应用油石修磨或更换凸轮轴。

③ 检查凸轮轴上的凸轮，若有损伤、变形或严重磨损，应更换凸轮轴。凸轮磨损量一般应不超过 0.5mm。

④ 检查凸轮轴的径向圆跳动量，若超过 0.5mm，应进行冷压校直。

⑤ 检查凸轮轴轴向间隙，若超过 0.15mm，应调整或更换凸轮轴。

⑥ 检查滚轮体和滚轮，若磨损严重或损坏，应更换。检查滚轮与销的配合间隙，若超过 0.2mm，应更换。

⑦ 检查滚轮体与导孔的配合间隙，若超过 0.2mm，应更换。

⑧ 检查柱塞弹簧，若有变形或折断，应更换。

⑨ 检查传动套筒有无裂纹，并检查柱塞凸块与传动套筒槽的配合间隙，若传动套筒有裂纹或与柱塞凸块配合间隙超过 0.2mm，应更换。

⑩ 检查油量调节齿条与齿圈的齿隙，若齿隙超过 0.3mm，应更换。检查齿杆，若有弯曲变形，应更换。

3）柱塞偶件的检查

将喷油泵解体后，对柱塞偶件应进行以下检查。

① 检查柱塞偶件。若工作面有刻痕、腐蚀或柱塞弯曲、变形等现象，应更换。

② 滑动试验。将柱塞偶件彻底清洗干净后，使其倒置并与水平面倾斜 45°，如图 8-20 示，轻轻抽出柱塞约 1/3，然后松开，柱塞应能依靠自身重量沿套筒平稳下滑，落到套筒支承面上；如此将柱塞转动几个不同位置，反复试验几次，每次都能符合上述要求，说明柱塞偶件配合良好。

③ 密封性试验。如图 8-21 所示，用手指堵住套筒上端孔和侧面进油孔，另一只手向外拉柱塞，应感觉有吸力；放松柱塞时，柱塞应能迅速回位。将柱塞转动几个不同位置，反复试验几次，每次都能符合上述要求，说明柱塞偶件配合良好。

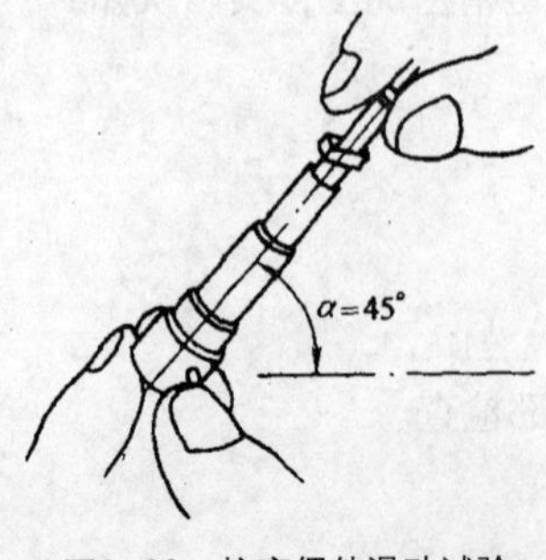

图8-20 柱塞偶件滑动试验

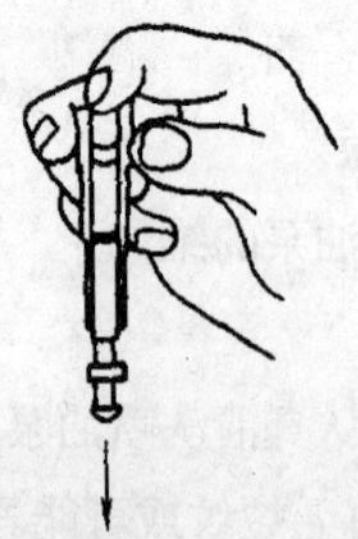

图8-21 柱塞偶件密封性试验

4）出油阀偶件的检查

将喷油泵解体后，对出油阀偶件应进行以下检查。

① 目测检查。出油阀偶件工作面不应有刻痕及锈蚀，密封锥面应光泽明亮、完整连续，光亮带宽度应不超过 0.5mm，出油阀垫片应完好无损，否则应更换。

② 滑动试验。将出油阀偶件用柴油浸润后，垂直拿住阀座，将阀体从座孔中抽出其配合长度的 1/3，松开后，阀体应能靠自身的重量均匀地落入阀座，无卡滞现象；将阀体转动几个位置，反复试验几次，每次都能符合上述要求，说明出油阀偶件配合良好。

③ 检查密封锥面密封性。用拇指和中指拿住出油阀座，食指按住出油阀，然后用嘴吸出油阀座下面的孔，若能吸住出油阀，说明密封良好。

④ 检查减压环带密封性。如图 8-22 所示，用手指堵住出油阀座下面的孔，向上提起出油阀（见图 8-22（a）），在减压环带没有离开阀座时，应感到对手指有吸力；若将阀体放入阀座并压下阀体（见图 8-22（b）），当松开阀体时应能迅速弹起。

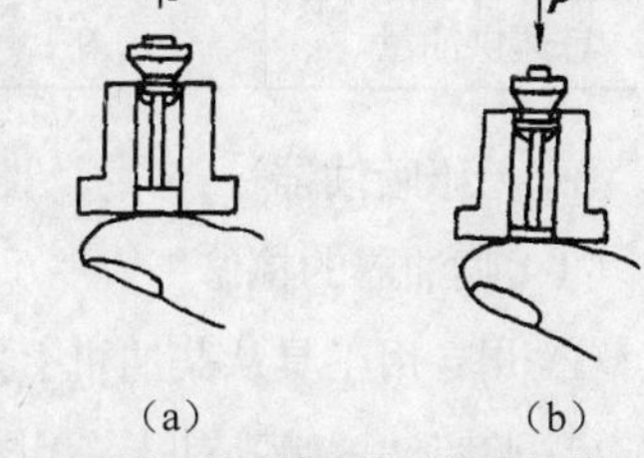

图8-22 检查出油阀密封性

（2）喷油泵的调试

喷油泵一般在试验台上由专业人员进行调试。以 CA6110A 型柴油机装用的 A 型喷油泵为例，首先将喷油泵安装到试验台上，连接好相应的管路；并按规定给喷油泵及调速器加好润滑油；拆掉供油齿杆盖、冒烟限制器；装上齿条位移测量仪，然后进行供油正时和供油量的检查与调试。

1）检查调整供油正时

① 将操纵手柄放在最大供油位置，打开试验台上标准喷油器的溢流阀，调节试验台供给喷油泵低压油腔的油压，使油能顶开出油阀从第 1 缸喷油器的回油管中流出。

② 转动喷油泵凸轮轴，使第 1 缸柱塞处于下止点极限位置，再缓缓转动凸轮轴直到第 1 缸喷油器回油管中刚刚停止流油时，说明第 1 缸分泵柱塞上行到供油开始位置（堵住柱塞套筒上的进油孔时）。反复进行几次试验，当第 1 缸开始供油时，检查喷油泵联轴器和泵体上的供油正时标记应对正，否则说明第 1 缸供油正时失准。

③ 第 1 缸供油正时失准时，可通过滚轮体上的调整螺钉来调整，相差较大时可重新做正时标记。

④ 利用试验台飞轮盘上的刻度，选择任意角度作为第 1 缸供油开始的基准，依照上述方法，按发动机各气缸做功顺序，依次检查各气缸供油间隔角以确定其他各气缸供油正时。

例如，CA 6110A 型柴油机做功顺序为 1—5—3—6—2—4，以第 1 缸供油开始时刻为基准，当第 5 缸开始供油时，试验台刻度盘上的指针应正好转过 60°± 0.5°；转过角度过大说明第 5 缸供油迟后，转过角度过小说明第 5 缸供油过早，应调整第 5 缸滚轮体有效高度，使供油间隔角符合要求。依同样方法检查调整其他各气缸供油正时。

2）调整供油量

将喷油泵低压腔的压力调整到 160kPa，将控制齿杆调到额定供油量位置，并使喷油泵以规定转速运转，然后测量各分泵供油量及其均匀度。如果供油量不符合表 8-1 规定范围标准，则应松开传动套筒上的齿圈固定螺钉，转动传动套筒来调节喷油量，逆时针转动套筒，供油量增加，反之则减小。调整合适后，拧紧齿圈固定螺钉。

供油量调整条件：喷油器型号为105100—5560；喷油压力为21.6MPa；高压油管外径为6mm，内径为1.8mm，长度为600mm；回油压力为156kPa；试验用油为轻柴油；试验油温为40℃±5℃。

表 8-1 CA6110A 型柴油机喷油泵供油量

项目	控制齿条行程（mm）	转速（r/min）	每1000次平均供油量（mL/1000次）	供油不均匀度（%）
最大供油量	10.2	1450	71	3
校正供油量	10.5	900	72	3
怠速供油量	9.1	250	11.8	15

3. 检修喷油器

（1）喷油器的检修

① 用专用工具从柴油机上拆下喷油器，用钢丝刷清洁喷油器外部。

② 将喷油器喷孔朝上，用垫有铜皮护口的台钳夹住喷油器体。

③ 从喷油器体上拧下紧固螺套，拆下针阀、针阀体等零部件，并从喷油器体内取出顶杆。注意：针阀与针阀体是精密偶件，必须按原配成对放置。若针阀卡死在针阀体内无法取出，表明针阀已变形，应更换针阀与针阀体偶件。

④ 松开台钳，将喷油器掉转并重新夹住，拧下调压螺钉护帽和调压螺钉。取出调压螺钉垫圈、调压弹簧和弹簧座等零件。

⑤ 用直径合适的专用清洁针清除喷孔内的积炭，用柴油清洗喷油器各零部件。

⑥ 检查针阀。若发现其密封锥面或导向面暗淡无光，表明针阀已磨损；其前端有暗黄色的伤痕，表明针阀因过热而拉毛；其导向面有咬住或黏滞的痕迹，表明针阀已变形。发现上述任何情况之一，均应更换针阀与针阀体偶件。

⑦ 检查针阀体。针阀体前端伸入燃烧室内部分若有严重烧蚀现象，应更换针阀与针阀体偶件。

⑧ 检查针阀与针阀体的配合情况。针阀与针阀体清洗干净后，将针阀放入针阀体，使其倾斜45°，抽出针阀1/3，放松后，针阀应能靠自重均匀、缓慢地滑入针阀体；若有黏滞现象，应将针阀与针阀体偶件放入柴油中进行研磨，直到符合要求为止；若针阀下滑时，有严重的黏滞现象，表明有变形，应更换针阀与针阀体偶件。

⑨ 按与分解相反的顺序装复喷油器，并检查其性能。

（2）喷油器性能的检查

首先将喷油器安装在专用试验台的高压油管上，如图8-23所示。

① 检查喷油器密封性　连续压动喷油器试验台上的泵油手

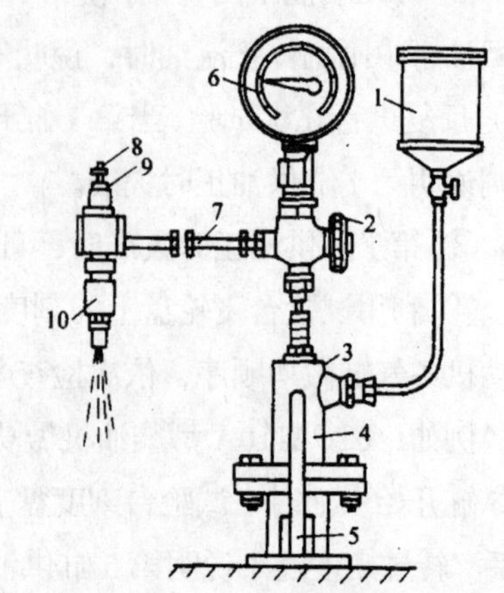

图8-23　喷油器试验台

1—油箱　2—开关　3—放气螺钉　4—手动高压油泵　5—泵油手柄　6—油压表　7—高压油管　8—调压螺钉　9—锁紧螺母　10—喷油器

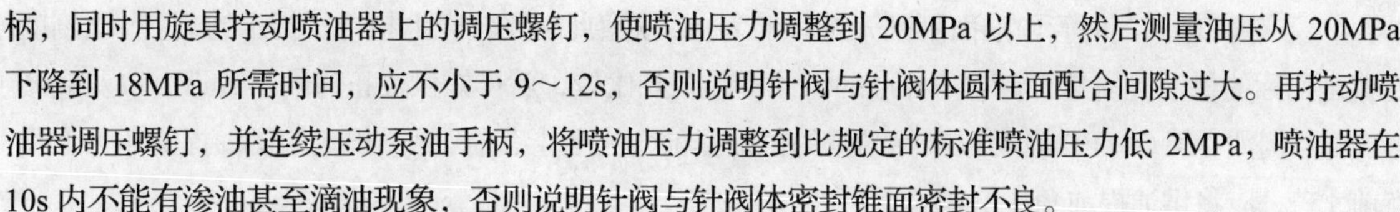

柄，同时用旋具拧动喷油器上的调压螺钉，使喷油压力调整到 20MPa 以上，然后测量油压从 20MPa 下降到 18MPa 所需时间，应不小于 9～12s，否则说明针阀与针阀体圆柱面配合间隙过大。再拧动喷油器调压螺钉，并连续压动泵油手柄，将喷油压力调整到比规定的标准喷油压力低 2MPa，喷油器在 10s 内不能有渗油甚至滴油现象，否则说明针阀与针阀体密封锥面密封不良。

② 调整喷油压力在喷油器试验台上，以每分钟 60 次的频率压动泵油手柄，当喷油器开始喷油时，油压表上的指示压力即为喷油器的喷油压力，喷油压力若不符合规定标准应予调整。调整时，用旋具拧进喷油器调压螺钉，可使喷油压力增大，反之喷油压力降低。

③ 喷雾试验。在喷油器试验台上，按规定喷油压力，并以每分钟 60～80 次的频率压动泵油手柄，使喷油器喷油。要求：喷出的柴油呈雾状，且分布均匀，没有喷柱分枝、油滴飞溅等现象；喷柱平直，不能有弯曲；断油干脆，并伴有清脆的声响；在多次喷油后，喷孔周围应干燥或稍许湿润。若不符合上述任何一项要求，应更换喷油器针阀与针阀体偶件。

（3）就车检查喷油器

在缺少喷油器试验台时，也可就车检查喷油器的工作情况。

① 拆下待查的喷油器，用一个三通接头，将其与一个工作性能良好的标准喷油器并联安装在喷油泵高压油管上，启动发动机并维持怠速运转。

② 观察待查喷油器是否与标准喷油器同时喷油。若待查喷油器喷油早，说明其喷油压力过低；若喷油晚，则说明待查喷油器喷油压力过高。如出现这两种情况都应调整喷油压力。

③ 观察喷油器的喷油情况，应符合喷雾试验的要求。

④ 在两喷油器下面各放一量杯，以对比检查其喷油量。

（4）操作注意事项

柴油供给系统的三组偶合件都是精密加工，实习认知时，注意不要用手直接接触偶合件的偶合面。

4. 检查与调整喷油正时

供油定时是指喷油泵对柴油机有正确的供油时刻，而供油时刻用供油提前角表示。供油提前角是指从柱塞顶面封闭柱塞套油孔起到活塞上止点为止，曲轴所转过的角度。

随着零件的磨损，柴油机的供油提前角在使用过程中会发生变化，严重时将影响行车。供油正时是否正确，可根据发动机的工作情况凭经验判别。如果发动机工作粗暴，大负荷时有严重的金属敲击声，则可能是供油时间过早；如果发动机工作中排烟严重，有过热现象，运转声发闷，工作无力，则可能是供油时间过迟造成的。

（1）供油正时的检查

供油正时指的是喷油泵时某缸开始供油时，该缸的活塞应处在规定的位置。检查供油正时，就是检查基准缸（通常为第一缸）开始供油时，基准缸活塞所在的位置（用曲轴转角或活塞到上止点的距离衡量）是否正确。供油正时的检查方法如下。

① 拆下基准缸高压油管靠喷油泵一端，在高压油管接头上安装测时管。将加速踏板踩到底，使基准缸供油数次（可转动曲轴或直接撬动喷油泵柱塞），直到测时管充满燃油为止。将测时管内的燃油弹出一些，以便于观察供油开始时刻。

② 正转曲轴到测时管内油面刚刚开始移动为止，观察此时飞轮壳上指针所指示的刻度。该刻度值就是实际的供油提前角，将它与标准的供油提前角相比较，就可知供油正时的早或迟，以及应调整的量。例如，某OM402发动机实际测量的供油提前角为上止点前12°，规定的供油提前角为上止点前15°，应将供油提前角提前3°。

如果飞轮上无角度刻线，则可按正转曲轴至基准缸开始供油。将基准缸气门弹簧拆下，使气门落入缸内，测量此时气门端部与气缸盖的距离。然后顺转曲轴至气门到达上止点位置，再测气门端部相对缸盖的高度。前后两次测量值之差，就是实际的供油正时。

供油正时检查准确与否，关键在于基准缸供油开始时刻是否准确。因此，供油开始时刻要仔细找准。

（2）供油正时的调整

实际供油提前角不符合规定，可通过微调部位适当调整。

① 以联轴器驱动的喷油泵，可将联轴器主动盘与主动凸缘的螺栓旋松后，适当转动喷油泵凸轮轴来调整供油提前角。如果供油提前角过大，将喷油泵凸轮轴逆着其工作时的转动方向，转过适当的角度（主动盘与主动凸缘间相对转动一个刻度约相当于3° 曲轴转角）；反之，则顺着其工作时的转动方向转过适当角度。调整以后，旋紧联轴器上的螺栓，然后按供油正时检查方法进行检查，不合格再重新调整。

② 用法兰盘与机体连接的喷油泵，如果实测的供油提前角与规定角度不符，只需松开法兰盘固定螺栓，适当扳动喷油泵泵体，就可以改变供油提前角。当供油提前角过大时，将喷油泵泵体顺着喷油泵凸轮轴工作时的转动方向，转动适当角度；反之，则逆着凸轮轴的转动方向，转动适当角度。调整之后，固定法兰盘，复检供油提前角，如果仍不合适，则应重调。

③ 奔驰OM402发动机供油提前角不准确时，可旋松喷油泵驱动齿轮的四个固定螺栓，使喷油泵法兰盘与驱动齿轮相对转动适当角度。如果供油提前角过大，应将喷油泵凸轮轴顺时针（面对喷油泵驱动端）转过适当角度；反之，则逆时针转动适当角度。调整以后，应旋紧固定螺母，检查供油提前角是否合格。如果不合格，就应重新调整。

调整后的供油提前角是否合适，也可通过观察发动机排烟、侦听发动机运转声音等现象判断。

其他车型柴油机的调整方法与上述类似。

5. 检修共轨系统

（1）电控共轨燃油系统故障诊断流程

电控共轨燃油系统故障诊断流程如图8-24所示。

在进行故障诊断的时候，应注意下列事项。

① 在诊断系统进行检测时，务必将诊断代码记入存储器中，特别是当产生了多个诊断代码时更有必要。

② 如果不能从存储器中消除已经产生的故障诊断代码时，则必须检查故障代码产生的位置，找到产生异常的原因。

（2）电控共轨燃油系统自诊断

诊断代码可以用下述两种方法确认，当然也可以消除。

1）确认

① 根据诊断指示灯闪烁，可以确认诊断代码。

② 利用专用的诊断仪确认诊断代码。

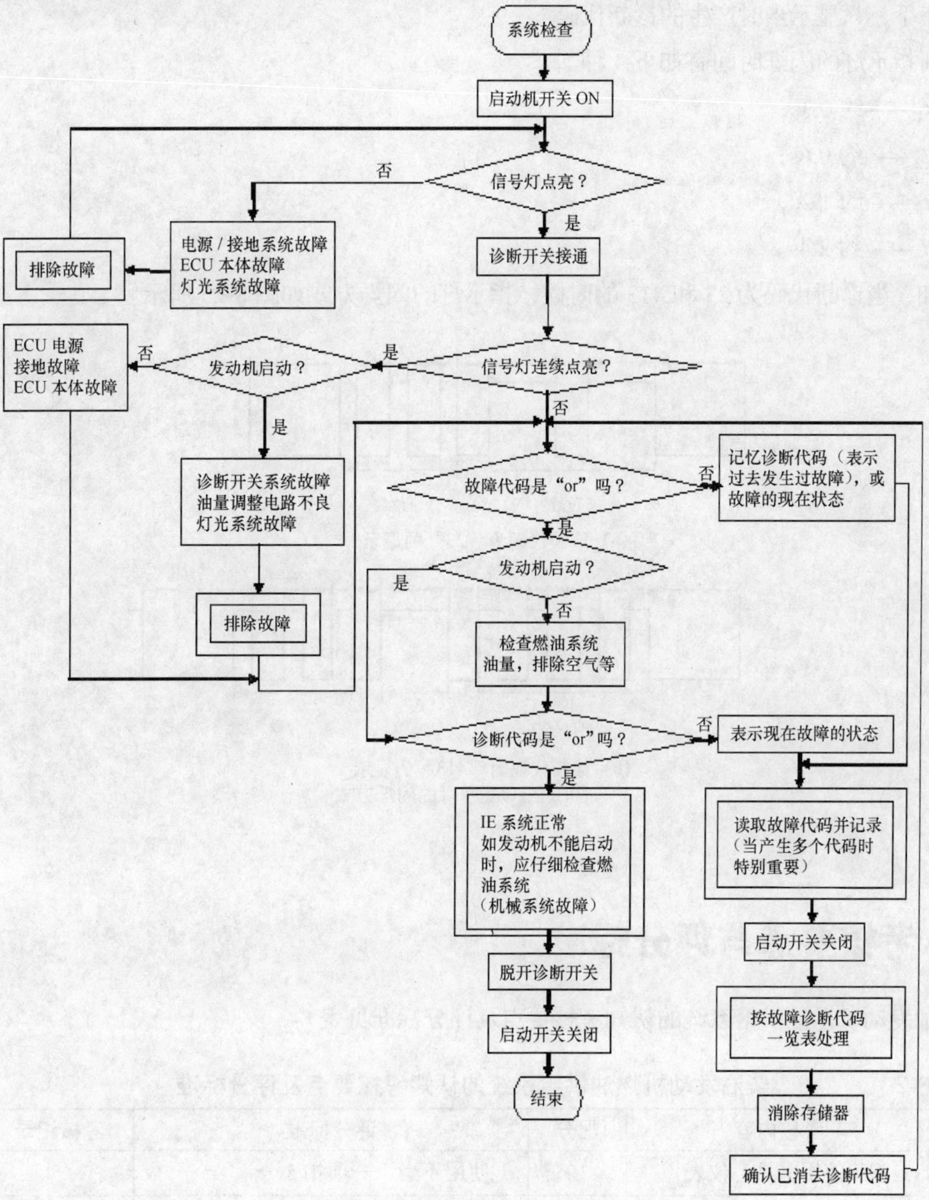

图8-24　电控共轨燃油系统故障诊断流程图

2）消除

① 将内存清除开关接到插座里消除诊断代码。

② 利用专用的诊断仪消除诊断代码。

利用专用的诊断仪确认诊断代码时，与发动机的运行状态无关，可以同时确认当时发生的诊断代码和以前发生的、记忆了的代码。但是，通过诊断指示灯确认诊断代码的时候，在发动机运行状态下显示的内容和停机状态下显示的内容会有所不同。

在发动机停止状态下，当时产生的诊断代码和以前产生的、记忆了的代码同时显示；在发动机运行状态下，只显示当时产生的诊断代码。

诊断指示灯的闪烁时间有如下 4 种。

a. t_1——约 0.3s；

b. t_2——约 0.6s；

c. t_3——约 1.2s；

d. t_4——约 2.4s。

例如，当诊断代码为 23 和 413 的时候，指示灯的闪烁方式如图 8-25 所示。

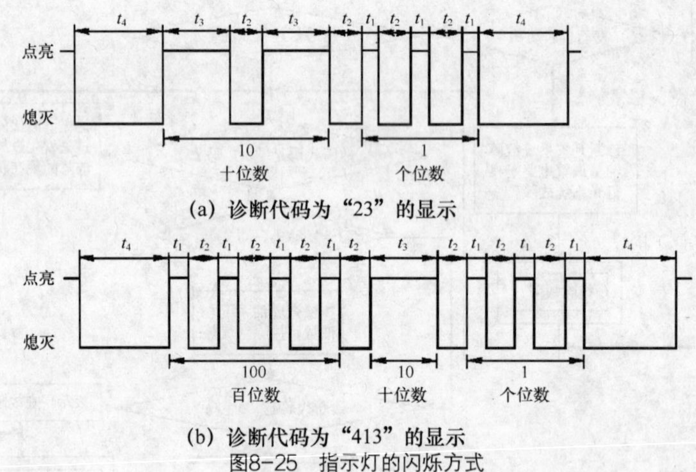

(a) 诊断代码为“23”的显示

(b) 诊断代码为“413”的显示

图8-25 指示灯的闪烁方式

四、考核要点与评分标准

柴油发动机燃油供给系统的认知考核要点及评分标准见表 8-2。

表 8-2 柴油发动机燃油供给系统的认知考核要点及评分标准

序号	考核内容	配分	评分标准	考核记录	得分
1	正确使用工具、仪表	10	使用不当，一项扣 5 分		
2	认知柴油机燃料供给系统各零部件	40	操作不熟练，一次扣 2 分 操作错误，扣 10 分		
3	阐述柴油机燃料供给系统的功用、组成及工作过程	40	操作不熟练，一次扣 3 分 操作错误，扣 5 分		
4	整理工具、清理现场	10	违章每项扣 2 分		
	安全操作方面		因操作不当发生事故，记 0 分		
5	分数合计	100			

喷油泵的检修考核要点及评分标准见表 8-3。

表 8-3　　喷油泵的检修考核要点及评分标准

序号	考核内容	配分	评分标准	考核记录	得分
1	正确使用工具、仪表	10	使用不当，一项扣 5 分		
2	柱塞式喷油泵的维修	40	操作不熟练，一次扣 2 分 操作错误，扣 10 分		
3	喷油泵的调试	40	操作不熟练，一次扣 3 分 操作错误，扣 5 分		
4	整理工具、清理现场	10	违章每项扣 2 分		
	安全操作方面		因操作不当发生事故，记 0 分		
5	分数合计	100			

喷油器的检修考核要点和评分标准见表 8-4。

表 8-4　　喷油器的检修考核要点和评分标准

序号	考核内容	配分	评分标准	考核记录	得分
1	正确使用工具、仪表	10	使用不当，一项扣 5 分		
2	喷油器的检修	40	操作不熟练，一次扣 2 分 操作错误，扣 10 分		
3	喷油器性能的检查及就车检查喷油器	40	操作不熟练，一次扣 3 分 装配错误，扣 5 分		
4	整理工具、清理现场	10	违章每项扣 2 分		
	安全操作方面		因操作不当发生事故，记 0 分		
5	分数合计	100			

供油正时考核要点和评分标准见表 8-5。

表 8-5　　供油正时考核要点和评分标准

序号	考核内容	配分	评分标准	考核记录	得分
1	正确使用工具、仪表	10	使用不当，一项扣 5 分		
2	熟练进行供油正时的检查	40	操作不熟练，一次扣 2 分 操作错误，扣 10 分		
3	正确进行供油正时的调整	40	操作不熟练，一次扣 3 分 装配错误，扣 5 分		
4	整理工具、清理现场	10	违章每项扣 2 分		
	安全操作方面		因操作不当发生事故，记 0 分		
5	分数合计	100			

电控共轨燃油系统的检修考核要点和评分标准见表 8-6。

表 8-6　　电控共轨燃油系统的检修考核要点和评分标准

序号	考核内容	配分	评分标准	考核记录	得分
1	正确使用工具、仪表	10	使用不当，一项扣 5 分		
2	正确阐述电控共轨燃油系统特点	20	操作不熟练，一次扣 2 分 操作错误，扣 10 分		
3	进行电控共轨燃油系统故障诊断流程	30	操作不熟练，一次扣 3 分 操作错误，扣 5 分		
4	进行电控共轨燃油系统自诊断	30	操作不熟练，一次扣 3 分 操作错误，扣 5 分		
5	整理工具、清理现场	10	违章每项扣 2 分		
	安全操作方面		因操作不当发生事故，记 0 分		
6	分数合计	100			

五、小结

本项目详细介绍了柴油机燃料供给系的功用及组成，简述喷油泵的构造与工作原理，喷油器的功用及类型，柴油共轨的构造与原理，喷油泵检修与调试方法，喷油器检修方法，柴油机喷油正时的检查与调整，柴油共轨系统的检测。

六、习题及思考题

1. 简述柴油机燃料供给系的功用及组成。
2. 柴油机燃料供给系统是如何控制供油量的？方法有哪些？
3. 简述喷油泵的构造与工作原理。
4. 如何检修与调试喷油泵？
5. 简述柴油机喷油器的功用及类型。
6. 如何检修柴油机供油器？
7. 如何检查柴油机供油正时？
8. 如何调整柴油机供油正时？
9. 简述电控共轨燃油系统的构造与原理。
10. 如何检测电控共轨燃油系统故障？